KB261365

새로운 중국의 모색 Ⅱ

정체성의 문화적 담론

동아시아연구단 총서 10

새로운 중국의 모색 II
정체성의 문화적 담론

제1판 1쇄 발행 2005년 7월 25일

지은이 ı 김도희 외
펴낸이 ı 정민용
펴낸곳 ı 도서출판 폴리테이아
출판등록 ı 제 300-2004-63호
주   소 ı 서울시 종로구 홍파동 42-1 신한빌딩 2층
편   집 ı 02-739-9929   제작·영업 ı 02-722-9960, 02-733-9910(팩스)
표지디자인 ı 서 진
표지사진 ı 박현숙

ISBN 89-955215-3-8   03300

동아시아연구단 총서 10

새로운 중국의 모색 Ⅱ

정체성의 문화적 담론

김도희 편

서강대학교 동아연구소
가톨릭대학교 아태지역연구원

폴리테이아

동아시아연구단 총서를 발간하며

지난 반세기 동안 동아시아는 줄곧 세계사적 변화와 사건의 주역을 담당해 왔습니다. 미국의 패권을 확인한 태평양전쟁, 냉전질서를 고착화한 한국전쟁, 미국의 개입정책에 의문을 던져 준 베트남전, 끔찍한 대학살로 수백만의 생명을 앗아간 캄보디아 내전과 인도네시아의 군사정변 등 역사의 줄기를 가른 주요 전쟁들이 모두 동아시아에서 발발하였습니다. 동시에 일본의 경제기적과 해외진출, 신흥공업국의 고도성장, 동남아시아국가연합(ASEAN)의 창설과 확대, 중국의 개혁개방과 강대국의 부상 등, 탈냉전과 미국 단일패권의 국제질서에 중대한 의미를 던져 줄 현상들 또한 동아시아에서 목도된 바 있거나 전개되고 있습니다. 그래서 21세기에는 위대한 동아시아의 시대가 열릴 것이라고 예측하는 사람들이 많습니다.

동아시아 시대의 막을 열면서 이 지역은 커다란 변화에 직면해 있습니다. 무엇보다도 중국은 급속한 경제성장을 바탕으로 일본의 경제력과 미국의 군사패권에 대한 강력한 도전자로 부상하고 있습니다. 일본은 1990년 이후 "잃어버린 10년" 동안 장기불황으로 상실한 내적 추진력과 개혁의 동력을 찾고자 애쓰고 있지만, 이것은 역설적이게도 동아시아의 세력균형과 지역협력에 적지 않게 기여한 것으로 보입니다. 또한 1997년 갑작스럽게 동아시아에 엄습한 금융위기는 이른바 동아시아 성장모형에 대한 재검토와 새로운 발전전략에 대한 모색을 요구하고 있습니다. 동시에 세계무역기구(WTO)의 다자주의적 세계화, 국제통화기금(IMF)의 경제자유화 프로그램, 유행처럼 번지고 있는 쌍무적 자유무역협정(FTA), 다양한 수준의 지역통합과 같은 새로운 추세와 외부적 압력이 동아시아 지역과 국가들에게 변화와 적응을 강요하고 있습니다. 불과 몇 년 전에 창설되어 성공적으로 추진되고 있는 아세안+3은 바로 이러한 시대적 요구에 부응하여 동아시아 통합을 향해 매우 빠른 속도로 순항하고 있습니다. 21세기는 동아시아에게 새로운 기회와 동시에 막중한 도전 거리를 던져 주고 있습니다.

요컨대, 동아시아의 지난 반세기는 "성장과 위기"의 시대였으며, 앞으로 열릴 반세기는 "통합"의 시대가 될 것입니다. 〈동아시아의 성장, 위기, 통합: 21세기 발전모델의 탐색〉은 이 시대를 사는 한국의 모든 지식인의 화두입니다. 따라서 한국학술진흥재단 설립 이래 최대 규모의 공동연구로 조직된 저희 동아시아연구단은 지난 2년간 이 화두에 천착하였습니다.

모두 60여 명에 달하는 공동연구진은 인문, 사회분야에서 중국, 일본, 동남아를 전공하고 있는 지역전문가들로 구성되었습니다. 이들은 모두 지난 반세기 안에 태어나서 성장하고, 바로 이 성장과 위기의 시대에 학문의 세계로 뛰어든 사람들입니다. 그런 의미에서 이 책의 필진은 모두 자신이 직접 산 시대의 경험을 인문학적 사유와 사회과학적 분석으로 해석, 검증하고 있다고 할 수 있겠습니다.

동아시아연구단 총서 제9권부터 총 8권으로 꾸며진 본 총서는 동아시아연구단의 제2차년도 공동연구 결과입니다. 2004년 3월에 출간되었던 제1차년도 연구총서와 마찬가지로, 이번 총서 시리즈도 중국편이 2권, 동남아편과 일본편이 각 3권으로 구성되었습니다. 제1차년도 연구가 동아시아의 성장을 회고하고 비판적으로 검토해 보았다면, 금번 연구는 동아시아 여러 나라들이 1990년대 들어 경험한 경기침체, 경제위기, 대안적 발전전략의 모색 등을 그 연구주제로 설정하였습니다. 1997년 태국에서 발원하여 인도네시아, 한국으로 확산되었던 금융위기는 이 3국을 넘어 동아시아 전역에 커다란 충격을 던져 주었습니다. 동남아연구팀은 이러한 위기의 전개과정과 그것이 낳은 경제적, 사회적, 정치적 결과를 분석하고 이를 극복하고자 각국이 추구하였던 해결책과 대안을 검토하고 있습니다. 일본의 장기불황은 동아시아의 경제위기보다 훨씬 앞선 것이었지만 이로 인해 불황이 한층 심화되고 극복이 지연됨으로써 이웃 국가들과 동병상련의 처지가 되었다고 말할 수 있습니다. 일본연구팀은 일본이 1990년대 이후 정치, 경제, 사회 분야에서 벌여 온 각종 개혁프로그램의 성과와 한계를 전문가의 잣대로 평가해 보았습니다. 마지막으로, 중국은 다른 동아시아 국가와 달리 불황의 늪에 빠지거나 위기의 물결에 휩싸이지 않고 지속적인 성장을 구가하고 경제발전에 매진해 온 나라입니다. 그럼에도 불구하고 동아시아의 경제위기는 중국에게 지금까지 추진해 온 발전전략과 사회경제정책을 재검토할 수 있는 좋은 계기를 제공하였다고 볼 수 있습니다. 저희 연구단의 중국연구팀은 중국이 동아시아의 위기를 타산지석으로 삼아 위기에 대비하고 대안을 모색하는 시도들을 소개하고 평가하였습니다. 제1차년도 총서에 실렸던 60편의 논문들이 "환상과 허구 속에 성장의 시대를 살아 온 사람들의 자아비판"이라고 한다면, 이 총서에 실린 60여 편의 논문들은 위기의 시대를 직접 경험한 전문가들이 자기성찰을 한 결과라고 할 수 있을 것입니다.

이 연구는 한국학술진흥재단이 제공한 2002년도 기초학문육성 인문사회분야지원 국내외지역연구(과제번호 2002-072-BL2058)의 연구비 지원으로 이루어졌습니다. 2002년 8월 1일부터 2004년 7월 31일까지 2년 동안 지속된 이 공동연구는 무려 26억 원에 달하는 거액의 연구비를 지원 받아 22명의 전임연구원들이 오로지 연구에 몰두하고, 40여 명의 공동연구원들이 공동연구와 현지조사의 소중한 기회를 가지며, 40여 명의 석, 박사과정 대학원생들이 학업과 훈련에 정진할 수 있도록 해 주었습니다. 지난 2년 동안 이렇게 엄청난 지원을 저희 연구단에게 해 준 한국학술진흥재단과 관계자 여러분께 진심으로 고맙다는 말씀을 드립니다. 또한 교정, 편집,

출판을 도맡아 깔끔하게 처리해 준 폴리테이아 여러분께도 감사의 마음을
표합니다. 마지막으로, 인문사회과학 분야에서 사상 최대의 공동연구 프로
젝트로 기록될 동아시아연구단에서 심사평가위원장, 연구위원장, 운영위
원 등의 임무를 맡아 이 컨소시엄을 함께 이끌어 준 서강대학교 이갑윤 교
수, 강원대학교 박사명 교수, 서울대학교 오명석 교수, 서강대학교 전성흥
교수, 가톨릭대학교 김재철 교수, 세종연구소 진창수 박사, 서강대학교 동
아연구소 이한우 박사와 함께 이 총서 출판의 기쁨을 나누고 싶습니다.

2005년 5월
〈동아시아연구단〉 연구책임자 겸
서강대학교 동아연구소 소장 신윤환 씀

일러두기
중국어 지명, 인명과 같은 고유명사와 관련해서 신해혁명 이전은 한자발음대로, 신해혁명 이후는 원음에 가깝게 표기했으며, 표기는 외래어 표기용례를 따랐다. 고유명사와 보통명사가 결합되어 있는 경우에는 고유명사만 원음을 표기한다(예: 베이징시, 광둥성). 기관이나 신문 등은 한자발음대로 표기한다(예: 인민일보).

이 논문들은 2002년 한국학술진흥재단의 지원에 의하여 연구되었음(KRF-2002-072-BL2058).

서론: 중국의 새로운 정체성을 찾아서

서론 : 중국의 새로운 정체성을 찾아서

▌ 김도희

1. 발전과 정체성의 위기

어느 국가에게나 지속적인 발전은 그 국가의 생존과 번영, 그리고 해당 정권의 유지에 필수적인 요소이다. 복잡한 사회구조와 뒤늦은 근대화를 경험하고 있는 중국의 경우 지속적 발전의 중요성은 더욱 두드러진다. 개혁개방시기 중국에서는 사상이나 이데올로기가 갖는 중요성이 상대적으로 줄어들게 되었고 경제발전이 체제의 정당성을 확보하는 중요한 수단으로 등장했다. 중국에게 있어 경제발전을 통한 삶의 질 향상은 공산당의 권력을 유지하는 데 핵심적 요인으로 작용한다. 대외적으로도 경제발전은 부국강병과 세계강대국 지위의 회복이라는 중국의 오랜 숙원을 이루는 데 중심적 역할을 하고 있다. 따라서 발전은 중국의 핵심적인 목표로 남을 수밖에 없으며, 역으로 이러한 발전이 계속되기 위해서는 개혁을 통한 변화가 계속되어야 한다. 그러나 전환기의 중국사회는 다방면의 성과에도 불구하고 여러 가지 위기요인과 불안정을 보여주고 있다.[1)]

경제적 성장은 모든 인민들에게 동등한 부를 부여하지 않았으며 효율중심의 자본주의 논리는 더욱 더 많은 사람을 낙오자로 만들고 있다. 정치적

---

[1] 전성흥 편, 『전환기의 중국사회』(서울: 오름, 2004) 참조. 이 저서는 개혁개방 이후 중국에서 나타나는 발전의 위기를 정치, 경제, 문화적 측면에서 보여주고 있다.

개혁 또한 일정 정도 인민들이 가진 권리를 확장하려는 시도를 보이고 있지만 제한된 수준에서 더 나아가지 못하고 있으며, 이는 통제능력의 부재가 가져오는 두려움에서 야기된 것이기도 하다. 정치적 위기는 경제적 불평등과 정치적 통제의 이완에서만 오는 것은 아니다. 이념적·문화적 측면에서의 변화는 더 많은 사유공간과 자유로움을 부여해 주게 되었으며 이는 자신에 대한 부정을 통해 이루어질 수밖에 없는 만큼 정체성의 상실로 이어진다. 결국 경제발전이라는 목표를 달성하기 위해 변화를 계속해서 추구해야 하지만 변화는 동시에 위기와 불안정을 야기하게 된다. 사회 안정을 유지하면서 발전을 지속하기 위해서는 변화를 조절하고 새로운 모색을 해야 하는 것이 중국이 처한 딜레마이며 과제이다.

이런 측면에서 중국이 발전과정에서 직면하는 이념, 사상, 문화적 정체성의 위기를 어떻게 인식하고 있으며 이를 극복하기 위해 어떤 대안과 모색을 하고 있는지에 주목할 필요가 있다. 사실상 정체성의 위기는 현재 새롭게 떠오른 고민이 아니며 근대 이후 비서구 국가들이 무수히 경험했고 지금도 진행 중에 있다. 20세기 들어 각국이 근대화에 매진하고 서구화의 길을 걷게 되면서 전통적 가치, 신념, 문화와의 단절현상이 일어났고 이념과 문화를 매개로 한 한 사회의 정체성은 희석된다. 그 결과 비서구 국가들은 극심한 가치혼란에 직면했으며 자신을 부정함으로써 근대화를 획득하는 비극을 맞게 되었다. 중국은 사실상 황화문명이 등장한 이래 동아시아에서 문명 생산자로서 군림해 왔다. 그러나 19세기 이후 서구문명의 위력에 굴복한 중국은 외세의 침입과 전쟁, 기근, 내전 등 생존의 한계상황이 장기적으로 지속되면서 가혹한 인간성 파괴와 문화지체에 시달리게 된다. 서구의 강력한 경제력, 제도, 문화의 충격에서 중국문화는 쇠락의 길을 걸을 수밖에 없었다.

19세기를 걸쳐 20세기 초까지 계속된 중국문명의 상실과 쇠퇴는 변화의 보편적인 법칙을 외면한 채 옛 문화의 역사적 음영에 머무르고 싶어하던 중국문명의 특징에서 유래된 측면도 있지만 전통에 대한 거부로 인한 서구

화의 무분별한 도입이 중국인의 문화적 자신감을 상실하게 만들었으며 전통
문화의 가치관과 사회이상의 정당성을 훼손한 원인도 있다. 물론 근대 이후
중국의 과제는 급진적으로 서구문화를 흡수하지 않으면 중국이 처한 현실을
벗어나 부강해질 수 없다는 것이었지만 이러한 서구문화의 도입은 결국 중
국인의 자기문화 상실로 나타나게 되고 중국을 진정 중국으로 만드는 본질
적 특징을 잃게 만들었다. 국가적 위기와 더불어 문화가 쇠퇴하는 근본적인
원인은 외부의 힘에 타격을 받은 것뿐 아니라 내부의 결속력이나 정체성이
약화됨으로 인해서라는 것을 많은 역사적 사건들은 증명하고 있기 때문이다.

　개혁개방 이후 나타나고 있는 중국의 위기 또한 중국이 발전과 성장에만
치중함으로써 새로운 변화에 따른 정체성의 상실을 막고 이에 대응하기 위
한 새로운 전략을 확립하지 못했기 때문이다. 개혁개방은 중국과 서구 사이
의 경제적 교류뿐 아니라 인적·사상적·문화적 흡수와 상호작용을 증가시
켰다. 서구와 비서구의 교류는 과거에는 세계체제의 구도 속에서 비서구가
서구의 모델을 일방적으로 받아들이는 형태로 이루어져 왔다. 비서구사회가
서구사회와 유사한 형태로 닮아 가는 '따라잡기(catch-up) 근대화'를 추진
하는 동안 서구사회는 발전과정의 수많은 결함들을 분출해내고 있으며 또
다른 모색의 길을 걷고 있다. 이는 어느 사회에나 동일하게 적용하려는 보편
적 제도와 법칙, 문화라는 것이 환상에 불과하며, 그 국가나 사회의 역사적
전통이나 문화적 경험에 근거해 제대로 된 발전전략을 만들어 가지 못한다
면 양적 성장과 세련된 정치적 제도나 문화가 지속적인 발전이나 안정을
보장하지 못한다는 것을 의미한다.

　이제 세계화의 추세는 발전이 서방의 위력에 의한 굴복이 아니라 서방과
의 충돌과 융합을 통해 새로운 변신을 모색해야 한다고 역설한다. 결국 변화
와 발전은 국가간의 쌍방적이며 유기적인 상호작용에 의해 이루어진다는 특
성을 가지며 이는 한 사회의 문화적 동질성, 문화적 혼성화(cultural
hybridity), 다문화주의(multiculturalism)에 대한 관심을 불러일으킨다. 중

국의 정체성 모색은 전통과 현대화 사이에서의 갈등으로 표출되기도 하며 사회주의와 자본주의의 길항 사이에서 미로 찾기로 나타나기도 한다. 전통과 현대화 사이의 갈등이란 정체성이라는 것이 중국문화만의 자생적이고 고유한 실체로 존재하는 것이 아니며 다른 문화와의 끊임없는 상호작용을 통해 형성되는 구성물이기 때문이다. 다문화주의나 문화적 혼성화는 새로운 현상처럼 보이지 않을 수도 있지만 정체성의 구성적 측면에 초점을 맞춘다면, 최근 중국에서 관찰되는 문화적 정체성 위기는 세계화의 지평 속에 위치한 중국의 가치와 지향에 담겨있는 새로운 의미를 보여준다고 할 수 있다.

2. 문화적 정체성에 대한 고민과 모색

이제 중국은 서투른 출발에서 시작한 숨가쁜 속도전쟁에서 한걸음 멈춰서서 지속적 발전과 안정을 위한 모색을 시도하고 있고, 동시에 중국사회와 문화의 정체성이 무엇이며 이를 어떻게 구성해 나갈 것인지에 대해 고심하고 있다. 중국이 성장과 더불어 동아시아와 세계 속에서의 비중이 증대되고 있는 지금, 중국이 자신의 정체성을 어떻게 확립해 내고 지속적 발전과 안정을 성공적으로 이루어 내기 위해 어떤 선택을 하는가는 주변국가와 전 세계에 중요한 요인으로 작용할 수밖에 없다.

중국사회의 독특함은 전지구적 자본주의 시스템의 완성과 지체의 기로에 중요한 변수로 남아 있다고 볼 수 있다. 중국의 안정적 부활은 미국 주도의 전지구적 자본주의적 세계질서에 대한 마지막 저항체로 기능할 수 있으며 서구와 다른 모습의 발전과 안정된 사회가 가능함을 보여줄 수 있다. 사회주의적 신념의 위기와 함께 중국은 새로운 이데올로기가 요구되며 이는 서구사회의 기존 이데올로기가 아닌 새로운 중국적 정체성을 가진 이데올로기를 갈망하게 된다.

사실상 한 국가가 정권의 합법성과 정당성을 유지하려면 사회를 통합하고 공통의 생활규범 및 이념, 문화적 기반을 지탱할 정체성을 지녀야 한다. 또한 이러한 정체성은 자체의 논리성과 해석력이 있어야 국민에 대한 설득이 가능하다. 중국의 일부 학자들은 중국이 합법성을 가지기 위해서는 역사전통에서 출로를 찾아야 한다고 주장한다.[2] 이제까지 중국은 새로운 사상과 문화를 받아들이는 데 있어서 동서(中西)의 대립이나 체용(體用)을 분리하는 이분법적 방식을 채택해 왔다. 과연 서구의 사상과 문화에 대한 개방적 태도를 보이면서 충분히 포용하고 스스로의 장점도 버리지 않는 정체성의 확립은 가능할까?[3] 그 사회가 지닌 역사적·민족적 특징도 그대로 유지하면서 충분히 현대적 사유와 문화양식을 지닌 모색이 가능할까?

문화는 한 국가의 경쟁력을 측정하는 데 있어 중요한 요소 중 하나이며 한 사회가 지속적으로 발전하기 위한 가장 중요한 사회자본(social capital)을 만들어내는 근간이다. 최근 비서구사회의 경제발전과 정치적 민주주의에 대한 논의에서도 시장경제가 세계적으로 확산되는 상황에서 경제적으로 성공적인 국가들은 자발적 결사체를 촉진시킬 수 있는 종교적·문화적 기반을 갖추고 있으며 사회구성원들이 서로 협력하고 자발적으로 결사체를 조직할 수 있는 사회적 자본이 형성되어 있다고 주장한다.[4] 지속적 발전과 사회

---

2) 캉샤오광은 중국의 부흥은 중화문화의 부흥이며 중화문화 부흥의 핵심은 유가문화의 부흥이라고 본다. 그는 현재 세계화시대에서 유교의 부흥은 중국을 위해 합법성과 문화적 정체성의 기초를 건립해 줄 뿐 아니라 민족국가를 초월하는 문화중국을 건립하는 데 기초를 제공하고 심지어는 인류세계를 위한 모델을 제공하는 역사적 사명이라고 강조하고 있다. 康曉光, "文化民族主義論綱,"『戰略與管理』, 2003年 第2期.

3) 역으로 맹목적인 황화중심론도 경계대상이며 서구찬양이나 서구 중심적 극단주의도 배제되어야 한다는 주장도 있다. 劉東超, "試論當代中國意識形態建設,"『二十一世紀』, 網絡版, 2004年 總第31期 10月號.

4) 최근 민주주의와 자본주의 제도가 원활하게 작동되려면 특정한 문화적 규범이 형성되어 있어야 한다는 것을 전제로 한 사회자본에 대한 연구가 활발하게 전개되고 있다.

안정을 달성하기 위해서는 법과 제도도 필요하지만 문화적 기반도 요청된다
는 것이다. 법적·제도적 유사성이 있다고 하더라도 사회적 자본과 같은 문
화적 요소가 상이하면 정치경제적 현실은 다양하게 표출될 수 있는 것으로
미루어 문화적 정체성이 얼마만큼 중요한지가 입증된다.[5] 즉, 문화적 정체
성은 국가의 합법성이나 사회의 유기적 관계를 위해 정치적 통합보다 더욱
중요한 요소일 수 있다. 만약 문화 정체성이 상실되고 미망에 빠진다면 그
사회는 물질적으로 풍요하다 하더라도 정신적 침체에 빠질 가능성이 있으며
위기를 내포하게 된다.

　근대화와 발전 과정에서 일반적으로 비서구 사회는 서구문화의 대부분
을 빠르게 흡수하면서 변화를 진행해 나간다. 비서구 사회 중 일부는 비주체
적으로 서구문화를 맹신함으로써 서구 따라가기에 급급해 자신의 문화를 상
실하는 예도 있지만 현대화가 일정 정도 안정궤도에 들어서면 서구화에 대
한 반성을 시작하고 자신의 문화를 회복하기 위한 운동이나 논의를 하게
된다.[6] 이는 자신이 속한 사회의 전통적 사유나 문화에 대한 부정이나 불신
이 정체성에 회의를 가져오게 되며 물질의 풍요와 격차에서 오는 소외의
문제를 해결할 힘을 잃게 되기 때문이다. 비서구 사회의 발전과 안정은 자신
의 문화를 포기하지 않으면서 서구의 가치나 문화를 받아들인다는 전제하에
서 가능해지고 있는 것이다. 왜냐하면 각 문화는 동일한 시간에 보편적이고
전 세계 흐름의 충격을 받기는 하지만 여전히 각기 문화 스스로 변화를 만들
어 내는 다른 요인들을 가지고 있기 때문이다. 또한 모든 문화는 독특한 문화

---

5) 중국 학자들도 중국의 급성장 배경에 있는 정신적 원동력을 역사·문화적으로 이해할 필요성을
　강조한다. 康曉光, "文化民族主義論綱"; 徐迅, "民族, 民族國家和民族主義," 李世濤 主編, 『知識
　分子立場: 民族主義與轉型期中國的命運』(長春: 時代文藝出版社, 2000), p.28.
6) 이는 한국의 문화적 정체성 찾기 사례에서도 찾아볼 수 있다. 1970, 1980년대 서구 문화의 대량유
　입 속에서 한국의 전통적 사상이나 문화는 사장되는 듯 했으나 발전과 더불어 끊임없이 제기된
　뿌리 찾기와 정체성 모색이 1990년대 후반 현대화된 한국적 문화의 부활을 가져왔기 때문이다.

전통을 가지고 있고 새로운 조류를 어떻게 받아들이고 통합시킬 것인지에 대한 나름의 방식을 가지고 있으며 이것은 자신들 문화의 정체성 확보를 통해 더욱 강화시키게 된다.[7]

앞에서도 지적했듯이 중국인들에게 발전이란 부강한 현대 민족국가를 건립하는 방식이자, 서구 현대사회 및 그 문화와 가치관을 기준으로 삼아 중국의 사회와 전통을 비판하는 과정이었다. 그러나 중국인들 사이에 '서구의 길'이 중국의 모델이 될 수 있을지 의심이 생기기 시작했고 현대화가 될수록 개혁의 궁극적 목표가 무엇인지 모호해지게 되었다. 시장화와 서구화는 '좋은 사회'를 보장해 주지 않았으며 시장사회 자체가 어떤 의미에서는 훨씬 극복하기 어려운 모순을 드러냈기 때문이다. 1990년대 이후 중국인들은 현재 중국사회의 문화적 위기와 도덕적 위기가 더 이상 단순히 중국전통의 부패 탓이 아니며 많은 문제가 발전과정 자체에서 발생함을 인식하게 된다. 오히려 전통을 상실함으로써 문화적·도덕적 위기가 생겨났다고 보는 견해도 있다.[8] 한 사회가 지속적 발전과 안정을 유지하기 위해 필요한 수단은 공통된 가치관, 효율적인 제도와 조직 그리고 이념, 문화적 정체성이다.[9] 내재된 정체성의 기제를 통해 행위를 제어하고 사회 내 상호신뢰를 만들어내며 상이한 사회집단과 구성원이 서로 소통하고 협조함으로써 사회질서를 유지할 수 있기 때문이다.

---

7) 王富仁, "影響21世紀中國文化的幾個現實因素," 『戰略與管理』, 1997年 第2期; 李路路, "社會變遷: 風險與社會控制," 『新華文摘』, 2004年 第12期.

8) 왕후이 저, 이욱연 외 옮김, 『새로운 아시아를 상상한다』(서울: 창비, 2003), pp. 39-45.

9) 물론 문화 민족주의의 부활을 통한 문화정체성 찾기가 반드시 긍정적 측면만 가지고 있는 것은 아니다. 왜냐하면 여기에는 문화 보수주의를 통해 서구문화의 침투를 억제하고 서구 자유주의 이데올로기의 압력에서 벗어나고자 하는 정부의 의도가 내포되어 있기 때문이다. 또한 경제성장에도 불구하고 정권이 합법성에 위협을 받거나 사회의 내부분화가 상이한 계층간 분열로 강화됨에 따라 문화 민족주의 부활을 통해 분열이나 불신을 감소시키고 사회를 일체시키려는 의지가 강하게 표출되기도 한다. 康曉光, "文化民族主義論綱"; 孫立平, "匯入世界主流文明," 李世濤 主編, 『知識分子立場: 民族主義與轉型期中國的命運』, pp. 375-376.

　　이제 중국의 이념, 사상, 문화적 지체현상은 중국의 지속적 발전에 걸림 돌로 작용한다. 중국이 현재 경제발전에 근거한 자부심을 통해 민족주의와 애국주의를 고취하는 것은 개혁개방 이후 나타나는 부정적 증후군, 이념적 균열, 문화적 혼란, 배금주의와 같은 위기와 모순을 해결하면서 발전과 안정 을 주도할 중국의 정체성 위기를 극복하기 위해서다.[10] 중국의 이러한 문화 적 정체성에 대한 탐색은 새로운 사고와 가치체계를 형성하고 정립하는 데 자극이 되어질 것으로 보인다. 이는 중국의 문화적 미래가 어떤 양상을 띨 것인가, 앞으로 닥칠 위기들을 어떻게 극복해 낼 것인가, 문화적 다양성을 어떻게 인정하고 통합점을 모색할 것인가 라는 논의에 대한 빈번하고 지속 적인 고민과 논쟁을 수반하게 된다.

3. 본서의 기획취지

　　본 저서는 새로운 중국의 모색을 이념과 문화의 정체성을 통해 고찰하기 위해 세 가지 주제로 나누어 접근하고자 했다. 우선 제1부 "새로운 이념과 문화의 모색"은 이데올로기와 중국적 관념 그리고 전통문화가 변화과정에 서 어떠한 대안과 모색을 시도하고 있는지에 주목했다. 중국에서 이데올로 기는 변화를 위한 토대로 작용한다. 즉 변화가 가능하기 위해서는 이데올로

---

10) 중국이 정체성의 회복을 위해 선택하려는 경향을 보이는 애국주의나 중화민족주의는 문화의 질을 통해 한족의 우월성을 강조하고자 하는 의지, 역사적 굴욕에 대한 저항의 역사 강조, 중국의 정체성이 미국을 위시한 서방에 의해 흔들리고 있다는 인식, 중국만의 정체성을 확립하지 못한다 면 진정한 현대화가 불가능하다는 위기의식 등에 기초하고 있다. 중화민족주의는 선진시대 한족 의 문화적 우월의식과 중국 중심적 세계관을 체계화시킨 관념형태이다. 중국 고대의 화이관(華夷 觀)에 뿌리를 두고 형성된 중화사상은 수 천년 동안 중국의 뼈대를 이루어 왔으며 중국을 중국이 게 만드는 원동력이기도 했다.

기상의 재조정을 전제로 하며 때에 따라서 이데올로기의 재조정은 현실에서 이미 나타난 변화를 합리화시키기 위한 사후조치로 이루어지기도 한다. 과연 퇴색하는 사회주의 이데올로기에 대처하기 위해 중국은 어떠한 대안 이데올로기를 모색하고 있을까? 새롭게 제시될 이데올로기의 구체적인 모습은 우리가 현재까지 목격한 이데올로기와 어떻게 비교되며 또 이 과정에서 나타나는 갈등은 무엇인지를 규명하고자 했다.

중국적 관념의 변화에 대한 관심은 개방 이후 서구문화나 상업문화의 홍수 속에서 중국문화에 가해지는 정체성의 혼란은 어떻게 발현되는지에 대한 의구심에서 시작된다. 시장의 발달은 소비중심의 대중문화를 양산하게 되며 이는 세련된 포장으로 물밀듯이 밀려드는 서구문화의 압도를 야기하게 되고 중국의 전통적 관념이나 문화적 코드와 위배되기도 한다. 과연 주체적인 문화를 활성화하고 발전시키기 위해 중국에서는 어떠한 고민과 노력이 진행되고 있는지, 문화의 상업화에 중국적 관념은 어떠한 변화와 모색을 하고 있는지를 살펴보고자 했다.

전통문화는 서구문화의 유입과 더불어 정체성의 어려움을 겪고 있는 중국의 현실에서 부정적으로만 인식되던 전통문화를 재평가하고 이를 새로운 문화적 코드로 만들어 냄으로써 발전적 탐색을 시도하는 고민과 내용을 담고자 했다. 다양한 문화 충격 속에서 전통문화의 재해석과 변용을 통해 변화와 발전을 모색하려는 노력을 살펴보는 것은 의미 있는 작업이기 때문이다.

제2부 "가족과 종교"는 새롭게 변화하고 있는 가족이나 종교의 의미와 역할 변화를 살펴보고 이에 대한 정부의 정책이나 대응은 어떻게 나타나고 있는가를 알아보고자 했다. 개혁개방 이후 가족에 대한 관념과 구성이 어떻게 달라지고 있는지, 이러한 가족의 변화가 가족 내 여성의 지위에 미친 영향과 변화의 내용은 무엇인지에 대한 관심에서 가족을 포함시켰다. 분산화되고 개체화되는 현대화의 흐름 속에서 새로운 정체성을 찾는 모색으로 가족의 가치가 새롭게 자리매김되고 있는 현상에 주목하려는 의도였다.

전통사상과 문화 중에서 중국에서 강력한 지배력을 누려 왔던 유가와 달리, 민중에게 영향을 끼쳤던 도교의 현대적 역할은 중국의 전통적 종교가 갖는 현대적 의미를 찾아내는 데 중요한 변수가 된다. 여전히 민간의 중요한 사상종교로서 도교가 시장경제와 개체화로 인한 상실감을 겪고 있는 현대 중국인들에게 심리적 안정과 소속감을 가져다 줄 것이라는 기본 인식을 바탕으로, 정체성 모색으로서의 도교의 새로운 의미와 역할에 대한 연구를 기획했다.

또한 한 사회의 발전은 다원화를 가져올 수밖에 없으며 다양한 요소들이 만들어지고 재 생성되면서 종교의 등장도 불가피하게 나타나는 현상이다. 중국의 새로운 정체성 모색에서 종교가 가지는 혹은 가질 수 있는 역할과 의미는 과연 무엇일까. 사회주의체제에서 종교가 갖는 의미, 다원화된 중국 사회에서 종교가 갖는 역할과 기능에 대한 논의는 변화의 과정에서 정체성 확보를 통해 사회 안정을 이루어야 하는 중국에게 있어 필수적인 과제이다.

제3부 "세계화와 서구사상의 수용"은 이념, 사상적 측면에서 중국이 어떠한 배경과 입장으로 서구사상을 주체적으로 혹은 강제적으로 수용하게 되는지를 살펴보고자 했다. 우선 근대화 이후 밀어닥친 서구 사상을 중국 스스로가 어떻게 대면하고, 저항하고, 타협하고, 융합했는지의 과정에 대한 고찰을 통해 현재 중국이 당면한 정체성의 위기를 해결하는 근거로 삼을 수 있을 것이다. 서구화라는 거부할 수 없는 거센 역류 속에서 대응과 융합의 과정을 거치며 중국의 상황 속에서 서구사상을 정착시키려는 논의와 노력은 현재에도 실제적 의미를 지니게 된다.

세계화는 현재에 당면한 또 하나의 서구사상일 수 있다. 그 동안 중국이 국가주권에 강하게 집착하면서 외부의 영향력을 경계해 왔음을 고려할 때 세계화는 중국의 현실에 도전으로 다가온다. 세계화에 대한 중국의 다양한 시각들을 제시하고, 이러한 다양한 시각들 가운데 어떤 시각이 지배적인지와 그 이유, 그리고 이러한 사실이 갖는 의미 등을 통해 세계화에 대한 중국의 시각을 검토하고자 했다. 이는 세계를 보는 중국의 시각을 나타내는 지표로도 작용하며 세계화에 대한 대응은 중국이 세계화의 조류 속에서 정체성을 찾기 위해 어떠한 시도들을 하고 있는지를 알게 해 주는 바로미터가 될 것이기 때문이다.

4. 본서의 구성과 내용

위에서 언급한 기획 취지하에 2년여의 연구과정을 거쳐 본서에서는 8개의 논문이 완성되었다. 기획의 의도나 취지가 제대로 투영된 글도 있지만 글의 성격이나 연구 분야에 따라서는 기획보다 개별 연구자의 논지가 더 강하게 나타난 논문들도 존재한다. 다만 '일일이 열거할 수 없는 그간의 힘겨운 과정을 통해 편집자와 공동연구자들이 각기 체득한 학술적 토론과 교류의 경험이 하나의 학습효과로 작용하여 향후 새로운 발전의 밑거름이 될 것'이라는 기대로 부족함을 대신하고자 한다.

본서의 8개 논문에서 제2장 이희옥의 글은 중국사회주의의 체제전환에 대한 논쟁이 개혁개방과 중국적 자본주의의 성격논쟁을 넘어 체제의 질적 전환이 가능할 것인가에 대한 논의로 확산되었다는 데서 문제의식을 출발시킨다. 위기(危機)가 '위험'과 '기회'를 동시에 내포하는 의미라면, 중국사회는 국가능력의 위기에 처해 있다기보다는 위험 극복이후에 어떤 가치와 질서를 선택할 것인가의 기로에 처해 있다는 것이다. 그는 본 연구를 통해 중국적 상황에서 새로운 (대안적) 정치이데올로기를 모색하는 논리, 준거, 정치적 함의를 분석하고 있다. 이 과정을 통해 '중국적 특색'을 과도하게 강조하면서 밀려난 '보편적 가치'에 대한 재발견, 고양된 국가주도 또는 애국민족주의에 대한 비판적 태도, 신자유주의적 공세를 효율적으로 극복할 수 있는 새로운 '중국적 길'을 찾아가는 노선과 경로를 보여주고 있다.

　　제3장 김근의 글은 중국사회가 겪고 있는 문화적 갈등과 그 대안에 관한 문제는 근본적으로 자아와 톈샤(天下) 사이의 지형도에 속하는 것이라고 본다. 중국은 많은 인구와 종족, 그리고 넓은 영토를 안정적으로 통합하기 위하여 보편자를 만들어 냈고, 보편자가 낙후되어 외부의 도전이 생기면 그 때마다 새것을 흡수하여 이를 재해석함으로써 위기를 극복해 왔다는 것이다. 중국인들이 정체성을 유지하기 위해서는 주체와 개별자를 억압해야 하지만, 모든 것을 회의하거나 희화시키는 것이 허용되는 개혁개방 과정에서 중국의 정체성을 확보하는 것은 상호 모순적인 담론을 구성해 내게 된다. 그는 변화의 과정에서 중국적 관념으로서 자상모순(自相矛盾)적인 '톈샤'가 어떻게 재현될 것인지에 대한 논의를 통해 중국적 관념과 문화의 관계를 보여주고 있다.

　　제4장 이욱연의 글은 1980, 90년대 시장화와 서구화의 물결 속에서 중국 지식인 사회에서 전통에 대한 새로운 이해와 발전적 변용의 시도가 어떤 배경 속에서 어떻게 진행되었는지, 그 의미는 무엇인지를 규명하고 있다. 이를 위해 전통적 보수주의 관점에서의 전통문화 재평가와 포스트 모더니즘적 관점에서의 재평가, 그리고 근대성(Modernity)의 재구성 차원에서 시도되는 전통에 대한 재평가, 서로 다른 경향에서 시도되는 전통에 대한 새로운 이해가 어떤 차별성을 지니고 있는지를 알게 해 주었다.

　　제5장 신은영의 글은 생활의 변화가 가족의 형성, 크기, 구조에도 큰 영향을 미쳤다고 본다. 독신, 동거, 계약결혼 등 가족형성이 안 되는 사례, 이동의 자유와 여가생활 확산으로 인해 중혼, 혼외연애의 확산과 이혼의 급증 등이 나타나는 현상에 대해 설명하고 있다. 저자는 이러한 개혁개방 이후 가족의 급격한 변화와 해체 문제에 대해 국가가 보수적이고 전통적인 태도를 보이고 그에 맞는 정책을 실시할 것이라는 예측이 실제로는 다르게 발현되고 있음을 동시에 보여준다. 즉 유교관습의 부활보다는 여성해방의 전통

을 계속 이어 가고자 하여 가족과 관련해 새롭게 나타나는 현상에 대해 여성 권리를 보장하는 가족의 형태를 유지하는 방향으로 가족의 정체성 모색을 하고 있음을 규명해 주었다.

제6장 서대원의 글은 도교의 종사자와 도교 신도가 가지고 있는 교의(敎義)만을 대상으로 하지 않고 중국에 널리 퍼져 있는 '도교적 사유양태'를 통해 도교와 중국 현대화의 상호관계를 고찰하고 있다. 이는 도교가 중국 문화권에 오랜 시간 동안 광범위하게 자리 잡고 있었으므로 그 문화권 내에 있는 사람들의 관념 중에 널리 퍼져 있는 사유양태이며 중국의 사유에 광범위한 영향력을 가지고 있기 때문이라고 한다. 그는 '추론'(推論)에 의존하는 연구방법을 통해 도교를 '민주' '과학' '시장'과의 관계를 통해 살펴봄으로써 도교가 현대사회에 지니는 의미를 찾아내고자 했다.

제7장 강준영의 글은 와 종교 간에 존재하는 상호 적대성으로부터 문제를 제기하고 있다. 중국 사회주의 이데올로기의 입장에서 보면 종교와의 공존은 불가능하지만 개혁개방은 중국으로 하여금 종교와의 공존을 피할 수 없는 상황으로 만들고 있다. 저자는 중국 공산당에게 종교의 존재가 도전으로 받아들여지기는 하지만 개혁개방의 순조로운 추진을 위해서는 종교에 대한 관용정책을 취할 수밖에 없다고 강조한다. 다만 종교에 대한 관리가 중국 사회주의의 안정과 밀접한 관계가 있다는 중국 당국의 인식은 종교에 대한 포용과 더불어 통제를 강화하며 이것이 몇몇의 구체적 문건을 통해 투영되고 있음을 보여준다.

제8장 황재호의 글은 중국 엘리트 지도층의 중체서용 논의를 청말부터 중화인민공화국 건국이후 현재에 이르기까지 시대별로 고찰함으로써 서구 사상을 중국이 어떻게 수용해 왔는지를 분석하고 있다. 이는 전면서화와 중체서용의 변주곡이라고 할 수 있는데, 개혁개방은 중체서용의 기조에서 중체서용과 전면서화의 장점을 모두 수용하고 양자 사이의 균형을 이루려는 노력을 전개했다고 할 수 있다. 저자는 한발 더 나아가 최근 서방과의 교류에

서 직·간접적으로 기인한 민주화와 세계화 문제를 보는 중국의 입장과 대응을 살펴봄으로써 서구사상의 중국적 수용의 현재적 모습을 고찰하고 있다.

마지막 박정동의 글은 중국이 세계화 과정에 참여하면서 세계화가 자국의 이익에 끼칠 부정적인 영향을 경계하기 위해 국민국가라는 틀을 통해 세계화의 길을 모색하고 있음을 보여준다. 요컨대 경제활동의 세계화, 글로벌 스탠다드와 신자유주의의 등장, 정보화의 진전이라는 개념을 가진 세계화에 중국은 적극적으로 참여하여 세계화가 제공하는 혜택을 누리려고 한다는 것이다. 그러나 세계화라는 흐름에 압도당하지 않고 국가의 경제안보를 보호하기 위해서 국가주권을 유지해야 한다고 주장하는 상반된 입장을 이 글은 보여주고 있다. 이는 세계화에 대한 중국의 수용에 있어서도 중체서용이 적용되고 있음을 반증하는 것이다.

이상 총 8편의 논문은 중국이 발전과 안정을 향한 과정에서 어떠한 정체성의 위기를 겪고 있는지, 그리고 이를 극복하기 위해 어떠한 논의와 모색을 하고 있는지를 이해하기 위해 연구되었다. 물론 중국 정체성 모색의 문화적 측면을 살펴보는 데 있어 이 8편의 주제가 모든 영역을 포괄하고 있지 않으며 연구의 결과가 동일한 해석이나 예견을 방해한다는 단점을 가지고 있다. 이는 정체성을 보는 시각이나 중국의 정체성이 가지는 특수성과 보편성에 대한 집단적 합의가 부족한 상태에서 나온 공동 작업이기 때문일 것이다. 그럼에도 중국이 처한 위기를 문화적으로 접근해, 지속적 발전을 위한 하나의 방안으로 정체성에 대해 고민하고 논의해 보는 것은 의미 있는 일이었다고 생각된다. 앞으로 중국의 새로운 정체성을 탐색하는 데 있어 좀 더 완벽하고 충분한 연구를 위해 본 논문들이 조그만 밑거름이 될 수 있기를 바래본다.

새로운 이념과 문화의 모색　제1부

제2장

중국의 체제전환과 새로운 이데올로기의 모색

▌이희옥

1. 체제전환의 성격

중국의 개혁개방을 '제2의 혁명'이라고 부른다.[1] 덩샤오핑(鄧小平)에 따르면 "혁명은 생산력을 해방시키고 개혁도 생산력을 해방시킨다. 따라서 개혁도 혁명"[2]이라고 했다. 이것은 사회주의 이론을 계급투쟁, 주요모순론, 정치중심론, 인간의 의지를 중시한 주의주의(voluntarism)대신 생산력 주요 모순론에 기초한 경제주의가 들어선다는 것이며, 중국에서 생산력 중심론과 생산관계 중심론을 둘러싼 역사동력 논쟁이 종료되었다는 것을 의미한다.

이후 중국은 일시적인 이데올로기적 조정과 우회를 거치기는 했으나, '반자본주의적 근대화' 대신에 사실상 '자본주의 근대화'에 기초한 국가 자본주의의 길을 충실하게 걸어 왔다.[3] 1990년대 후반 이후 이러한 중국

---

1) 개혁개방 정책을 제2의 혁명으로 보는 경우에 대해서는 다음을 참고. Harry Harding, *China's Second Revolution* (Washington D.C: Brookings Institution 1987); Stephen Uhalley, *A History of the Chinese Communist Party* (Stanford: Hoover Institution Press, 1988); 金春松, "我國八年經濟發展的 三大突破,"『求是學刊』, 1987年 5期; 曹煥榮, "關於中國的第2次革命的考察,"『人民日報』, 1987年 10月 6日.

2) 등소평 저, 김승일 역,『등소평 문선(하)』(서울: 범우사, 1994), p. 245.

3) 단순한 이념적 스펙트럼에서 보면 명령경제 → 시장 사회주의 → 국가 자본주의 → 시장경제로 나아가고, 국가통제라는 y축과 국가소유와 사적소유라는 x축을 통해 보면 국가통제가 강한 경제형태는 명령경제와 국가 자본주의, 국가소유 형태가 강한 경우는 명령경제와 시장 사회주의, 국가통제가 약한 경제는 시장 사회주의와 자유시장경제, 사적소유가 강한 경우는 국가 자본주의와 자유시장경제로 볼 수 있다. Sujiao Guo, "The Ownership Reform in China: What direction and

사회주의의 성격은 보다 근본적인 전환에 접어들었다고 볼 수 있는데, 그 방향은 사회주의의 내포를 약화시키거나 유예하는 과정이라고 볼 수 있다. 전자는 사회주의를 규정해 왔던 소유제 범주에서 공공적 소유제의 비중이 절반 이하로 줄어들었고 그 규정력이 점차 약화되고 있다는 것이며, 후자는 사회주의 논쟁을 불러일으킬 수 있는 민감한 쟁점들을 피해나가면서 중국 사회주의의 우회로를 찾아가는 과정으로 볼 수 있다. 이런 의미에서 제4세대 지도부4)는 전환기 이념문제를 해결하기 위한 새로운 정치적·사회적 상황에 직면해 있다고 볼 수 있다. 이를 '제3의 혁명' 또는 '제2차 문화대혁명'으로 부를 수 있는 국면이 나타난다.5) 왜냐하면 1990년대 후반 이후 나타나는 변화는 이론과 현실의 차원 모두에서 단순한 세기적 변화나 세대교체의 특징을 가지는 것이 아니라, 중국 사회주의의 존재방식과 관련한 보다 본질적인 질문을 던지고 있기 때문이다.

중국의 이데올로기 탐색은 1990년대 후반 이후 중국의 정치사회적 조건의 변화라는 맥락에서 찾을 수 있다. 첫째, 사회주의 시장경제가 사실상(de facto) '완전한 시장'을 향해 가고 있다.6) 둘째, 계획이라는 용어가 퇴장하고 '규획'(規劃)이라는 용어가 등장했다. 이것은 생산활동에서 위로부터의 지령경제 체계에 복종하는 것이 아니라, 국내외 시장의 요구에 따른다는 것을 의미

---

how far?" *Journal of Contemporary China*, 12:36(2003), pp. 554-555.

4) 제4세대는 덩샤오핑이 고안한 개념으로 알려져 있다. 제1세대는 마오쩌둥 시기이고 제2세대는 덩샤오핑 자신이고 장쩌민을 제3세대의 '핵심'으로 불렀다. 이렇게 보면 후진타오는 제4세대의 '핵심'으로 볼 수 있다. Andrew J. Nathan and Bruce Gilley, *China's New Rulers: The Secret Files* (New York: New York Review Book, 2002), p. 11.

5) 朱建榮, 『中國 第三の革命: ポスト江澤民時代の讀み方』(東京: 中央公論新社, 2002), pp. 122-126; Arif Dirik, "Market, Culture, Power: The Making of a 'Second Cultural Revolution' in China," *Asian Studies Review*, Vol. 25, No. 1(2001), pp. 1-4.

6) 2003년 11월 폐막된 16기 3중전회에서 '사회주의 시장경제체제의 완성'을 강조했으나, 사실상 '완전한 시장'을 지향하고 있다. "中共中央關於完善社會主義市場經濟體制若干問題的決定," www.people.com.cn(검색일: 2003년 10월 21일); "邁向完全的市場經濟," www.news.xinhuanet.com(검색일: 2003년 10월 21일).

한다.7) 셋째, '혼합경제', '주식제', '재산권'(産權) 등이 사회주의 정치경제학에서 시민권을 얻었다.8) 이것은 '공유제'를 통해 사회주의를 설명해 왔던, 1952년 이래의 스탈린적 해석이 현저히 약화된다는 것이며, 주식회사 사회주의론, 혹은 우리사주 사회주의를 연상시킨다. 넷째, '중국 특색을 지닌 사회주의'(有中國特色的社會主義)라는 용어 대신 '중국 특색 사회주의'(中國特色社會主義)가 등장했는데, 이것은 '중국특수론'이 하나의 상황적 개념이 아니라 새롭고 독자적인 이론체계로 등장했다고 볼 수 있다.9) 그리고 이러한 새로운 이데올로기 탐색은 당정 차원에서도 논의되고 있다는 점이다. 무엇보다도 사기업가의 공산당 입당을 허용한 '3개대표론'이 중심적인 이론적 지도원칙으로 등장했고, 기층 수준에서의 선거제 도입, 법치 강화, 재산권 개혁, 인권 보장에 대한 명시적 선언 등이 헌법과 당강령에 반영되었다.

이 글은 경제적 토대의 차원을 넘어서, 법·제도·이데올로기 등을 포괄하는 상부구조의 영역으로 이전하는 개혁이데올로기의 이데올로기적 위상을 드러내고 이것이 체제 이데올로기로 전화될 가능성과 한계를 분석하고자 하였다. 특히 새로운 이데올로기는 기존 이데올로기가 정체성의 위기를 수반하고 있는 국면에서 출현하고 있고, 따라서 과거와 같은 부분적(ad hoc)인 수정을 통해서는 이 국면을 타개할 수 없다고 보았다. 그리고 중국 사회주의 체제의 상대적 안정성, 공산당 주도의 경제발전 중심전략의 유지, 일반 대중의 체제만족도의 유지 등 체제구심력이 작동하고 있는 상황에서 기존 이데올로기에 대한 전면적인 폐기보다는 '모색'으로서의 대안이데올로기를

---

7) "十六屆三中全會:新的任務 新的起點," www.xinhuanet.com(검색일: 2003년 10월 10일).
8) "三中全會社會主義所有制理論中的六大根本突破," www.people.com.cn(검색일: 2003년 10월 22일).
9) "十六大報告關鍵詞," http://xinhuanet.com/fortune(검색일: 2003년 10월 14일); 중국특수론에 대해서는 다음을 참조. 康曉光, "中國特殊論:對中國大陸25年改革經驗的反思,"『戰略與管理』, 2003年 4期, pp. 56-62.

검토하고 연구하는 단계라고 보았다. 다만 이러한 모색이 기존의 학술적 논의에 국한된 것이 아니라, 당정에서도 그 논의의 합리적 핵심을 수용할 가능성이 있다는 점이다. 특히 중국 사회주의에서 사민주의가 더 이상 '수정주의'로 낙인찍힐 가능성은 현저히 줄어들었고 경향적으로 사회민주주의(이하 사민주의)의 발언권이 강화될 가능성은 보다 넓어졌다고 보았다. 이러한 양상을 분석하는 것은 향후 중국의 정치체제의 변화의 폭을 예측하거나 사회주의 자체의 변화의 범위를 설정하는 데 유용한 함의를 제공해 줄 것이다.

2. 현실적 위상 : 자유주의와 신좌파의 수렴과 배제

새로운 체제 이데올로기는 1980년대 이후 중국에서 진행되어 온 사회주의 논쟁과 개혁개방 정책을 후원했던 이론적 바탕에 근거하고 있다. 그러나 21세기적 이론적 모형은 중국이 세계무역기구(WTO) 가입과 같은 중국이 전지구적 자본주의 경제질서 속으로 편입되는 과정에서 나타난 새로운 현상을 포착하면서 발전하고 있다. 첫째, 21세기형 이데올로기적 지형은 1980년대와는 달리 학술과 정치의 엄격한 분화에 기초한 것이 아니라, 학술적 논의가 정책과 관련을 맺으면서 전개되고 있다.[10) 둘째, 경제개혁을 위해 제한적으로

---

10) 1980년대 이론의 개괄은 이희옥, "전지구적 자본주의와 중국근대성의 반사," 『당대비평』(2000) 여름호 참조. 이러한 이론과 현실의 간극과 접점에 대해서는 논란의 여지가 있다. 퓨스미스는 최고 지도부와 지적 흐름 사이의 연계, 특히 그는 신보수주의와 민족주의의 성격을 거시적으로 분석하였다. Joseph Fewsmith, *China Since Tiananmen: The Politics of Transition* (London: Cambridge University Press, 2001). 그러나 골드만은 이론적 수준과 국가 수준으로 양분하여 보는 방법이 여전히 유효하다고 주장했다. Meril Goldman, "A New Relationship Between the Intellectuals and the State in the Post-Mao Period," in Meril Goldman and Leo Oufan Lee, *An Intellectual History of Modern China* (Cambridge: Cambridge University Press, 2002), pp. 499-538.

정치개혁을 지지하는 이론적 공간을 넘어 신좌파와 자유주의, 자본주의와 사회주의, 사회주의와 사회민주주의 사이의 새로운 가능성을 탐색하는 질적인 변화를 가져오고 있다.11) 셋째, 신삼민주의와 같은 전통의 재발견이나, 보편적 가치를 보다 확대하는 '중국적' 사민주의 모델 등 기존 논의에서 누락되었던 사상적 조류들이 표면 위로 등장하고 있다.12) 이런 점에서 21세기형 이데올로기 논의는 중국 사회주의가 근본적 수준(core level)이 아닌 조작적 수준(operational level)에서만 변화한다는 '후기' 전체주의적 입장13)과는 다르며, 중국이 일방적으로 자본주의로 복귀하고 있다는 시각과도 차이가 있다.

중국의 새로운 이데올로기는 1980년대는 계몽주의 대 사회주의 논의를 거쳐 1990년대 후반 이후 자유주의의 부흥, 사민주의의 부활, 신좌파의 발전, 개발민족주의(developmental nationalism)의 등장이라는 보다 복잡한 양상을 띠고 있다.14) 이 국면을 보다 단순화하면 자유주의에 대한 (신)좌파 사이의 논쟁, 또는 자유주의에 대한 좌파블럭의 비판으로 볼 수 있다.15) 이

---

11) 특히 '침묵의 50년'만에 다시 공개적인 담론으로 부활한 자유주의를 둘러싼 비판과 역비판이 논쟁의 중심축이다. 劉軍寧 編, 『學說中國』(南昌: 江西敎育出版社, 1999).

12) 이런 점에서 정부가 이데올로기 담론을 생산하면서 학술이론계가 국가이데올로기를 보다 정교하게 추인하거나, 정부와 관변 이데올로그들이 공동으로 담론을 생산하고 이를 확산하는 것은 과거의 방식과는 매우 다르게 진행되고 있는 것이다. 즉, 당정의 이론적 고민을 학술적 수준에서 받아 토론을 활성화하고 이 토론을 통해 당정지도부의 이념적 구성을 하는 한편 새로운 정책적 실험을 하고 있으며, 이러한 정책적 실험을 통해 정치적 정당성을 부여하는 방식으로 이론화를 시도해 온 경향이 있었다. 예컨대 중국의 1979~80년 사이의 과도기 논쟁, 사회주의 초급단계론 논쟁, 사회주의 상품경제론 논의, 사회주의 시장경제론 논의 등에서 대체적으로 발견된다. 이러한 이념적 변화의 추이를 정리한 것으로 다음 책을 참조. 이희옥, 『중국의 새로운 사회주의 탐색』(서울: 창비사, 2004).

13) Sujiao Guo, *Post-Mao China: From Totalitarianism to Authoritarianism?* (Praeger, 2000).

14) Feng Chongyi, "The Return of Liberalism and Social Democracy: The Breaking Through the Barriers of State Socialism, Nationalism, and Cynicism in Contemporary China," *Issue & Studies*, Vol. 39, no. 3 (September, 2003), pp. 1-31.

15) 자유주의와 (평민)사회주의의 내부 분화과정으로 보는 것도 이러한 범주에 속한다. 朱建榮, 『中國 第三の革命: ポスト江澤民時代の讀み方』, pp. 122-126. 물론 이러한 구도에 대해 신좌파로 불리는 대표적인 논객인 왕후이와 추이즈위안은 신좌파와 자유주의를 통해 중국 지식계를 분류하여

러한 자유주의와 신좌파 '사이'에는 시장중심론과 시장만능론 비판 사이의 문제, 즉 사민주의와 상당 부분 걸쳐 있다. 따라서 자유주의와 신좌파 사이의 이론적·정책적 유사성과 차별성을 드러내는 것은 새로운 이데올로기의 특징을 추론하는 데 유용한 방법이다.

1) 자유주의의 복원과 정책이론화

자유주의가 공개적인 담론의 장으로 나왔던 것은 1990년대 후반 리선즈 (李愼之)의 문제제기 이후이다. 1990년대 후반의 중국의 자유주의는 유가 자본주의나 외래이론(拿來主義)을 넘어 중국의 토착화를 시도하는 국면으로 확장되었다.[16] 자유주의는 크게 보아 경제적 자유주의, 정치적 자유주의, 철학적 자유주의로 구분할 수 있지만, 역사적 맥락에서 보면 고전적 자유주의, 근대적 자유주의 즉 신자유주의로도 구분할 수 있다.

자유주의는 1980년대 후반에 제기되었던 이론적 맥락을 계승하고 있다. 당시 천안문사건이라는 계기를 거치면서 다당제, 경쟁선거, 언론·출판· 집회·결사의 자유 등 정치적 자유주의의 경향이 강했다. 이들의 정치적 주

논쟁하는 데 찬성하지 않았고, 다른 사람에게 이데올로기적 낙인을 찍는(戴帽子) 것을 문화혁명의 방식이라고 비판하였다. 王思睿, "今日中國的左派光譜," 公羊 主編, 『思潮: 中國新左派及其影響』(北京: 中國社會科學出版社, 2003), p. 288. 심지어 한위하이의 경우는 '가짜 자유주의'와는 다른 진짜 자유주의로 자임하는 등 내부의 복잡성이 있다. 그러나 자유주의에 대한 비판을 중심으로 신좌파들이 대응하는 형식을 취하고 있으며, 다원적 근대를 기획하고 있다는 점에서 이를 통칭해서 쓸 수 있다. 한국의 논의에 대해서는 이욱연, "세기말 중국지식계의 새로운 동향: 신좌파를 중심으로," 『실천문학』(1999), 가을호, pp. 202-207 ; 이희옥, "전지구적 자본주의와 중국근대성의 반사"; 백승욱, "신자유주의와 중국지식인의 길 찾기," 『역사비평』(2001), 여름호 참조. 특히 백승욱은 중국의 발전모델을 신자유주의로 규정하고 이를 둘러싼 자유주의와 신좌파의 논쟁이라는 점에서 신자유주의 논쟁으로 부를 것을 제안하기도 했다.

16) 秦暉, "中國現代自由主義的理論商權," 『秦暉文選: 問題與主義』(長春: 長春出版社, 1999), pp. 116-133.

장은 후야오방(胡耀邦), 자오쯔양(趙紫陽), 후치리(胡啓立), 주무즈(朱穆之) 등을 통해 부분적으로 정책으로 반영되었다.[17) 그러나 1990년대 후반 자유주의의 복원은 1980년대 후반의 정치적·경제적 주장에 뿌리를 두고 있지만, 1990년대의 정치·경제적 조건의 변화가 보다 결정적이었다. 즉 권위주의 국가의 아시아 금융위기, 경제적 업적을 통해 체제 이데올로기를 정당화해 오던 방식이 한계를 드러내면서 정치 자체의 개혁을 요구하는 이론적 흐름이 나타났다. 당정도 전지구화가 가속화되면서 정치적 통제의 완화를 요구하는 국제사회와 중국 내 비판세력의 요구를 수용하지 않을 수 없었고, 이러한 조건 속에서 개혁을 통해 권력을 강화하는 이중적 전략이 등장하면서 결과적으로 자유주의의 이론적 공간도 확대되었다.

자유주의는 기본적으로 민주주의의 '자유' 개념을 중시한다. 구체적으로는 정치개혁과 법치의 촉진, 절차적 민주주의의 선호, 시장경제 메커니즘의 완전한 구축, 보편적 가치를 존중할 것을 주장한다. 이러한 맥락에서 자유주의자들은 신구좌파들이 구체제나 사회적 진보를 저해하는 전통적 이데올로기에 기대고 있으며, 중국이 직면한 문제의 본질과 특징을 분석하는 데 취약하다고 주장했다. 특히 이들은 초보적인 민주주의조차 확립되지 않은 중국에서 자본주의 정신을 부정하는 것은 '독이 퍼지기를 기다리는 행동'이라고 비판하였다.[18)

그러나 중국의 자유주의 내부에는 자유주의 이론의 정책화 수준과 폭을 둘러싸고 다양한 이론적 편차가 존재한다. 첫째, 서구적 정치개혁을 적극적

---

17) 자유주의의 전신이라고 할 수 있는 계몽주의 그룹은 실제로 중국 정부에 참여하여 실질적인 지지자의 역할을 하면서 이론과 현실의 간극을 메우기도 했다. 그러나 이들은 1990년대의 사회문제에 대해 발언권을 상실하면서 약화되었다. 이러한 경과에 대해서는 다음을 참조. 汪暉, 『1989年 社會運動與新自由主義的歷史根源』(北京: 社會科學出版社, 2003), pp. 126-133.
18) 任劍濤, "新左派的解讀," 李世濤 編, 『知識分子立場: 自由主義與中國思想界的變化』(北京: 時代文藝出版社, 2000), pp. 191-214.

으로 주장하는 청류파(淸流派)와 시장경제형 개혁에 찬성하고, 또 그 이익을 수혜하면서 정치권력에 협력하는 상무파(商務派) 사이의 분화이다. 또한 상하이(上海)에 거주하는 중국근대사 연구자들을 중심으로 청조 말기 신정(新政)을 편 위안스카이의 개혁경험을 중시하는 남방파와, 주로 베이징에 거주하며 문명의 충돌을 주장한 헌팅턴 이론을 수용하고 아시아 신흥개발국과 일본모델의 도입을 주장하는 북방파로 분화된다. 다른 한편 적극적 정치개혁과 언론자유를 주장하는 자유주의 우파와, 사회민주주의의 가치를 넓게 수용하면서 현대화의 함정을 지적하는 자유주의 좌파로 구분하기도 한다. 이러한 편차에도 불구하고 이들은 대체로 시장질서에 대해 우호적인 입장을 지니고 있다. 다만 적극적 자유주의자들은 정치권력이 자유주의적 정치개혁에 소극적이라는 점에서 비판적 거리를 유지하지만, 소극적 자유주의자들은 중국의 상황(國情)에 비추어 속도조절이 필요하다는 견해를 제시하면서 정치권력에 가까이 가 있다고 볼 수 있다.

2) '신좌파'의 이론과 현실

중국 좌파는 내부의 이념적 스펙트럼이 넓고 정치적 행동양식에서도 동일성을 찾기 어렵다. 그러나 크게 보아 전통적인 사회주의와 친연성을 지니는 보수파 또는 계획경제와 일당지배 그리고 진영(陣營)모순 등을 수용하는 구좌파19)가 한 축이고, 신좌파, 사민주의적 입장에서 정치의 재건을 주장하

---

19) 왕쓰루이는 좌파의 계보를 스탈린주의(老左), 마오쩌둥주의(中左), 신마르크스주의(新左)로 구분하였다. 특히 마오쩌둥주의를 중간파의 좌파 혹은 좌파의 중간파로 규정하면서 중국적 좌파로 설정했다. 王思睿, "今日中國的左派光譜," pp. 288-301. 그러나 중국의 스탈린주의는 경제정책과 관련하여 덩샤오핑주의와 닿아있고, 사회주의 생산양식론도 현대 중국의 일국사회주의의 이론적 기반과 닿아있다는 점에서 마오주의와 스탈린주의는 계획경제, 반자본주의적 근대화, 일당적 지배 등의 보수적 세계관을 반영하고 있다는 점에서 이데올로기적 스펙트럼의 차이가 뚜렷한 것은

는 평민파(平民派)가 다른 한 축을 형성하고 있다. 그러나 구좌파는 신좌파의 이론구조 속에 포섭되어 있으며, 개혁개방 노선이 지도이념으로 구축되는 과정에서 권력일선에서 배제되어 정치적 영향력을 소진하였다. 따라서 좌파의 영향력은 주로 새로운 서구이론의 무기를 가지고 등장한 신좌파에 수렴되었다.[20]

이들은 주로 중국 '근대'의 뿌리를 추적하는 한편, 시장만능론 비판, 세계화의 그늘, 개혁개방의 피로, 전지구적 자본주의 속에서 자유주의 기획을 문제삼는다는 점에서 새로운 학문그룹과 청년층에게 이론적 호소력을 가지고 있다. 당정도 급진적 자유주의의 우편향을 이론적으로 견제할 수 있는 틀이 필요하다는 점에서 신좌파의 논리를 부분적으로 수용하였다. 신좌파는 다시 민족주의, 인민주의(populism), 신마르크스주의로 분화되고 있는데, 이 중에서 시장개혁과 자본주의적 근대화가 양극분화, 사회적 불평등, 정신적 타락을 가져 왔다고 비판하는 인민주의[21]가 구좌파로 수렴되고 있다는 점에서 크게 신마르크스주의와 민족주의 그룹으로 대별할 수 있다.

첫째, 신좌파 민족주의 그룹은 주로 서구의 경제적·문화적 중국침략을 비판한다. 이를 위해 민족주의 열기를 이용하고 증폭하고자 하는 유혹에 빠져 있다. 1990년대 민족주의적 열기는 1994년 『제3의 눈으로 본 중국』의 출간을 둘러싼 민족주의 열기가 고조된 시기, 인허(銀河)호 사건, 2000년 하계올림픽 유치 실패, 리덩후이(李登輝)의 미국 방문 등에 자극 받고 출간된 『No라고 말할 수 있는 중국』이 출간된 시기, 1999년 유고슬라비아 주재

아니다. 또한 구좌파와 신좌파를 구분하지 않고 도덕적 좌파로 보는 시각도 있다, 이러한 도덕적 좌파들의 주장은 "자본주의 성과 사회주의 성을 묻지 않는 것이 주인과 노예, 사람과 짐승의 차이가 있다는 것을 잊는 것"이라고 보았다. 『當代思潮』, 1998年 5期, ii.
20) 이론사상계에서 신좌파를 대표하는 인물로 추이즈위안, 간양, 왕후이 등을 들고 있다. 徐友漁, "三評九十年代的新左派: 新左派的學風," 公羊 主編, 『思潮: 中國新左派及其影響』, pp. 278-287.
21) 韓毓海, "在自由主義姿態的背後," 『天涯』, 1998年 5期.

중국대사관 폭파를 계기로 국가민족주의와 대중민족주의가 함께 결합되었던 시기로 대별할 수 있다. 그러나 이러한 민족주의적 열기는 당정과 민족주의 그룹이 의도적으로 재생산한 측면이 매우 강했다.[22] 이러한 민족주의가 자체의 이론적 동력만으로 중국 사회주의 존재방식을 결정할 수 없다는 것은 분명하다. 실제로 민족주의자들도 인권과 정치적 자유 없이 국민의식이나 민족적 책임감을 충분히 발휘시킬 수 없다고 보고있다.[23]

둘째, 신마르크스주의, 포스트 모더니스트, 포스트 식민주의를 포괄하는 신마르크스주의다.[24] 이들은 신진화론, 분석적 마르크스주의, 비판법학 등의 이론적 세례를 받았다. 이들은 시장화가 양극분화를 심화시키고 상품시장교환에서 가용자원이 없는 일반대중이 개혁의 피해자가 되는 상황을 비판하는 한편 사회적 약자를 지지하였다. 따라서 이들의 비판대상은 자본주의 근대성과 신자유주의, 전지구화에 있었다.[25] 신좌파들도 민주주의 가능성 자체를 부정한 것이 아니라, 사회주의적 민주 개념인 '대민주'를 주장하면서 발전시키고자 하였다.[26] 구체적으로는 주식합작제를 통해 주식제를 비판

---

22) 중국의 반미시위, 대중민족주의 경향에도 불구하고 중국 청년들의 미국인식은 적대적인 자세가 아니라, 오히려 균형적인 태도를 보여주었다. 유고대사관 폭격 이후 베이징의 명문대학생을 상대로 한 민족주의 여론조사 결과에서도 이러한 경향이 나타난다. Dingxin Zhao, "An Angle on Nationalism in China Today: Attitudes Among Beijing Students after Belgrade 1999," *The China Quarterly* (2000), pp. 902-905.
23) 王小東, "民族主義與民主主義," 房寧・王小東・宋强 編, 『全球化陰影下的中國之路』(北京: 中國社會科學出版社, 1999), pp. 21-41.
24) 신좌파가 신민족주의, 포스트모더니즘, 신국가주의자 등을 포괄한다고 보는 경우도 있다. Joseph Fewsmith, *China Since Tiananmen: The Politics of Transition*, xvi.
25) 백승욱, "신자유주의와 중국지식인의 길 찾기," p. 282. 대체적으로 전지구화 비판은 급진적 마르크스주의와 보수적 민족주의에서 나타나는 데, 전자의 대안이 주로 향진기업 강화론이나 경제적 민주주의를 통한 공공성의 확보에 주력하는 한편, 후자의 경우 국유기업 역할론을 통한 민족주권의 강조로 나타난다. 박사명, "세계화와 중국화," 『한국정치학회보』(2000), 겨울호.
26) '대민주'란 기본적으로 마오쩌둥의 '인민대중이 역사를 창조한다'는 점의 실천이라고 볼 수 있다. 대민주의 제도화를 위해 이론적인 작업을 하고 있는 웅거에 의하면 '대민주'에는 언론자유, 정치참여권 등의 불가침권, 사회주의 시장경제와 같은 분산된 경영권이나 청부권을 의미하는 시장권, 조반은 이유있다(造反有理)는 것을 제도화한 불안정권(destabilization rights), 단결권이라는

하고, 기층의 촌민선거가 서방의 양당제와 경쟁선거 방식을 취하지 않았다는 점에서 불완전성을 지적하는 태도를 제도물신주의로 비판하였다.[27]

이러한 사상이론계의 논의에 대해 당정은 대체적으로 경제적 자유주의를 수용하는 경향이 강하고, 정치적 자유주의와 문화적 자유주의에 대해서는 비판적 거리를 두었다. 한편 신좌파의 주식합작제와 같은 경제논리와 사회주의적 맥락의 '대민주' 개념의 수용에는 친화적이다. 다만 구좌파의 주장은 크게 약화되었으나, 이데올로기적 의미에서 '개혁'이 실패할 경우, 개혁그룹도 구좌파(도덕적 좌파)들의 주장 일부를 자신의 것으로 수용하게 될 것으로 보는 견해가 있다.[28]

3. 모색으로서의 사회주의: '중국형' 사민주의 논의

1) '제3의 길'

자유주의와 신좌파의 쟁점은 중국에서 자본주의가 가장 긴급한 과제인가, 중국은 서구적 근대화를 추구해야 하는가, 경제민주화는 자유주의의 가장 우선적 가치인가 등을 둘러싸고 진행되었다. 그리고 이러한 쟁점은 자유주의와 사회주의, 자유주의와 사민주의, 사회주의와 사민주의 사이에서의

네 가지 범주를 제시하였다. Robert Unger, *The Critical Legal Studies Movement* (Cambridge: Harvard University Press, 1986); 추이즈위안 저, 장영석 역, 『중국은 어디로 가고 있는가』(서울: 창비사, 2003), pp. 76-84.

27) 추이즈위안 저, 장영석 역, 『중국은 어디로 가고 있는가』, pp. 76-84.

28) 존 번스, "중국의 정치개혁, 그 변화와 지속," 리차드 에드몬스 저, 전수빈·박윤하 역, 『중화인민공화국 50년의 발자취』(서울: 희선, 2003), p. 63.

수렴과 배척의 형태로 나타난다. 그 교집합 중에서 사민주의가 포괄하는 범위가 비교적 넓다.

이러한 '중간노선'으로서의 사민주의는 중국현대사에서 5·4운동기와 1940년대에 이미 출현한 바 있다.[29] 건국 이전 중국 사회주의는 자유주의나 무정부주의, 사민주의, 진화론 등 근대 이데올로기에 경사되었고, 사회주의와 자유주의가 서로를 배척하기보다는 서로를 강화하는 측면이 강했다. 그러나 건국 이후 사민주의 논의는 수정주의라는 낙인 속에서 수면 하로 잠복하였다가, 1980년대 후반 중국의 경제발전을 시민사회와 정치발전의 맥락에서 논의하던 지식인 그룹 사이에서 등장했다.[30] 그러나 천안문사건이라는 정치적 격변기를 거치면서 '짧은 부활'은 종료되었으며, 1990년대 후반에 중국 사회주의가 새로운 진로모색에 고심하기 시작한 시기에 다시 등장하였다. 이들은 선진 자본주의 국가에서 사회주의적 요소를 발전시킬 수 있는 현실적 대안인 '현실사민주의'[31]를 구체적으로 검토하기 시작하였다. 특히 이 논의는 이론적 차원에 그쳤던 그동안의 과정과는 달리 당정지도부에 영향을 미치면서 제도권 내에서도 토론되기 시작하였다. 일부에서는 공산당을

---

29) 1946년 장둥쑨은 "정치적으로 중간노선은 영미 자유주의와 민주주의를 채용하고, 경제적으로는 소련식의 계획경제와 사회주의를 채용하는 것"이라고 했다. 張東蓀, 『思想與社會』(瀋陽: 遼寧敎育出版社, 1998); 조경란, 『중국 근현대 사상의 탐색』(서울: 삼인, 2003).

30) Ma Shu Yun, "The Chinese Discourse on Civil Society," *The China Quarterly*, No. 137 (March, 1994), pp. 180-193.

31) 일반적으로 현실사회주의(Existing Socialism)는 '역사로서의 사회주의'라는 의미로 '유토피아로서의 사회주의와 구분하는 의미로 사용한다. 와다 하루끼 저, 고세현 역, 『역사로서의 사회주의』(서울: 창작과 비평사, 1994). 또는 시장사회주의, 개혁사회주의, 신국가주의체제의 개념으로 쓰이기도 한다. W. Bruce and K. Laski, *From Marx to the Market-socialism search of an economic system* (Cambridge: Oxford Univ. Press, 1989), pp. 20-30; Su, Shaozhi, "The Formation and Characteristics of China's Existing System," in Forges Roger V. Des, Duo Ning, Wu Yen-bo, Forges Roger V. Des, Duo Ning, Wu Yen-bo, *Chinese Democracy and the Crisis of 1989: Chinese and American Reflection* (New York: State Univ. of New York Press, 1993), pp. 9-20. 이러한 점을 염두에 두고 1940년대의 이념형이나 이론적 논의가 아니라 '현실사민주의'(existing social democracy)라는 개념을 차용하는 것이다.

'총통당'과 '인민대표대회당'으로 분리할 필요가 있고, 중국공산당을 '중국사회주의당(약칭 중국사회당)'으로 바꾸자는 견해도 제기하였다.32) 여기에 편승하여 해외반체제 인사들은 공산당 일부가 탈락하여 사회민주당을 창당하고 해외 망명자와 합류하여 중국 민주파 동맹을 구축할 수 있다는 희망 섞인 견해도 제기하였다.

'제3의 길'도 이러한 이론과 현실의 변화 속에서 도입되고 제기되었다. '제3의 길'의 위상에 대해서는 사회주의와 자본주의 사이의 공간, 사민주의와 신자유주의를 결합하는 '중도좌파'적 노선, 신좌파와 자유주의 사이의 새로운 정치민주형식, 제도와 혁신간의 평형을 유지하는 중용적 관점 등 다양한 관점이 있다.33) 그러나 대체적으로 서구 사민주의의 정치강령과 정치노선, 즉 서방 사민주의 정당이 전통적인 좌우의 구분을 타파하고 좌익과 우익, 사민주의와 신자유주의, 급진주의와 보수주의 사이에서 일종의 융합을 시도하고 있는 개념으로 수용되었다. 구체적으로는 기든스(A. Giddens) 논의 등을 대상으로 삼고 있다는 점에서 21세기형의 유럽 사민주의가 중국에 수입된 것으로 볼 수 있다.34)

그러나 영국 노동당을 비롯한 서구 사민주의의 '제3의 길'은 자유주의 위기 속에서 이를 지양하기 위한 노선이라기보다는 민족국가적 발전전략과 조합주의적 통제를 유지하려는 자유주의적 발전국가의 속성이 강하다. 다시 말해 포괄적인 복지국가를 전제로 하고, 기업의 지배구조에 이해당사자의 이익을 반영하는 협조적 기업조직을 바탕으로 하며, 질서 자유주의를 핵심

---

32) 徐斯儉, "中共16大與政治改革,"『中國大陸研究』, 2003年 46卷 4期, pp. 43-44.
33) 대표적 자유주의자의 한 사람인 왕딩딩의 경우가 이에 해당한다. 汪丁丁, "經濟制度的眞情涵意什嗎?"『讀書』, 1997年 3月, pp. 130-131.
34) 기든스(Anthony Giddens) 등의 저작은 거의 모두 번역되어 중국이론계에 빠르게 전파되었다. 제3의 길과 관련한 중국 내 문헌목록에 대해서는 다음을 참조. 鄭偉,『全球化與'第三條道路'』(長沙: 湖南人民出版社, 2003), pp. 319-332.

으로 하는 사회적 시장경제의 성격을 가진다. 이런 점에서 중국이 염두에 둔 공정과 효율을 고려하여 사회적 응집력을 강화하고 권리와 책임의 균형을 이루어 '이권인(利權人)형' 35)의 복지제도를 만들며, 자유방임과 국가간섭을 조절하여 공공권력의 관여를 통해 시장의 결점을 보완할 수 있다는 해석36)과는 차이가 있다.

그러나 이러한 인식, 제도, 그리고 발전정도의 차이에도 불구하고 중국에서 제3의 길, 또는 사민주의 노선을 적극적으로 모색할 필요가 있다는 견해는 넓게 수용되고 있다.37) 특히 국가개입과 시장조절 사이의 합리적 관계를 모색하는 경제관, 사회구성원들이 복지체계에 대한 의존을 감소시켜 책임의식을 부과하여 '책임 없이 권리 없다'는 것을 강조한 복지관, 정부와 시민사회의 협력적 관계를 건립하는 사회관 등 인식상의 공통점이 발견된다고 주장하였다.38)

자유주의자들도 중국에서 자유질서(liberal order)의 상태가 수립되지 않았기 때문에 사민주의와 자유주의가 양립할 수 있다고 보았다. 즉 인권, 자유, 절차적 정의 등 '공동의 전선'(same bottom line)을 수용하고, 전제주의와 인민주의라는 공동의 적에 직면해 있기 때문에 자유주의와 사민주의 사이에는 핵심적 범주의 중복현상이 나타날 것이고 그 차이는 이슈가 되지 않을 것으로 보았다.39) 친후이가 이러한 현상에 대해 "두 개의 주의 '사이'

---

35) 1990년대 회사의 지배구조의 개념을 제시할 때 제출한 것이다. 즉 회사운영에 참여하는 모든 사람과 조직은 회사의 위험을 부담하는 것이며, 권익의 수혜자가 되어 각 측의 이익은 긴밀하게 결합되어야 한다는 것이다. 周勇闖・景蔚, 『領航: 三個代表思想形成大回放』(北京: 文匯出版社, 2002), p. 131.
36) 周勇闖・景蔚, 『領航: 三個代表思想形成大回放』, pp. 126-133.
37) 陳林・林德山, 『第三條道路: 世紀之交西方政治變革』(北京: 當代世界出版社, 2000).
38) 鄭偉, 『全球化與'第三條道路'』, pp. 308-318.
39) 秦暉, "自由主義, 社會民主主義與當代中國'問題'," 公羊 主編, 『思潮:中國新左派及其影響』, p. 386.

의 '제3'의 입장이 존재하는 것이 아니다"는 평가도 이런 측면을 의미한다.

그러나 신좌파가 '제3의 길'을 보는 입장은 다소 유보적인 태도, 평가자 체에 대한 유보, 우호적 평가로 구분된다.[40] 그러나 전반적으로 신좌파는 자유주의와 결합한 사민주의가 사회주의적 속성보다는 자유주의적 속성을 강하게 띠고 있기 때문에 마르크스주의의 합리적 핵심으로부터 벗어나고 있다고 비판하는 경향이 강하다. 특히 민족국가론에 경사된 신좌파들은 이들의 서구지향성이 서구 자본주의의 맹목적 수용을 전제하고 있다고 비판하고 있다. 다시 말해 신좌파식 '민주'라고 볼 수 있는 제도창신과 사상해방을 가로막고 있는 이데올로기 전선으로 사민주의를 설정하고 있다.[41]

2) 당정의 사민주의 논의

중국은 당정에서 이념적 구속성 때문에 사민주의에 대해 부정적이고 유보적인 입장을 취해 왔다. 이른바 '제3의 길'에 대해서도 '좌와 우의 입장을 넘어선다'는 개념 대신에 '좌도 좋고 우도 좋으며, 급진적일수록 좋다는 것을 받아들이는 것이 아니라, 좌와 우의 전통적인 틀을 벗어 던지지 못하면, 모든 개혁은 불가능하고 중국경제가 비약적으로 발전할 수 없다'는 입장을 취하였다.[42]

그러나 이러한 전통적 해석에 변화가 나타났다. 당 정치국원이었던 웨이

---

40) 왕후이는 이에 대해 비판적이고 황핑(黃平)은 유보적이고 뤄강(羅崗)은 우호적이다.
41) 좌파의 대체적인 인식은 사회주의적 시장경제의 우경화를 비판적으로 접근하고 있다. 이런 관점에서 자본주의와 사회주의 사이의 '제3의 길'은 장기적으로 불안하고 사회적으로 수용할 수 없을 뿐 아니라, 혁명적 사회를 퇴보시킨다는 견해를 가지고 있다. Robert Weil, *Red Cat White Cat: China and the Contradictions of Market Socialism* (New York: Monthly Review Press, 1999), pp. 11-19.
42) 鄭偉, 『全球化與 '第三條道路'』, pp. 311-312.

젠싱(尉健行)은 2000년 10월 독일 사민당 초청으로 독일을 방문하면서 "단순히 사회경제발전에서 독일 사민당의 경험만을 배우기 위한 것이 아니라, 양당간의 협력을 강화하기 위한 것"[43]이라는 방문목적을 명확히 하였다. 이 무렵 중국의 당정핵심에서는 연구자들을 조직하여 유럽 사민당의 구조와 기능에 대한 연구를 강조하기 시작하였다.[44] 당시 후진타오가 통괄하고 있던 중앙당교에서도 정비젠(鄭必堅) 부교장을 중심으로 독일, 프랑스, 북유럽에 연구자를 파견하여 서독의 사민당이 자기개혁을 단행하고 지지기반을 확대했던 역사적 경험을 연구하게 하였다.[45] 이러한 연구의 영향을 받아 공산당 기관지에서도 "서유럽의 사회민주당은 새로운 계급구조의 변화에 어떻게 적응하고 성장을 계속하고 있는가"라는 호의적인 연구를 게재하기도 하였다. 또한 "우리 당이 지금까지 혁명정당의 행동패턴을 지니고 있지만, 선진성과 왕성한 생명력을 지니기 위해서는 사고방식을 바꾸고 건설적이고 규범적이며 관용적인 집권 정당으로 성격을 변화시켜야한다"고 제안하였고 이 보고서는 후진타오를 거쳐 당중앙 정치국에 회람되었다.[46] 중앙당교의 교수, 장쩌민(江澤民)의 브레인 등도 중국은 신보수주의와 복지국가 사이에서 선택적 경로를 찾아야 한다고 주장하였다.[47]

이러한 당정의 움직임이 보다 표면화된 것은 16전대회를 전후해서였다.

---

43) "尉健行開始對德國進行正式友好訪問,"『人民日報』, 2000年 10月 13日.

44) 中國社會科學院 國情研究中心 연구원 인터뷰 (2003년 4월 서울); Willy Wo-Lap Lam, "Appealing to Modern Comrade," *South China Morning Post*, January 11, 2001;『香港經濟日報』, 2001年 2月 22日.

45) http://chinesenewsnet.com (검색일: 2001월 5월 1일).

46) 朱建榮,『中國 第三の革命: ポスト江澤民時代の讀み方』, p. 90: http://chinesenewsnet.com (검색일: 2001년 5월 1일) 이러한 현상에 대해 중국의 당내 이론가들이나 중국사회과학원의 싱크탱크 대부분도 인터뷰를 통해 쉽게 인정하는 부분으로 새로운 현상이 아니다(중국사회과학원 L 연구원, 중앙당교 고위관계자 Z 인터뷰, 2003년 4월 서울, 2004년 2월 베이징과 창춘 등). 그리고 이것은 16전대회와 10기 전인대에서의 실제 3개대표론의 입법화 과정에서 확인되었다.

47) "黨校研究所長資本家入黨有激辯中共黨內分岐外洩,"『太陽報』, 2001年 8月 31日; 鄭永年, "共産黨的轉型還是終結,"『信報財經新聞』, 2001年 7月 17日.

중공당은 전통적으로 전당대회 예비 보고서에 대한 평가 등을 '형제정당'에게 맡겨 왔다. 그러나 16전대회에서는 유럽의 주요 사민당 지도부와 이론가들을 중국에 초청하여 자문을 구했다. 2001년 5월, 당중앙 대외연락부는 "사회변화와 정당"이라는 주제로 세미나를 개최하면서, 프랑스 사회당의 베르구니우(Alian Bergounioux), 포르투갈 사회당의 코스타(Alberto Costa), 독일 사민당의 알베르제(Detlev Alberse) 등을 초청하였다.[48]

그리고 이러한 변화는 당 최고지도부의 이데올로기 해석을 통해서도 추론할 수 있다. 즉, 덩샤오핑이 이미 "중국의 주요한 위험은 우가 아니라 좌에서 온다"[49]고 지적한 것을 적극적으로 해석하면 자유주의보다는 구좌파의 경직된 시각이 중국 사회주의의 유연성을 가로막는 것으로 확대할 수 있다. 실제 장쩌민 주석도 공산당 80주년 기념연설에서 "당내의 신구좌파 모두가 당에 타격을 가하고 있다"고 밝혔고, 16전대회 보고에서 "세계는 변화하고 있다. 우리의 개혁개방과 현대화 건설은 전진하고 있다. 인민대중의 위대한 실천은 발전하고 있다. 우리 당이 마르크스주의의 이론적 용기를 가지고 실천적인 새로운 경험을 종합하고 당대 인류문명의 유익한 성과를 차용할 것을 요구하고 있다. 이론적으로도 새로운 시야를 부단히 확장하고 새로운 개괄을 만들어야 한다"[50]고 강조했다. '이론적으로 새로운 시야'는 사회주의의 자기혁신을 적극적으로 촉구한 것으로 해석할 수 있다.

이것은 전통적 사회주의 성격을 규정하는 해석체계가 변화하고 있거나 변화될 수 있다는 것을 의미한다. 적어도 중국에서 사민주의를 수정주의의 폐해로 간주하지 않고 수용의 태도를 보이고 있는 것은 사실이며 이것 자체가 의미 있는 변화이다. 왜냐하면 중국 공산당은 이데올로기 투쟁에서 가장

---

48) "Senior CPC Official Meets West European Guests," *China Daily*, May 24, 2001.
49) 등소평 저, 김승일 역, 『등소평 문선(하)』, p. 251.
50) 江澤民, 『全面建設小康社會開創中國特色社會主義事業新局面』(北京: 人民出版社, 2002), p. 12.

위험한 적을 자본주의보다 수정주의의 폐해라고 지적하였고, 이러한 수정주의는 공산주의를 내부에서 전복할 수 있는 것으로 간주해 왔다는 점에 비추어 보면, 커다란 진전이기 때문이다. 이것은 덩샤오핑 이후 '수정주의의 수정'을 지속해 온 중국 사회주의의 이론적 귀결이라고 할 수도 있다.

4. 체제전환과 '3개대표론' 논의

1) 3개대표론 등장의 조건

중국의 새로운 체제 이데올로기 탐색은 새로운 과학기술 혁명, 전지구적 자본주의의 확산, 국제관계의 민주화와 발전모델의 다양화, 자본주의 생산관계의 새로운 변화에 따른 정치적 경쟁력의 확보라는 시대적 배경 속에서 출현했으며, 그 핵심은 사회주의 정치의 재건과 혁신이다.[51] 그리고 이를 이데올로기로 지원하는 이론적 장치가 '3개대표론'이다. '3개대표'란 "중국공산당이 중국의 선진 생산력의 발전요구, 중국의 선진 문화의 전진방향, 중국의 광대한 인민의 근본이익을 대표한다"[52]는 것이다. 그리고 세 가지 '대표' 사이의 관계는 선진 생산력 발전은 선진 문화를 발전시키고 수많은 인민의 근본적 이익을 실현시킬 수 있다는 점이다. 그리고 선진 생산력과 선진 문화를 발전시키는 것은 궁극적으로 인민대중의 날로 증가하는 물질문화의 수요를 만족시키는 것이고 인민의 근본적 이익을 실현하는 것으로 보

---

51) 中共中央黨校編寫, 『'三個代表'重要思想研究(內部試用)』(北京: 中共中央黨校出版社, 2003), pp. 1-14.
52) 江澤民, 『論三個代表』(北京: 中央文獻出版社, 2001), p. 2.

고 있다.[53] 이러한 3개대표론의 사상적 핵심은 '시대와 함께 발전한다'(與時俱進)는 것이었다. 따라서 국내외 가변적 질서에 대응하기 위한 이론적 장치라고 볼 수 있다.

첫째, 중국은 세계질서가 일본과 러시아·유럽연합의 역할과 기능이 점증하고 있고 9·11 사건 이후 미국의 일방주의와 단극화의 모순은 심화되고 다극화의 방향으로 전개된다고 보고 있다. 다만 이러한 다극화 과정은 장기적이고 복잡한 투쟁을 거칠 것이며 그 핵심은 단극과 다극의 모순, 패권과 반패권의 모순이 될 것으로 보고 있다.[54] 특히 다극화과정에서 나타나는 21세기형 경쟁의 핵심은 경제와 기술경쟁에서 드러나는 것으로 보고 3개대표론은 정치의 변화를 통한 경제적 국력의 향상을 추구하는 것으로 설정하였다. 또한 다극화는 세계의 다양성을 수반한다고 보았다. 장쩌민도 "세계는 풍부하고 다채롭다. 각국문명의 다양성은 인류사회의 기본특징이자 인류문명 진보의 동력이다. 각국의 역사문화, 사회제도와 발전모델을 존중해야하고 세계다양성의 현실을 받아들여야 한다"[55]고 했다. 따라서 3개대표론은 국제질서가 당대 자본주의 경제와 과학기술의 발전을 통해 자본주의의 '새로운 공간'을 열고 있는 데 자극받은 것이며, 당대 자본주의 발전의 특징과 자본주의가 제기한 과학에 도전하는 분석의 기초에서 형성된 사상적 좌표로 간주하였다.[56]

둘째, 개혁개방이 진행되면서 사회주의 중국의 노동자계급, 농민계급, 지식계급이라는 전통적 계급구분이 붕괴되었다. 중국의 계급계층 연구에 의하면, 10개의 계층이 형성·발전되고 있다.[57] 특히 괄목할 만한 변화는 사영

---

53) 劉世軍·郝鐵川, 『江澤民"三個代表"思想研究』(南京: 南京大學出版社, 2002), pp. 2-3.
54) 江澤民, 『全面建設小康社會開創中國特色社會主義事業新局面』, p. 516.
55) 江澤民, 『全面建設小康社會開創中國特色社會主義事業新局面』, p. 535.
56) 中共中央黨校編寫, 『'三個代表'重要思想研究(內部試用)』, p. 14.
57) 10개 계층에는 국가사회의 관리자 계층(공산당·정부 등의 행정관리직), 관리직 계층(대·중형

기업주와 지식산업에 종사하는 중간층이 폭발적으로 확대되고 있다는 점이다. 이들은 단순한 양적 성장뿐 아니라 사회적 발언권을 강화하기 시작하였다. 이러한 10대 계층론을 3개대표론과 연결해 보면, 사영기업주를 중심으로 관리직 계층, 사영기업주, 전문기술자 계층은 '선진 생산력의 대표'이고, 이중에서 전문기술자는 '선진 생산력의 대표이자 선진 문화의 대표'이다. 그리고 산업노동자는 '선진 생산력을 발전시키는 기본역량'이라고 볼 수 있다. 사회계층의 위상이라는 측면에서 볼 때, 국가사회의 관리자 계층과 관리직 계층, 사영기업주는 전 인구의 4.2%로 주도계층으로 등장했고, 전문기술자, 사무직, 개체상공업, 상업서비스 종사자들은 전 인구의 약 26.1%로 중간계층을 구성하고 있다. 이 과정에서 사영기업주는 1987년 생존권적 지위를 얻은 이후, 1997년에 시장경제의 중요한 구성요소로서의 경제권을 확보했고, 16전대회를 계기로 사회적 지위를 확보하게 되었다.[58]

　　이러한 배경에서 등장한 3개대표론의 핵심은 당의 선진성을 견지하는 데 있고 그 본질은 친민정치(執政爲民)를 견지하는 것이다. 즉 '핵심'은 당의 계급적 기초를 확대하여 당의 대중적 기초와 사회적 영향력을 지속적으로 확대하기 위한 것이다. 중국 당정은 이러한 변화가 노농정권의 성격을 근본적으로 변화시키는 것은 아니라고 강조한다. 즉 '노동계급의 선봉대'와 '중국인민과 중화민족의 선봉대'라는 '두개의 선봉대'론이 당의 역사적 맥락에서 유지되어 온 것으로 간주하고, 사회 각 세력에서 우수한 인재를 당내로 흡수하여 노농정권을 강화해야 한다고 주장하면서 중산계급의 출현으로 노동계급의

기업의 사업주가 아닌 중·고위 수준의 관리간부), 사영기업주 계층, 전문직·기술자계층, 사무원 계층, 개체상공업계층, 서비스업 종사자, 산업노동자 계층, 농업노동자 계층, 무직·실업·반실업자 계층 등이 있다. 陸學藝, 『當代中國社會階層研究報告』(北京: 社會科學文獻出版社, 2002), pp. 4-43.

58) 張厚義, "私營企業主階層發展的現狀和趨勢," 汝信·陸學藝·李培林 編, 『2003年: 中國社會分析與豫測』(北京: 社會科學文獻出版社, 2003), p. 279.

선봉대론이 소멸한다는 논리를 비판하였다.[59] 한편 3개대표론의 '본질'은 입당(立黨)의 근본, 집정의 기초, 힘의 원천으로 간주하였다. 장쩌민은 "역사와 현실에서 어느 정권이 좋다, 어느 정당이 좋다고 할 때, 그 전도와 운명은 인심의 향배가 결정하며, 수많은 인민의 지지를 얻지 못하면 반드시 도태된다는 것을 모두 증명해 주었다"[60]고 강조했다. 이런 맥락에서 새로운 이데올로기로서의 3개대표론은 21세기형 건당론으로도 볼 수 있다.[61]

2) 3개대표론과 사민주의 논의

이러한 3개대표론은 당내에서 많은 논란을 불러 일으켰다. 2001년 9월 24일에서 26일까지 열린 당 중앙위원회에서도 이를 둘러싼 갈등이 표출되었다. 당내 대표적 이데올로그의 한 사람이었던 딩관건(丁關根)은 3개대표론 구상이 아직 결정되지 않았다는 이유로, 이 구상의 장점을 토론하려는 것을 제한하면서 당내 개혁그룹으로부터 강력한 비판을 받았다.[62] 이것은 당내에 자본가를 입당시키기 위한 당의 대담한 구상을 비판해 온 당내좌파의 인식을 반영한 것으로 보인다. 나아가 당 외곽의 좌파들은 3개대표론 비판의 핵심은 이것이 일련의 사민주의 기획에서 비롯되었다고 보았다.[63]

3개대표론은 이데올로기적 파격성 때문에 오히려 당 외곽에 포진한 좌파로부터 많은 비판을 받았다. 이러한 비판은 주로 당내 신보수주의, 권력핵심에서 밀려난 구좌파를 중심으로 이미 폐간된『진리의 추구』,『중류(中流)』

---

59) 中共中央黨校編寫,『'三個代表'重要思想研究(內部試用)』, pp. 98-103.
60) 江澤民,『全面建設小康社會開創中國特色社會主義事業新局面』, p. 642.
61) 段治文,『中國社會主義進程史論』(杭州: 浙江大學出版社, 2002), pp. 214-220.
62) 좌파들은 당내에 자본가를 입당시키기 위한 당의 대담한 구상을 비판하였다. *Asian Times Online*, Oct 23, 2001.
63) 이에 대한 비판은 주로『眞理的追求』,『中流』를 통해 집중적으로 제기되었다.

등을 통해 제기되었다. 또한 당내외 좌파들이 당 중앙과 장쩌민 주석에게
보내는 공개서한 형식을 통해 3개대표론의 이데올로기의 위험성을 지적하였
으며, 이러한 비판은 『만언서』, 인터넷, 지하간행물을 통해 유통되었다. 예
컨대 중국의 지역간 불균형을 해소하기 위해 중앙정부의 권한을 강화시켜야
한다고 주장한 신좌파의 리더의 한사람인 후안강(胡鞍鋼)의 서신, 3개대표
론 대신에 4강(4講: four stresses) 즉 민주주의, 과학, 법치, 시장경제 등을
제기한 리루이(李銳) 등의 비판, 일당독재 대신에 진정한 대의제 민주주의를
제기한 바오퉁(鮑彤)의 비판 등 다양하게 제기된 바 있다.[64] 특히 17인의
구좌파 당내 좌파원로, 14인의 좌파지도자들도 당 중앙과 장쩌민에게 공개
서한의 형식으로 3개대표론을 통한 공산당의 우편향을 비판하였다.[65] 2002
년 당내(현직을 떠난 전직 당료를 포함)에서도 3개대표론 논의에 대해서는
비판이 강력하게 제기되었는데, 그 핵심도 공산당 내에 자본가를 수용하는
문제와 관련한 중국공산당과 사회주의 국가의 정체성에 관한 문제였다.

　　물론 이들의 비판의 논리는 정파간의 입장에 따라 다소의 차이가 있다.
그러나 대체적으로는 사기업가의 공산당 입당을 정당화하는 논리에 대한 비

---

64) 李銳, "關於我國政治體制改革的建議," 『炎黃春秋』, 2002年 12期; 鮑彤, 『中國的憂思』(香港: 太
　　平洋世紀出版社, 2000).

65) 이러한 좌파의 비판논문은 다음 문헌에 나타난다. "Letter of Ma bin and Han Yaxi," *Monthly
Review* (May 2002); "A Stuggle Within the Chinese Communist Party," *Monthly Review* (May 2002);
"Letter from Fourteen," *Monthly Review* (May 2002), "Letter from China"는 Feng Chongyi, "The
Return of Liberalism and Social Democracy: The Breaking Through the Barriers of State Socialism,
Nationalism, and Cynicism in Contemporary China," pp. 22-23에서 재인용. 17인의 저명한 구좌파
들이 서명한 것으로 알려졌다. 17인 서신에는 덩리췬, 마윈루이, 위안무, 우렁시, 돤뤄페이, 위취
안위, 리얼충, 웨이웨이, 린무한, 린안지 등이 서명한 것으로 알려져 있다. 한편, 14인 서신에는
왕딩례, 덩리췬, 스산(전 농업부 부부장), 치이딩(전 전력부장), 류쩐화(전 정치국원, 북경군구),
리위안루(전 전력부 부부장), 리 페이핑(전 야금부 부부장), 리쨔오지(전 전력부 부부장), 리더중
(전 지린성 당서기), 장쩐(전 베이징시당위), 가오준(전 전력부 부부장), 첸민(전 전력부장), 황즈
강(텐진시당위 서기), 한시야(전 중화총공회, 후보위원), 웨이웨이(작가) 등이다. 이 두 편지에 서
명한 사람 중 덩리췬과 웨이웨이 등이 최소한 겹치는 것으로 확인되고 있다.

판, 즉 사기업가 입당은 노동계급과 당 모두의 이익에 반하는 반역적인 행동
이라는 것을 강조하였다. 즉, 새로운 부르주아가 부활하면서 인민은 사회주
의로부터의 이익에서 유리된 채 '가장 불행한 운명을 지닌 상품'이 되고
있다는 것이다. 이들은 3개대표론이 공산당이 사회주의 노선, 사민주의 노
선, 자본주의 노선을 걷게 될 것인가에 대한 근본적 문제와 관련되어 있다고
지적하는 한편 장쩌민이 당 중앙, 정치국, 정치국 상무위원회의 토론과 승인
없이 당의 성격을 개인적 결정으로 당의 노선을 변화시켰다고 비판하였다.

물론 이들의 비판이 당내의 첨예한 이데올로기 투쟁을 본격화하는 수준
은 아니다. 왜냐하면 이들의 세력은 이미 주변화되어 있고, 사회적 영향력이
약할 뿐 아니라, 신좌파의 이론적 지지도 확보하지 못하는 등 논리적 체계와
현실적응력이 취약하기 때문이었다. 또한 당정은 당 내외 비판의 싹을 자르
기 위해『진리의 추구』를 폐간시켰고[66] 장쩌민도 반개혁 좌파들을 초기단
계(budding stage)에서 박멸하라고 요구하면서[67] 이들의 세력은 급속하게
약화되었다. 다만 공산당의 노간부, 국유기업의 퇴직직공, 개혁개방의 수혜
로부터 혜택을 받지 못하는 노동계층 등이 마오쩌둥(毛澤東)의 향수를 자극
하면서 일정한 사회적 불만세력을 형성하고 있는 중이다.

뿐만 아니라 당정도 3개대표론의 우편향에 대한 좌파의 비판을 반박하였
다. 즉 중국공산당이 계급정당을 버리고 국민정당으로 변화한다는 전민당
(全民黨)이나, 사민주의 정당으로 이행한다는 견해에 동의하지 않았다. 오히
려 정당개혁의 핵심은 '혁명당 의식'에서 '집정당 의식'으로 변화해야 하
고 직무분리나 공공권력의 내부분할에 기초한 '당정분리'를 비판하는 한편
집정당 내의 직무와 정부직무의 상호교차를 강조하는 내용구성의 변화에 있

---

66) *New York Times*, Aug 16, 2001.
67) 더욱이 좌파의 기승은 세계무역기구에 가입하려는 마당에 외국기업을 쫓아내게 될 것이라고
   강조하였다. *South China Morning Post*, Aug 23, 2001.

다는 것을 강조했다.68) 실제로 사민당이 다당제 실현, 혼합경제를 주장하면서도 공유제를 주체로 하지 않는 점, 의회다수에 근거한 사회주의 건설, 사민당이 당의 계급성 담화(淡化), 이데올로기 담화를 특징으로 한다는 점에 비추어 중국은 서구적 다당제와 삼권분립을 비판하고, 공유제를 유지하고 있으며, 세계의 문명사적 다양성을 인정하고 노동계급의 선봉대라는 인식을 가지고 있다는 점에서 차이가 있다고 주장했다.69) 2001년 연초에 『신화통신』도 당내 이데올로기 논쟁을 의식하여, 무분별하게 입당을 받는 것이 아니라, 공산당 입당을 원하는 자본가의 기준을 제시했다. 여기에 따르면 공평하게 피고용자를 대하고 기업의 이익을 재투자하는 사람 등을 선별해서 받는다는 것이었다.70)

그러나 중국의 이데올로기적 스팩트럼이 넓어지고 보다 전향적 변화를 보이는 가운데 사민주의와의 관련성을 적극적으로 옹호하는 관변 이론그룹도 등장하였다. 즉, 사민주의가 주장하는 자유와 민주는 사회주의의 기본가치이기 때문에 중국의 현실과 모순되지 않고, 사민당이 공공이익을 사적이윤에 우선하여 강조하는 복지정책도 중국과 다르지 않으며, 사민당의 당의 독립자주를 강조하고 사회주의는 국제운동이며 일치를 강제하지 않는다는 점 등을 들어 유사점을 찾는 데 적극적으로 나섰다.71) 이처럼 자유주의와 사회주의의 역사적 경험을 통해 자유주의와 사회주의의 이분법적 해석에서 벗어나 양자의 합리적 핵심을 취하고 상호소통 해야 한다는 주장은 사민주의를 중국현대화의 출로의 하나로 보고 모색해 왔던 그 동안의 이론적 경향을 일정하게 반영하고 있다.72)

---

68) 中共中央黨校編寫, 『'三個代表'重要思想硏究(內部試用)』, pp. 266-271.
69) 劉世軍·郝鐵川, 『江澤民"三個代表"思想硏究』, p. 75.
70) 당내 중요한 이데올로그인 스쫑찬의 인터뷰 참조, NHK 中國プロジクト 編, 『21世紀中國はどう變貌するか』(東京: NHK出版社, 2002), p. 54.
71) 劉世軍·郝鐵川, 『江澤民"三個代表"思想硏究』, p. 76.

실제로 광둥성에서는 16전대회 대표를 선발하는 과정에서 자본가가 포함되기도 했다. 이어 2003년 당강령 수정과 2004년 수정헌법을 통해 "중국공산당은 마르크스-레닌주의, 마오쩌둥 사상, 덩샤오핑 이론, '3개대표' 중요사상을 자신의 행동지침으로 삼는다"[73]는 것을 반영하여 법적 안정성을 확보했다. 3개대표론은 중국적 사회주의를 자기이론으로 삼았던 덩샤오핑 이론에 비해 보다 사민주의와의 친화성을 지니고 있다는 점에서 사실상 21세기형 중국의 이데올로기 해석의 새로운 준거라고 볼 수 있다.

5. 평가와 전망

중국의 새로운 이데올로기 모색은 학술이론계는 물론이고 당-정에서도 조심스러운 실험을 계속하고 있다. 이런 점에서 새로운 세대의 사회주의론이라고 할 수 있는 3개대표론은 1990년대 이후 중국의 정치경제적 조건의 변화가 이념적으로 나타난 것으로 볼 수 있고, 다양한 학계의 논의결과를 반영한 것이기도 하다. 무엇보다도 기존의 사회주의 수정이나 재인식이 개혁개방을 지원하기 위한 것에 국한되어 있었다면, 제4세대의 사회주의 이데올로기는 사회주의의 금기라고 일컫던 이데올로기 상부구조를 문제삼고 있다는 점에서 질적인 전환의 시기로 볼 수 있다.

그러나 중국 사회주의는 사민주의의 친화성이 확대되고 있음에도 불구하고 사민주의의 강령과 노선을 명시적으로 수용하는 데는 뚜렷한 한계를 지니

---

72) 朱高正, "自由主義與社會主義的對立與互動," 『中國社會科學』, 1999年 6期; 許紀霖, "社會民主主義的歷史遺産," 李世濤 編, 『知識分子立場: 自由主義與中國思想界的變化』, p. 486.

73) 人民出版社 編, 『中國共産黨第十六次大會文件滙編』(北京: 人民出版社, 2002), p. 57.

고 있다. 우선 중국에서 자유주의가 출현하고 자유주의적 경제관이 정책수준
에서 반영되고 있음에도 불구하고 견고한 중간계급이나 개인주의적 가치에
대한 도덕적 지원이 없다. 둘째, 공산당과 사민당 사이에 일당지배, 대의제
국가, 다당제 민주주의에 대한 신념의 차이가 크고 이를 정치적으로 극복할
수 있는 시스템이나 이데올로기가 미성숙하다. 셋째, 더구나 다당제 민주주의
는 중국의 실정에 맞지 않다는 것을 강조해 왔으며, 현실적으로 착근하기 어려
운 사회적 조건을 가지고 있다. 넷째, 경제중심전략을 추구하고 있고 권력의
안정성이 여전히 취약한 상태에서 정치적·이데올로기적 논쟁이 지니는 부담
감이 지나치게 크다. 보다 근본적으로는 중국 사회주의 경로가 역사적으로
한번도 경험하지 못한 독자적인 경로이며 중국은 그것을 실험하는 단계라고
주장하고 있으나, 민영화 과정을 거치면서 국가 자본주의에서 사적 자본주의
로 이행한 동유럽 사회주의의 경로와 전혀 독립적이라고 할 수는 없다.

이러한 이데올로기적 진공을 일시적으로 해소하기 위해 국가의 동원적
성격이 강한 교도민족주의나 대중민족주의를 활용하면서 이념적 정당성을
보완하려고 한다. 그러나 장기적으로 이것은 체제의 정당화를 강화하는 측
면이 있지만, 중국 사회주의의 민주주의적 확산이라는 측면에서는 오히려
걸림돌로 작용할 수 있다. 이들은 우선 체제안정성, 민족적 '부와 권력',
민족통합을 위협하는 세력으로 자유주의를 비판하고 있다.[74] 이러한 협애한
민족국가적 접근은 절차적 민주주의의 성장조차도 어렵게 하는 것이고, 나
아가 사회주의의 지평을 제약하고 아시아적 지평이나 국제적 지평을 잃게
한다.[75] 또 하나는 개혁개방의 추세에 따라, 체제에 대한 특별한 불신이나

---

74) Baogang He and Yinjie Guo, *Nationalism Identity and Democratization in China* (Aldershot:
    Ashagate, 2000).
75) 일부 신좌파들이 새로운 아시아관을 구축하려는 노력이 있으나 여전히 주류적 담론으로 형성되
    지 못하고 있다. 왕후이 저, 이욱연 외 역, 『새로운 아시아를 상상한다』(서울: 창비사, 2003); 쑨꺼,
    류준필 외 역, 『아시아라는 사유공간』(서울: 창비사, 2003).

특별한 지지도 없는 냉소주의(cynicism)가 넓게 출현하고 있다.76) 이것은 프롤레타리아 독재 대신에 사회주의적 대중독재를 가능케 하는 기반이기도 하다. 당정이 '대민주'나 적극적인 자유주의의 실천이라는 과제 대신에 단일정당독재, 대중을 재편성하기 위한 민족주의의 이용, 개인의 이익을 보다 큰 국가의 공공재에 순화시키는 의미에서 완고한 사회주의를 성숙한 권위주의 정권으로 이전하는 데 머물고 싶은 유혹에 직면한다.

그러나 중국당정이 정치개혁이나 이데올로기 담론을 혁신하면서 독점적 지위를 확보하지 않을 경우 새로운 위기에 봉착할 가능성은 항상 존재한다. 중국의 시민사회의 성장과 경제활동 공간의 확대에 따른 정치개혁의 요구, 공산당개혁의 가시화에 따른 후속조치의 요구, 개혁개방의 그늘에 따른 사회적 문제의 폭발 등으로 인해 기존 사회주의 이념의 한계는 보다 빨리 나타날 것이고, 대안의 이데올로기를 창출할 필요도 빨라질 것이다.

이런 맥락에서 사회주의와 민주주의적 가치를 동시에 만족시킬 수 있는 절충적 정치개혁 프로그램이 제기되고 있다. 예컨대, 중국사회가 다당제, 보통선거, 권력분립에 기초한 자유주의적 의제를 단기적으로 수용하거나 정착하는 데에는 한계가 있을 것이라는 점에서, 사회주의적 맥락의 정치개혁을 시도하는 것이다. 이 중의 하나는 사회주의적 다당제 개념이다.77) 이것은 서구적 다당제를 피하면서 사회주의 정치과정의 개혁이라는 맥락에서 제기되는 것이다. 즉 중국의 일당적 지배가 사회주의 몰락을 가져 왔다는 역사적 경험에 대한 반추와 인민의 이익을 져버리고 결과적으로 사회주의적 기획을

---

76) 특히 민족주의적 열기는 민주주의에 대한 냉소주의(cynicism)의 보편화를 심화시키기도 한다. 胡平, "犬儒病: 當代中國的精神危機,"『北京之春』, 1998年 3, 4, 6月號.

77) 중국의 대표적인 이론가의 한사람인 가오팡은 1987년 처음으로 이 개념을 제기했다. 그리고 그는 최근 동유럽과 구소련의 붕괴의 교훈을 사회주의적 다당제에서 찾고자 하였다. 高放,『高放政治學論萃』(北京: 團結出版社, 2001). 구준도 이미 1970년대 사회주의적 양당제 개념을 제시한 바 있다. 顧準, "民主與終極目的,"『顧準文集』(貴陽: 貴州人民出版社, 1994).

어렵게 만들었다는 역사적 평가에 기초하고 있다.[78] 특히 덩샤오핑 이후 중국이 '신민주주의론'을 내용적으로 복원하고 있는 상황에서 급격한 이론적 충격을 피할 수 있으며, 무엇보다 자본주의 다당제의 실험을 미연에 방지할 수 있는 대안의 하나로 제시될 수 있다는 점이다.

경제적 맥락에서도 전체적인 정치경제 시스템을 자본주의적 방식으로 전환시키는 것이 아니라, 국가사회주의의 기본 틀과 정치적 치리(治理: governance) 메커니즘 속에서 가능한 빨리 사회주의 체계를 강화하고 중국 경제를 발전시키는 방식을 취할 것이다. 이런 점에서 경제적 자유주의 수용의 계기로 평가받는 주식제의 경우도 '한 주에 한 표'가 아니라 '한 사람에 한 표' 모델을 선호할 수 있다고 보인다.[79]

이렇게 보면 중국은 이미 3개대표론과 사유재산권의 부분적 인정, 그리고 혼합경제 등을 통해 공산당의 성격을 집권당(執政黨)으로 변화시켰고, 일련의 핵심적인 경제정책이나 정치개혁의 가능성 모두 사민주의 노선과의 친화성 속에서 추구되고 있다고 보인다. 더구나 당내 근본주의자와 주류 모두에서 공산당을 '노동계급의 당'으로 보거나 '프롤레타리아의 당'이라는 전통적인 개념을 받아들이지는 않는 것은 보다 분명해지고 있다. 따라서 장기적인 새로운 추세를 만들어 가는 데는 긴 과정이 필요하지만, 이를 위한 지적·정치적 환경은 우호적이고 보다 공고화될 가능성이 있다.

---

78) 사회주의적 다당제 도입의 장점은 이론적 딜레마를 해소할 수 있다. 즉 제1차 인터내셔날과 1871년 파리꼬뮌에서 그 근거를 발견할 수 있고, 일당독재를 위해 사회주의 다당제를 버렸다는 스탈린 비판을 통해 중국식 사회주의의 이론을 재구성할 수 있으며, 중국 현대 정치사에서도 유사한 경험이 있다는 점에서 도움이 될 수 있다는 점이다.

79) Sujiao Guo, "The Ownership Reform in China: What direction and how far?," p. 569. 중국의 주식제는 시장경제의 발전을 위한 추진력을 제공할 것이기 때문에 보다 안정적인 법적 보호가 필요하다는 견해에 대해서는 다음을 참조. Qingjiang Kong, "Quest for Constitutional Justification: privatization with Chinese characteristics," *Journal of Contemporary China*, 12:36(2003), pp. 537-551.

제3장

개혁개방과 중국적 관념의 변화 :

자아와 톈샤(天下)의 사이

■ 김근

1. 서언

개혁개방 이후 물질적 풍요와 시장경제로부터 파생되는 자본주의 문화는 전통문화의 잔재 위에 덧씌워진 사회주의 사회의 분위기를 일시에 바꿔놓았다. 이러한 문화적 변혁은 자연스럽게 사람들에게 개인주의에 눈을 뜨게 하고 자아를 추구할 수 있는 기회를 제공하는데, 이런 변화에는 시간이 별로 걸리지 않는 것이 주변에서 눈만 뜨면 저절로 들어오는 TV, 영화, 상업광고, 패션 등 많은 자본주의의 하위문화 텍스트들이 이를 한껏 조장하기 때문이다. 자본주의를 용인할 때 함께 허락하지 않을 수 없는 것이 개인주의 문화인데, 이는 전통적 관습과 사회주의 관념에 길든 중국사회 내에서 부정적인 측면도 많이 노출시켰다. 그 중에서 돌출돼 보이는 것을 꼽는다면 사회적 책임감이 약화되면서 도덕과 윤리의 판단 기준에 혼란이 온 사실을 들 수 있을 것이다. 그래서 부정부패가 많이 발생했지만, 이보다 더 심각한 것은 계층 간의 분화와 지역 간의 갈등이다. 개인주의 문화를 묵인함에 따라 일어나는 이러한 부정적 현상은 사회주의를 표방하는 국가 정체의 입장에서나 거대한 영토와 많은 인구를 관리해야 하는 사회통합의 입장에서 매우 심각한 문제를 제기할 수밖에 없다.

이러한 현안문제를 어떻게 풀어야 하느냐에 대하여 정치가들은 정치가들대로 지식인들은 지식인들대로 여러 가지 대안을 내놓고 있다. 이러한 대

안들을 뒷받침하기 위해서 갖가지 담론과 텍스트들 역시 다양한 형태로 등
장하게 되었으니, 이들을 분석한다면 현재의 문화적 갈등 실상과 앞으로의
추이과정을 예측해볼 수 있을 것이다.

중국사회가 겪고 있는 문화적 갈등과 그 대안에 관한 문제는 근본적으로
프로이트가 말하는 '거시기'(Es)와 초자아 사이의 지형도에 속하는 것이지
만 이것이 중국에서는 독특한 역사성을 갖고 있다. 중국은 중원지방에 자리
를 잡았으므로 일찍부터 여러 문화를 흡수·융합하기도 했지만 주위의 부족
과 세력들로부터 수많은 도전을 받아온 것도 사실이다. 오늘날의 중국은 기
실 이런 문화와 세력의 종합판이라고 해도 과언이 아니다. 그래서 이를 다스
리기 위한 이데올로기가 특별히 발달했으므로 일찍부터 보편성에 관심이 많
았다. 그러다 보니 강력한 자아를 형성시키려는 이른바 극기(克己)의 노력이
여러 가지로 시도되었고, 그 궁극적인 목표는 성인(聖人)이 되는 것이었다.
그러나 성인에 다가가면 다가갈수록 자아는 무의식적 주체로부터 멀어지는
소외가 일어났으니, 이 소외가 바로 중국문화의 특질을 형성하고 있는 것이
다. 따라서 이 소외를 극복하려는 노력도 함께 생겼으니, 이는 노장(老莊)사
상으로부터 왕양명(王陽明)의 심학(心學)을 거쳐 루쉰(魯迅)을 비롯한 현대
작가의 작품에 이르기까지 면면히 계승되었다.

아무튼 중국은 많은 인구와 종족, 그리고 넓은 영토를 안정적으로 통합
하기 위하여 보편자를 만들어냈고, 보편자가 낙후되어 외부의 도전이 생기
면 그 때마다 새것을 흡수하여 이를 재해석함으로써 위기를 극복해 왔다.
이러한 도전은 물론 현대에도 다시 등장한다. 단지 다른 것은 옛날에는 중국
이 곧 천하였으므로 보편자가 비교적 용이하게 먹힐 수 있었지만, 현대에서
는 서구와 경쟁해야 하는 현실이 이를 호락호락 허락하지 않음에 고민이
있다. 그들은 중국의 정체성을 유지하기 위해서는 주체와 개별자를 억압해
야 하지만, 모든 것을 회의하거나 희화시키는 것이 허용되는 포스트모던 시
대에 이를 수행하기 위한 명분을 만드는 것이 그리 쉬운 일이 아니라는 것은

이미 잘 알려진 사실이다. 그래서 그들은 이른바 세계화 속에서 중국의 정체성을 확보하기 위해서 다원화와 보편화라고 하는 상호 모순적인 담론을 여러 가지 텍스트 속에서 말하고 있는데, 자상모순(自相矛盾)적인 이 새로운 '천하'를 어떻게 재현해낼지가 앞으로의 관심사이다.

　　본 연구는 이러한 문화적 현실의 본질이 무엇이고 어떻게 하여 생겨나게 되었는지를 그 역사적 배경과 함께 현대의 주요 문화 텍스트에 대한 분석을 통해서 알아보고자 한다. 그러면 앞으로의 변화 추이를 충분히 예측해볼 수 있을 것으로 사료된다.

2. 전통중국에서의 범주적 인간과 주체의 문제

　　중국의 전통문화는 실질적으로 주나라에서 근원한 후 한나라에 와서 그 원형이 완성되었다고 보는 것이 옳다. 주나라 정권은 은나라의 종교적 이데올로기를 부정하기 위하여 인문주의를 표방하였기 때문에 근본적으로 세속주의를 바탕에 두고 있었다. 물론 주나라 이전까지는 종교적 권위에 정권이 존재하였으므로 신화적 세계였지만 그렇다고 해서 주나라가 들어서자마자 신화적 사고를 바꾼 것은 아니다. 다시 말해서 세속주의임에도 불구하고 신화적 사고는 계속된다는 말이다. 이러한 신화적 사고 속에서 진행되는 삶이란 신화적 리듬에 의해서 세계에 심어지는 것이므로 개인이나 실존이란 신화의 형식대로 반복하는 고정된 삶일 뿐이므로 이러한 삶에는 형이상학적 가치 외에 개인적 삶의 의미는 자각되지도 않고 존재할 수도 없다. 이러한 절대성 속에 사는 삶의 주체에게 자신의 세계를 증언할 기록은 의미가 없다. 그래서 신화 시대에는 역사라고 할 만한 기록이 없었던 것이다. 따라서 역사 기록이 등장하였다는 것은 시간이 개인이나 실존에 개입되어 실존이 확장되었다는 개념을 자각하였다는 뜻이 된다.[1] 시간에 대한 자각이 실존을 확장시킨 점은 있지만 이것이 문자로 씌어졌다는 것은 신화적 삶의 입장에서 보면 기실 존재로부터 괴리됨을 뜻한다. 이러한 실존의 확장을 역사라는 문자로 쓰고 난 다음에는 그로부터 규칙이 생기는데, 이것이 검증되거나 독자의 경험적 동감을 일으킬 때 보편성을 갖추면서 수행성을 갖게 된다. 고대중국에서 편년체 기록인『춘추』(春秋)는 바로 이런 보편성에 의지해서, 그리고 그 수행성을 목적으로 출현한 것이다. 비록『춘추』는 글쓰기에서는 "서쪽에 사냥 나갔다가 기린을 잡았다"는 이른바 '서수획린'(西狩獲麟)[2]과 같은 신화적 성분을 담지하고 있기는 하지만, 이러한 메시지를 통해서 말하고자 하는 바는 "난세를 다스려 올바르게 돌려놓다"라는 이른바 '발란반정'(撥亂反正)이라고 하는 명분이다. 명분이란 다름 아닌 보편자에의 공감을 뜻한다.

이 규칙은 물론 고대 천문학과 관련이 있다. 천체의 규칙적 움직임에 대한 관찰은 주기적이고 영원한 것을 알게 함으로써 코스모스와 함께 오행설과 같은 형이상학을 배태한다. 이런 과정에서 타자는 동일자로 환원되고, 외양은 관념적인 것으로 추상화되면서[3] 보편자로서의 규범(노모스)이 이로부터 생겨난다.

이러한 보편자는 한 왕조의 제국적 성격을 강화하는 데에 크게 기여한다. 즉 정복 사업을 통하여 합병한 주변의 국가와 부족들을 통합함으로써 제국을 형성하려면 각 지역의 특수성을 억압·대체할 수 있는 우주적 보편성을 갖춘 틀을 필요로 한다. 이렇게 해야 유일 권력 하에서 좁은 지평의 척도에

---

1) 조르주 귀스도르프 저, 김점석 옮김,『신화와 형이상학』(서울: 문학동네, 2003), p. 169.
2)『춘추』, "애공(哀公) 14년"의 경문(經文). 기린(麒麟)이란 상상의 상서로운 동물로서 어진 제왕이 나오기 전에 그 조짐으로서 먼저 출현한다고 전해진다. 그래서 훗날에 새로운 왕조의 정통성이 거론될 때마다 이 구절은 주요한 해석의 대상이 되어 왔다. 이에 관해서는 김근,『한자는 중국을 어떻게 지배했는가』(서울: 민음사, 1999), pp. 243-244를 참조 바람.
3) 조르주 귀스도르프,『신화와 형이상학』, p. 183.

따르는 집단적 재현을 거부하면서 틀을 무한히 팽창시킬 수 있는 것이다. 이러한 틀의 제작에 고대 천문학과 경학이 이 기능을 수행했다. 그래서 만민을 하나로 덮어주는 '천'(天)과 하나로 실어주는 '지'(地) 사이에서 전체가 하나처럼 유기적으로 돌아가는 우주와 그 운행이 생겨난 것이고, 따라서 사해일가(四海一家)의 이데올로기는 누구나 수긍할 수 있는 보편성을 갖게 되는 것이다. 그러므로 천명(天命)은 누구나 절대 복종하고 따라야 하는 지상명령이자 계시이고, 중국의 보편주의 논리를 상징하는 공자의 '한 모퉁이를 들어주면 나머지 세 모퉁이를 유추하여 알다'라고 하는 이른바 '거일우이반삼'(擧一隅而反三)의 논리4)는 서양의 삼단논법처럼 주어진 명제로부터 다른 어떤 요소도 끌어들이지 않고 필연적인 결론을 이끌어내는 추론이다. 이렇게 보편성을 강화한 논리로써 사해 내의 모든 주체들을 재현한다면, 개인이나 지역의 특수성은 억압되거나 매몰돼갈 수밖에 없는 것이다. 왜냐하면 제국의 판도 속에 합병된 잡다하고 다양한 인간들을 통합시키려면 동일한 사고와 동일한 초자연적인 단언이 필요하기 때문이다.

이러한 보편자의 재현을 통해서 형성된 인간은 말할 것도 없이 자연인이 아닌 범주적 인간, 다시 말해서 역사적 주체가 된다. 이처럼 제국의 탄생과 그 이데올로기로 형성된 범주적 인간은 반복되는 제의 속에서 고정된 교의로 의미가 주어진 신화적 인간을 탈피하여 문명화한 인간의 최초 모습의 지평을 열어주었다. 뿐만 아니라 자연과 대상을 직접적으로만 인식하는 신화적 사고를 뛰어넘어 논리적인 사고와 추상적인 담론으로 세계를 설명하고 만들어 가는 기술을 획득하게 되었다. 이러한 보편주의 논리의 세계는 인간으로 하여금 범주적인 행동을 가능하게 한다.

이처럼 시간의 개입에 의하여 실존은 팽창함과 아울러 기록이나 글쓰기

---

4) 이에 관해서는 김근, 『한자는 중국을 어떻게 지배했는가』, pp. 220-221을 참조 바람.

에 의하여 일반화되는 경향이 있다. 그래서 도(道)가 생겨나고 법이 등장하는 것인데, 이 때 법은 반드시 합리적 필연성을 가져야 법으로서 인식되고 긍정된다. 사마천(司馬遷)이 "하늘의 도는 옳은 것인가, 그른 것인가?"(天道, 是耶非耶)라고 한탄한 것은 당시의 법이 필연성을 갖지 못했기 때문이다. 이럴 때 보편주의 논리에 익숙한 범주적 인간은 존재와의 괴리로 인하여 사마천과 같은 고통을 느끼게 된다.

앞서 말한 바와 같이 도와 더불어 자각된 법은 개념과 적용 영역이 처음에는 도덕과 규범뿐만 아니라 자연법칙까지를 포함하는 초월적 현실로서 개입되었다. 그러다가 강제적 규범으로서의 성문법으로 범위가 제한되어 쓰이게 되었는데, 여기서 타인과의 관계는 보편 양식에 의해 체계화되어 나타나는 법적인 주체로 대체된다. 그러므로 일반성에 대한 표현으로서의 법은 개성을 창조하는 것이다. 이렇게 해서 보편성과 개성은 다 함께 제국의 넓은 판도를 한데 아우를 수 있음과 동시에 그 속에서 살아가는 인간에게 알맞은 새로운 구조를 제시한다.[5] 그리하여 문명한 제국에 사는 인간은 더 이상 신화적 리듬 속에 뿌리를 내린 삶을 사는 인간이 아닌, 보편성과 개인성의 감각을 동시에 소유하게 되는 것이다.

여기서 우리는 비로소 진리의 문제와 맞닥뜨린다. 역사적으로 볼 때 강력한 봉건권력의 억압 하에서 이 진리의 문제는 중국 지식인들에게 서구에서처럼 드러내 놓고 따질 만한 과제가 되지 못했던 것은 사실이다. 그러나 제국의 통합과 경영이라는 객관적 상황에서는 보편자가 진리의 명분은 갖는 것처럼 보이지만, 에세르티에(D. Essertier)의 "진리 속에 연루된 비개성은 개성의 가장 고귀한 펼침과 집단적인 사고방식에 대한 완전한 해방을 전제로 한다. 진리를 찾고 거기에 도달하는 사고는 반성하는 사고인데, 그것은 곧 사고가

---

5) 조르주 귀스도르프, 『신화와 형이상학』, p. 187.

자신으로 집중되고 되돌아옴을 의미한다"[6]라는 말을 전제로 한다면 진리는 개성에서 발원되거나 발견된다고 말할 수 있다. 물론 에세르티에의 역설에 의하면 진리의 전령으로서의 개인생활은 출현하자마자 곧 사라져버리긴 하지만 말이다. 그는 진리의 속성에 대하여 다음과 같이 말한다. "진리는 자기 자신을 망각할 줄 아는 사람에게만 허용되며, 자가 망각은 강한 개성의 소유자에게만 주어진다." 진리는 개인 생활에서 발견되지만 비개성적 타당성을 가져야 한다는 말인데, 이는 공자가 말한 바 '마음이 하고자 하는 바대로 좇아가도 규범을 넘지 않았다'는 '종심소욕불유구'(從心所慾不踰矩)와 맥을 같이 한다. 즉 '종심소욕'(從心所慾)은 무한한 개성의 해방이지만 '불유구'(不踰矩)는 모든 사람들이 타당하게 여기는 보편성을 뜻하기 때문이다.

아무튼 진리의 이 두 가지 속성은 시간이 지나면서 현실적으로 양립할 수 없게 되는데, 왜냐하면 보편자라는 것은 언제나 시간이 지나거나 시대가 바뀌면 본래의 의미는 망각됨으로써 특수성에 의해서 부정되거나 새로운 개별적 해석으로 대체되기 때문이다. 이것은 최초 법을 기술한 영혼과는 무관하게 오직 법의 텍스트에 씌어있는 것만을 따른다는 이른바 법의 문자와 같은 것이다. 발터 벤야민이 지적했듯이 폭력을 통해 법이 출현하더라도, 일단 법이 확립되고 나면 그 폭력은 잊혀진다. 보편자 역시 마찬가지이다. 보편자는 그 자체로 텅 비어 있기 때문에, 그 기의를 채우는 내용은 시대에 따라 유동적일 수밖에 없다.

보편자들의 이러한 비역사적 본성은 레나타 살레클(R. Salecl)이 예시한 예술의 대상과의 비교를 통해서 잘 알 수 있다. 셰익스피어의 작품은 특정한 역사적 맥락 속에서 생산되었지만, 그것들은 가치에 있어 보편적이다. 위대한 예술작품은 그것의 역사보다 오래 살아남으며 그것을 낳은 특정한 정황

---

6) 조르주 귀스도르프, 『신화와 형이상학』, p. 191에서 재인용.

들과 분리되어 영원한 가치의 대상이 된다. 그렇기 때문에 위대한 예술작품의 가치는 법의 문자처럼 어떤 일정한 시점이나 사건에 고정돼 있지 않다. 대상 a가 주체의 일정 시점에서의 욕망에게 고정돼 있지 않은 것처럼 말이다. 예술작품과 대상 a는 둘 중 어느 것도 스스로가 절대적 가치를 결정짓지 못한다. 그럼에도 불구하고 이 두 가지는 각기 우리의 욕망이 계속 일어나도록 자극해 준다.7) 왜냐하면 이 두 가지는 실재에 속해 있거나 적어도 실재에 그 뿌리를 대놓고 있기 때문이다.

보편자란 이처럼 실재에 관해서 이야기하는 것이기 때문에 상징화하거나 서사화(徐事化)할 수 없다. 그래서 도연명(陶淵明)이 담장 아래에서 국화를 따다가 문득 진의(眞意)를 깨달았지만 말을 잊었다고 고백8)하였던 것이다. 그렇다고 해서 보편자란 막연하기만 한 것은 아니다. 앞에서 공자가 '불유구'(不踰矩)라고 말한 것처럼 어떤 한계는 분명히 존재한다. 이 두 가지 모순이 부득이 타협을 해서 우리 앞에 모습을 나타낸 것이 바로 텍스트이다. 그래서 텍스트는 형상을 가지면서도 내용은 비어있는 것이니, 이 텅 빈 텍스트를 어떻게 싸워서 채우느냐가 바로 시대적 보편자의 모습이고 주체의 일부를 채우는 정체성이다.

그러나 제국의 권력은 주체들의 이러한 투쟁을 그대로 허용하지 않고 보편자에 일정한 가치를 고정시켜 놓음으로써 이러한 개성적 노력을 빗나가게 만든다. 권력이 개입한 보편자는 그래서 불가능한 것이고, 그들의 보편주의는 이데올로기에 불과한 것이다. 중국 지식사에서 권력의 이데올로기가 보편자의 이름으로 개인의 정체성을 채우는 것에 반항하여 진정한 자아나 진리를 찾아서 제도를 일탈하는 반항아들이 등장하는 것은 바로 이 때문이다.

---

7) 레나타 살레클 저, 이성민 옮김, 『사랑과 증오의 도착들』(서울: 도서출판b, 2003), pp. 214-215.
8) 이에 관해서는 본고 다음 절에 나오는 도연명의 "음주(5)(飮酒其五)" 인용문을 참고 바람.

3. 진정한 자아로의 회귀 : 보편주의에 대한 개성의 반항

인문주의로 대표되는 중국 전통문화의 세속주의는 범주적 인간을 만들었는데 이 인간 형성에 동원된 틀이 유가의 "자신을 쳐서 이기고 예로 돌아가게 하는 것이 인(仁)이다"라고 하는 이른바 '극기복례위인'(克己復禮爲仁)9)과 '절차탁마'(切磋琢磨)10)로 상징되는 예교(禮敎)이다. 이는 곧 자기 자신을 억압함으로써 강력한 에고(Ego)를 유지하는 것을 덕목으로 여기는 문화적 체계를 의미한다. 강력한 에고의 형성은 중국 역대정권의 권력을 유지하는 이데올로기의 주요 메커니즘의 하나로 활용돼 왔다. 중국의 역대 지식인들은 이 메커니즘에 의해서 권력을 누려오기도 했지만 그렇다고 해서 이에 대한 반성이 없었던 것은 아니다.

보편자로 표방된 제국의 이데올로기로 형성된 범주적 인간이란 기실 일종의 환상과 같은 것이다. 사람이 환상을 품고 사는 것은 이것에 의지해야 현실 생활의 참상을 쉽게 견딜 수 있기 때문이다. 그런데 사람들 중에는 이 환상 자체를 거짓이라 하여 견디기 힘들어하는 이들이 있는데, 앞서 에세르티에가 말한바 강한 개성의 소유자가 바로 그들이다. 그들은 환상을 버리고 진정한 자아, 또는 참으로 돌아가자고 주장한다.

유가에서는 올바른 인격체로 수양하기 위해서는 성인이 제시한 보편적인 길, 다시 말해서 도(道)로 가야 한다고 가르친다. 이 도라는 보편자가 권력의 개입으로 이데올로기적 내용으로 기의가 채워지면서 사람들은 범주적 인간으로 만들어져 제국에서 살기에 용이한 구조가 된다. 범주적 인간이 되었다는 말은 곧 주체가 소외되었다는 것이고, 소외된 주체는 외부대상에

---

9) 『논어』 "안연(顏淵)편"의 구절.
10) 『시경』 "기욱(淇奧)편"의 "깨끗하신 우리 님이여! 깎고 다듬고 쪼고 간 듯하시네"(有匪君子, 如切如磋, 如琢如磨)를 줄여 쓴 말로서, 유가에서는 인격수양의 과정과 방법을 상징하는 말로 쓰임.

대한 의존도가 커짐을 의미한다. 다시 말해서 제국의 체제에 순응하는 인간이 된다는 말과 같다. 왜냐하면 주체가 보다 적게 존재하면 할수록, 또한 주체가 자신의 생명을 발현시키는 일이 적으면 적을수록, 주체는 그만큼 많이 소유하게 되고, 주체의 소외된 생명은 그만큼 커지며, 주체의 소외된 존재를 그만큼 많이 저장하는 셈이 되기 때문이다. 그래서 노장은 곳곳에서 유가의 성인에 대하여 적극적으로 비판하였던 것이다.

　소외의 문제로부터 주체의 존재와 생명을 설명하려는 노력은 노장으로부터 시작된다. 그래서 노장 계열의 사상들은 도를 보편자보다는 개별자의 차원에서 의미를 찾으려는 경향을 보인다. 그래서 도는 성인에게만 있는 것이 아니라 소를 잡는 백정에게도 있는 것이고, 그 모습도 남성적이 아닌 여성적이고, 어른이 아닌 아이와 같으며, 산 정상이 아닌 낮은 계곡의 모양을 하고 있다. 그러므로 노장 계열의 사상에서 도란 자연으로 상징되는 '참'(眞)이지만, 주체의 소외라는 측면에서 보자면 에고가 아닌 진정한 자아라고 말할 수 있는 무의식적 주체라고 정의할 수 있을 것이다. 왜냐하면 프로이트가 말한 바와 같이 "주체(S)는 '거시기'(Es)로부터 오기" 때문이다.

　자연으로 상징되는 이 무의식적 주체는 진정한 욕망하는 주체이기도 하지만, 역설적이게도 시니피앙과 결부되어 그 밑으로 사라짐으로써만 드러나는 것이므로 근본적으로 표상될 수가 없다. 그래도 시니피앙에 결부되어야 그나마 드러나기 때문에 이를 알기 위해서는 글쓰기를 하지 않을 수 없는 것이다.[11] 도연명의 "음주(5)(飮酒其五)"의 다음 구절은 이를 잘 말해 준다.

동쪽 울타리 아래 국화를 꺾어드니
저어기 남산이 보인다.
採菊東籬下,
悠然見南山.

---

11) 앞에서 "이 두 가지 모순이 부득이 타협을 해서 우리 앞에 모습을 나타낸 것이 바로 텍스트이다"라는 말을 상기하기 바람.

산 기운은 석양에 아름답고   山氣日夕佳,

나는 새들도 짝지어 돌아간다.   飛鳥相與還.

여기에 진실한 뜻 있지만   此中有眞意,

말하려다 어느새 할 말을 잊는다.[12]   欲辨已忘言.

도연명은 잘 알려져 있다시피 내성적 성격의 소유자(閑靜少言)로서 다섯 말의 쌀을 받자고 독우(督郵)에게 허리를 굽힐 수 없다고 하여 관직을 버린 일화처럼 영예와 이익에 관심이 없는(不慕榮利) 사람이었다. 이러한 그의 개성은 자연히 세속적인 인격을 피하여 참(眞)을 찾아 나서게 한 것이니, 그의 전원으로의 회귀(歸園田居)는 환상에의 회의가 기실 저변에 깔려 있었던 것이다. 그의 시문에서는 회귀하고자 하는 대상이 전원으로 상징되었지만 기실 진정한 대상은 욕망하는 무의식적 주체인 것이다. 그러나 앞서 말했듯이 주체는 표상할 수 없다. 위의 구절에서 보자면 국화꽃을 따던 중 남산을 멍하니 바라보다가 자연의 광경에서 문득 참뜻(眞意)을 깨달았는데, 막상 표현하려니까 말을 잊었다고 한다. 여기서 참뜻이란 곧 진정한 주체를 가리킨다. 그래서 말을 잊을 만큼 표상할 수는 없었으나 글로 씀으로써 그 글의 시니피앙 속에서 자신은 진정한 주체를 발견하였던 것이다. 『오류선생전』(五柳先生傳)의 "언제나 문장을 쓰면서 스스로 즐겼다"(常著文章自娛)라는 구절은 그의 이런 주체의 발견 과정을 무의식적으로 서술한 것이다.

이러한 범주적 인간의 환상을 탈피하여 진정한 자아를 추구한 강한 개성의 소유자들은 도연명 이후로도 지속적으로 이어진다. 그 중에서도 눈여겨볼만한 사람은 명대 심학(心學)의 창시자인 왕수인(王守仁)과 그의 영향을 받은 이지(李贄)와 원굉도(袁宏道) 등이다.

심학은 명대 이학(理學)에서 말하는 '리'(理; 또는 '天理')가 주체를 강

---

12) 팽철호 역해, 『도연명시선』(대구: 계명대학교출판부, 2002), p. 50에서 인용하였음.

제함으로써 자아를 이른바 범주적 인간으로 만들고 있다는 비판 하에서 맹아하고 발전하였다. 이러한 사상이 명대에 등장한 것은 일차적으로 당시 상업과 수공업의 발전과 자본주의적 생산 방식의 출현과 관련이 있다. 즉 새로운 생산방식으로부터 발생된 관념은 봉건주의와 그 생산방식의 기초 위에서 형성된 전통 관념에 대하여 반이데올로기로 작용할 수밖에 없었던 것이다.13) 게다가 전통 이데올로기의 모체인 유교는 송대 이학 이후 중국의 사상계를 독점적으로 지배해 내려오던 차였으므로 이에 대한 반이데올로기적 사상이 출현하는 것은 자연스런 경향이었으리라.

정주 이학이란 물질세계를 초월하여 저 위에 존재하는 절대 정신인 천리(天理)의 존재를 주장하는 객관 유심주의 철학이기 때문에 인격의 수양은 자연히 마음(심)의 밖에 있는 천리에 가까이 다가가는 것을 목표로 삼게 된다. 이러한 철학은 궁극적으로 자아를 외부적인 틀로써 주조할 수밖에 없으므로 주체를 억압하는 일이 된다. 이에 왕수인은 '리'의 존재를 부정하고 마음을 세계의 본원으로 삼음으로써 진정한 자아의 해방을 제창하였다. 왕수인에게 있어서는 "마음이 곧 천리가 되는 것"(心卽理)이고, "마음을 떠나서는 사물도 없고, 천리도 없으며, 의미도 없는 것이니," 마음의 고유한 도덕 정신(良知)이 시비판단의 기준이 된다. 그래서 천리는 부정됨과 아울러 주체의 지위가 존중받게 되는 것이다. 이러한 세계에서는 자연히 모든 인격과 개성이 평등하게 존중받게 되고 모든 독립 존재의 가치와 주체 의식이 긍정된다. "성인과 어리석은 자 사이에는 간극이 없다"(無間於聖愚)라든가, "온 거리에 다니는 사람들 모두가 성인이다"(滿街都是聖人) 등의 말들14)은 모두 여기에서 비롯된 것이다. 이렇게 본다면 심학이야말로 중국 역사상 개성을 극단적으로 존중한 사상이 되는 것이다.

---

13) 宋克夫·韓曉, 『心學與文學論稿』(北京: 中國社會科學出版社, 2002), p. 18.
14) 『王陽明全集(卷3)』 "傳習錄(下)."

자아해방과 개성을 추구하는 심학의 흐름은 이지(李贄)로 연결된다. 이지는 이른바 동심설(童心說)을 주창했는데, 동심이란 곧 진심(眞心)으로서 가식을 배제한 순진한 마음, 즉 최초의 본심을 뜻한다. 어린아이는 귀와 눈을 통해 견문을 습득하는데 이것이 마음속의 주인 자리를 차지하면 동심을 잃게 된다. 마찬가지로 자라면서 도리가 들어와 마음속의 주인 자리를 차지해도 역시 동심을 잃게 된다. 이 도리라는 것은 모두 책을 많이 읽어 의리라는 것을 배우면서 밖으로부터 습득하는 것이다. 따라서 동심을 지키기 위해서는 책 읽는 일에 가치를 두지 말고 막힌 동심을 터주는 일에 관심을 가져야 한다. 동심을 잃으면 진심을 잃게 되고 진심을 잃으면 진인이 됨을 잃는다는 말에서 이지의 자아를 중시하는 사상이 주체를 겨냥하고 있는 것처럼 보이기도 한다.

이러한 그의 생각은 문학이론에서도 그대로 드러난다. 즉 성색의 아름다움은 성정에서 출발하여 자연을 경유하여 드러나는 것이므로 이것을 억지로 갖다 붙이거나 바로잡아서 어디에 둘 수 있는 게 아니다. 창작에서 이처럼 자연미를 추구하는 행위는 자아를 외부의 도리에 맞춰서 교정하는 것을 부정한다는 의미와 같으므로 여기서 그의 자아의 자연적 개성을 중시하는 사상을 엿볼 수 있다. 이것은 또한 도연명이 직감했던 진정한 주체의 개념을 느낄 수 있다.

개별자를 문학 텍스트를 통해서 개성이란 이름으로 체현한 사람이 바로 원굉도(袁宏道)이다. 그는 성령(性靈)이란 개념을 써서 개별자의 정체성을 채워보려 하였다. 그는 성령의 개념을 자아의 진솔한 자연적 감정으로 정의하였는데, 이 감정은 다른 사람을 모방하거나 또는 외부의 텍스트에 의해서 영향을 받은 것이 아니라 스스로의 가슴에서 직접 나오고 손가는 대로 씌어진 글(直据胸臆, 信手寫出)을 말한다.

그는 "성령을 개성적으로 토로할 때에는 틀에 박힌 표현에 구애되지 않아야 한다"(獨抒性靈, 不拘格套)15)고 강조했는데, 여기서 틀에 박힌 표현이란 봉건예법으로부터 받는 속박을 의미한다. 즉 의미 없이 행해지는 예법이 주체를 억압하고 굴절시켜서 자아해방을 방해한다는 것이다. 따라서 진솔한 가슴으로부터의 감정을 그대로 개성적으로 표출함으로써 주체의 자연적 인성을 표현하자는 것이 성령설의 요체이다. 이러한 성령설 아래에서의 문학 창작은 자연히 '문'(文)보다는 '질'(質), 다시 말해서 수사보다는 내용을 중시하는 작품들이 나오게 마련인데, 여기서 내용이란 다름 아닌 작품 속에서 충실히 표현된 주관적인 감정을 지시한다.16) 그러므로 원굉도 역시 도연명 이후 내려오는 진정한 주체의 문제에 집착하고 있었음을 알 수 있다.

그러나 주체라고 하는 개별자의 가치 확산을 위한 이들의 호소와 피나는 투쟁도 보편자의 가치를 내세워 범주적 인간을 만들려는 권력과 전체주의 문화의 박해 아래 무력화되고 말았다.

4. 니체 수용을 통해 본 중국의 전체주의 문화

경내의 잡다한 사회와 다양한 사람들을 통합하고자 하는 제국의 수요에 부응하여 보편자를 이데올로기로 하는 범주적 인간이 제시된 후 각종 제도와 관습들은 이러한 인간형이 되고자 하는 욕망을 불러일으키도록 형성돼갔다. 일부 강한 개성의 소유자들이 그 환상을 거부하기도 하고 그 이데올로기에 도전하기도 했지만, 중국이 천하이기 위해서는 보편성에 근거해야 한다는 관념은 갈수록 강화되어 나중에는 집단주의적, 또는 전체주의적 강박관념으로 발전하였다. 물론 보편성에 대한 숭상이 찬란한 중국 고대문명과 문화를 이룩하게 하였지만 말이다. 아무튼 중국문화 속에서의 이러한 관념과

---

15) 袁宏道, 『敍小修詩』.
16) 宋克夫·韓曉, 『心學與文學論稿』, p. 214.

사고방식은 경내의 개성적인 소리는 물론 서구에서 유입된 개인주의마저도 전체주의적인 틀에서 거르거나 왜곡하는 현상을 빚어냈다. 현대에 들어와서 니체가 어떻게 중국에 수용되었는지를 살펴보면 이를 극명하게 알 수 있다.

니체는 흔히 프로이트, 마르크스와 더불어 포스트모던의 가장 두드러진 특징인 해체철학의 단초를 연 현대 철학가 중의 한 사람으로 알려져 있다. 그는 서구에서 개인주의를 극단적으로 밀고 나갔던 사람이므로 그의 철학을 어떻게 수용하였는지를 살펴보는 일은 중국의 전체주의적 사고양식의 일단을 알 수 있는 중요한 수단이 된다.

루쉰은 그의 "문화편지론"(文化偏至論)이라는 글에서 니체에 대하여 상세하게 쓰면서 그를 높이 평가한 적이 있는데, 바로 이 글 때문에 니체는 중국에서 큰 영향력을 가질 수 있었다. 니체는 서구 사회를 강력하게 비판하는 입장이었으므로 서양문화를 공격하기 위한 수단으로서 니체를 수용한 면이 없지 않아 있지만, 루쉰이 니체를 높이 평가한 것은 기본적으로 그의 개인주의 철학이었다. 당시 그는 중국 전통의 장자(莊子)식 개인주의를 취하고 있었는데, 그가 니체를 평가하면서 그로부터 기대했던 것은 그의 철학이 중국의 전통 개인주의에서 적극적인 것은 강화하고 허무주의적인 요소는 제거함으로써 중국인들의 행동철학이 되는 것이었다.17) 그러나 술의 신인 디오니소스가 니체 철학의 저변을 형성하고 있다는 것을 감안한다면 이것이 중

---

17) 馬波・李, "從莊子到尼采: 論魯迅的個人主義(1993)," 郜元寶 編, 『尼采在中國』(上海: 上海三聯書店, 2001), pp. 745-746. 루쉰은 장자를 읽지 말라고 해놓고서 자신은 장자를 자주 인용하였다. 궈머뤄(郭沫若)에 의하면 루쉰은 장자의 허무주의를 비판하면서 자신이 이 유해한 영향에서 벗어나려고 무진 노력했다고 한다. 그러나 이렇게 하는 것은 불가능하다고 본인도 발견했다는 것이다. 루쉰의 위진 시인들에 대한 연구와 본인의 작품 중에서 그가 장자의 개인주의를 높이 평가했다는 증거를 찾을 수 있다. 비록 그는 의식적으로 이것을 노출시키려 하지 않았지만 말이다. 루쉰의 고전 격률시인 『자조』(自嘲)는 무의식적으로 장자 개인주의 사상의 적극적인 방면을 제창했다. 비록 그 시는 이른바 '성중은사'(城中隱士)의 도피주의의 흔적을 노출했지만. 이에 관해서는 『尼采在中國』, pp. 756-757을 참조 바람.

국에서 행동철학으로 수용되기를 기대하는 것은 처음부터 어려운 일이었다.

니체에 대한 이러한 해석은 현대에도 계속된다. 이를테면 "데리다는 니체가 '진리는 없다. 해석만 있을 뿐이다'라는 말에 속았다,"[18] "니체는 포스트모던 시대의 비(非)로고스 중심주의자가 아니다. 그는 진리를 추구하였으며 진리를 직접 말하지 않았을 뿐이다"[19] 등으로 니체를 진단하는 주장이 있는데, 이것은 다시 말해서 데리다가 왜 니체가 진리를 직접 말하지 않았는가를 묻는 대신에, 진리가 없음을 증명한 것이 니체의 언설이라고 잘못 왜곡한 데서 비롯된 결과라고 비난하는 말에 다름 아니다.

이는 기실 존재론에 집착하는 중국 마르크스주의자의 전형적인 데리다 부정론이다. 앞서 말했듯이 니체 철학의 본질은 디오니소스이다. 푸코도 디오니소스주의자인 니체를 통해서 이성의 다른 목소리를 들도록 도와주었다. 오늘날 병원과 정신병원, 교도소 등에서 진리가 생산되는 과정을 묘사하면서 그는 니체가 진리에의 의지를 권력에의 의지의 인식론적인 형태로 해석하는 것이 얼마나 옳은 것인지를 보여주었다.[20] 진리는 환상이고, 이 환상을 가지고 우리는 잘 살 수 있다고 주장한 니체를 보고 그가 진리를 추구했다고 말하는 것은 그의 "관점만이, 해석만이 존재한다"고 하는 토대 개념을 한꺼번에 무너뜨리는 행위가 된다. 왜냐하면 니체에 대한 이러한 해석 이면에는 바로 개인주의를 경계하는 전체주의의 강박관념이 도사리고 있기 때문이다.

루쉰이 문학가인 이상 우리는 그가 표방하는 개인주의를 의심의 눈초리로 볼 수는 없을 것이다. 그러나 그가 구사하는 언어나 글쓰기, 또는 평상시의 일사(逸事)에서 가끔씩 의식의 통제를 피하여 삐져나오는 라랑그(lalangue)는 그 역시 중국적 전체주의 문화를 완전히 해소하거나 또는 감추

---

18) 劉小楓, "尼采的微言大義,"『尼采在中國』, p. 891.
19)『尼采在中國』, p. 891.
20) 뤼디거 자프란스키 저, 오윤희 옮김,『니체』(서울: 문예출판사, 2003), p. 519.

지 못하고 있음을 드러낸다.

언어 안에는 무언가 예측 불가능한 요소가 언제나 작동하면서 가끔씩 우리의 포착을 벗어나 우리가 말하려는 것을 침식하는 경우가 있다. 이것을 우리는 라랑그, 또는 잔여라고 부르는데, 이것이 바로 무의식적 주체이자 자신의 진정한 욕망일 수가 있다. 이것은 모호성과 동음이어를 활용함으로써 일종의 향락을 발생시키는 언어의 비소통적인 측면의 한 원초적 기질이기 때문에 이로부터 의미가 여러 가지로 분기되기도 한다. 이에 비하여 언어는 이 기질의 거의 꼭대기에 자리잡은 질서정연한 상부구조에 해당한다.[21] 따라서 말하는 주체는 라랑그 위에 자기 자신을 부과하며, 언어가 씌어질 수 있는 어떤 것이 되도록 언어의 신체를 형성하기 위해 라랑그를 포획하고 분절한다.[22] 그래서 권력은 말하는 주체가 라랑그를 확실하게 장악하도록 글쓰기를 억압하거나 다스려왔던 것인데, 그럼에도 불구하고 주체의 라랑그가 이러한 포착을 너무 심하게 벗어나면 이른바 문자옥(文字獄)의 해를 입었던 것이다.

루쉰이 개인주의를 표방하는 문학인임에도 불구하고 전체주의적인 면을 보이는 것은 무의식적으로 작동하는 문화적인 요인도 있겠지만, 현실적으로 중요한 요인은 중국 사회에 대하여, 특별히 중국청년들에 대한 사회적 책임을 심각하게 느끼고 있었던 것에서 찾을 수 있다. 루쉰은 위진 시인들이 좌절의 감정을 술로 달래거나 시문으로 발설한 것과는 달리, 또는 왕국유(王國維)나 장병린(章炳麟)처럼 학술 연구에 빠져서 자신으로부터 사회와 그 문제들을 분리한 것과는 달리, 청년들과 중국공산당에게서 어떤 희망을 보았다. 그래서 자신의 개인주의만을 고집할 수만은 없었을 것으로 보인다. 루쉰이 쉬광핑(許廣平)에게 보낸 편지를 보면 자신이 이미 사회 지도층 인사가

---

21) 딜런 에반스 저, 김종주 외 옮김, 『라깡 정신분석 사전』(고양: 인간사랑, 1998), p. 244.
22) 레나타 살레클, 『사랑과 증오의 도착들』, p. 202.

된 사실을 강렬히 의식하고 있었음을 알 수 있다.23) 이 사실은 그가 이미 청년들의 모범이 되어 있기 때문에 그의 공개 언론의 목적은 그들을 격려하고 인도해야 한다는 사실을 의식하고 있다는 점을 말해 준다. 그래서 그는 자신의 많은 솔직한 감정과 진실한 주장을 감춰야만 했던 것이다.

루쉰은 작가인 동시에 영향력 있는 사회지도층 인사라는 이중적 삶을 의식하였기 때문에 공공장소에서의 강연과 개인적 대화의 방법을 달리 했다고 한다. 그는 "혁명시기의 문학"(革命時期的文學)에서 문학 무용론을 주장함과 아울러 문학은 인류세계를 완전히 초월할 수 없다는 이중적인 태도를 취한다. 왜냐하면 영향력 문학 작품이나 작가에 있어서 그의 사상이나 행위는 독자들로 하여금 쉽게 본받게 하는 경향이 강하기 때문이다. 루쉰은 심지어 위진 시기의 완적(阮籍)과 계강(稽康) 등도 자신들의 개인적인 삶은 자식들이 본받지 말 것을 당부했다는 사실을 예로 들 정도였다.24) 이것은 개별자의 가치를 완전히 부정하는 논리로서 개인의 가치를 중시하고자 하는 작가로서의 철학과는 정면으로 배치된다.

루쉰은 문학 무용론과 함께 "청년필독서"(靑年必讀書)(1925)에서 청년들은 고전문학을 읽지 말 것을 선언하고 있다. 그러면서 그는 중국의 모든 고전문학작품을 파묻어 버려야 한다고 주장했다. 이처럼 루쉰은 겉으로는 고전문학작품을 통렬히 비판했지만, 자신은 『장자』를 자주 인용하였을 뿐만 아니라, 장자식(莊子式) 개인주의는 그의 사상 중에 일관돼 있었다. 그렇지만 그가 자신이 좋아한다고 해서 『장자』라든가 또는 그 철학 사상이 발현된 위진 시인들의 작품들에 대하여 미련을 버리지 못하고 아쉬워한다면 중국청년들이 이런 작품들에 노출될 것이고, 그러면 이것이 그들에게 매우 좋지 않은 영향을 끼칠 수 있을 것이라고 믿었던 것이다. 이러한 사회적 책임감에

---

23) 馬波·李, "從莊子到尼采: 論魯迅的個人主義(1993)," p. 755 참조.
24) 馬波·李, "從莊子到尼采: 論魯迅的個人主義(1993)," pp. 757-758.

서 그는 중국고전문학을 읽지 말라고 금지했던 것이다.

루쉰의 이러한 이중성은 말할 것도 없이 사회적 책임감에서 비롯된 것이다. 책임감이란 의식적일 수도 있지만 이것이 그의 욕망에서 비롯된 자아이상이라면 앞서 말한 라랑그가 작동한 것이라고 보는 것이 옳을 것이다. 이를테면, 루쉰은 그의『연봉인』(蓮蓬人)이라는 시에서 진흙 속에 뿌리박고 살면서도 흙에 오염되지 않는 연꽃의 소박함, 고결함, 풍골(風骨) 등을 노래하였다. 이 작품에서 루쉰이 말하는 메시지는 자신도 주돈이(周敦頤)의『애련설』(愛蓮說)에서 찬미하는 고상한 품성을 함께 지향하고 있음을 암시하고자 하는 것이다. 여기서 고상한 품성이란 곧 송대 이학가들이 강조한 도덕적 순결을 뜻하는데, 이러한 도덕적 순결을 주창하였다면 이는 사회적 책임감 이전에 타자의 시선, 또는 타자의 욕망이 주체 속에 들어온 자아이상이라고 볼 수 있다. 그렇다면 이는 자신은 해박한 고전 지식을 갖추고 있으면서도 청년들에게는 고전문학의 유해성을 설파한 것처럼 전체주의의 강박관념이 라랑그에서 작동한 것으로 봄이 옳을 것이다.

개인주의를 표방하는 현대중국의 대표적 작가인 루쉰도 타자의 시선을 의식하지 않을 수 없고, 또한 이러한 욕망에 맞춰서 니체를 수용할 수밖에 없는 것이 보편주의에 입각하여 범주적 인간을 지향하고자 하는 중국의 문화적 관념인 것이다. 물론 당시의 시대 상황이 그렇게 요구할 수밖에 없었겠지만, 기실 중국의 역사에서 그러한 정치적 요구를 강요하지 않은 때는 없었다.

5. 개혁개방과 중국적 관념의 갈등 그리고 대책

개혁개방 이후 물질적 풍요와 함께 자본주의 문물이 유입되면서 중국의 사회와 문화는 그 이전에 비하여 크게 달라졌다. 우선 경제와 사회가 다양화

됨에 따라 직업선택의 조건에 중대 변화가 발생하였고, 그래서 빈부격차가
홀시할 수 없는 큰 사회문제로 대두되었다. 옳고 그름에 대하여 판단할 때에
윤리 도덕을 기준으로 삼아왔던 '의리를 중히 여기고 이익을 가볍게 여긴
다'는 이른바 중의경리(重義輕利)의 전통문화가 자신의 이익과 관련하여 판
단하는 경의중리(輕義重利)의 문화로 바뀌었고,25) 공공의 이익보다는 자신
의 이익을 우선시하는 이기주의가 팽배해졌으며, 특히 도덕적 해이로 인한
부정부패와 반인륜적 사건들의 빈번한 발생은 이미 심각한 수준에 도달하였
다는 것은 굳이 입증할 필요도 없게 되었다. 2000년 6월 28일 장쩌민(江澤
民)도 중앙사상정치공작회의 석상의 강화에서 "시장 경제활동 존재의 약점
및 그것이 부수적으로 가져오는 소극적 영향은 사람들의 사상 의식과 대인
관계상에 반영되어, 쉽게 자유주의, 분산주의, 배금주의, 향락주의, 이기주의
등을 유발한다. 인민내부 모순의 내용과 표현 형식도 많은 새로운 상황으로
출현했다."26)라고 지적하였다. 물론 개혁개방의 성취를 충분히 긍정한다는
전제 하에서였다. 이러한 자본주의 문화의 부정적 영향 중에서도 그들이 가
장 우려하는 것은 '사상의 독립성'이라고 흔히 부르는 개인주의 경향이다.
위의 인용에서 장쩌민이 지적한 각종 '－주의'라는 것도 기실 따지고 보면
개인주의를 바탕으로 해서 드러난 부작용들임에 틀림이 없다.

　자본주의와 불가분의 관계에 있는 개인주의 문화와 서구화가 자유주의
자들을 통해서 중국에서 보편화되는 사건은 전체주의 문화에 익숙한, 그것

---

25) 의리보다는 실리를 선택하는 행위는 개인의 행복 추구권을 염두에 둔다면 결코 비난받을 일은
아니다. 그럼에도 불구하고 중국의 많은 지식인들은 이렇게 급변하는 문화적 현실에 대하여 애석
함을 금치 못하고 있다. 그 대표적인 예로 1996년 9월 27일 『베이징청년보』(北京靑年報)에 실린
주훙원(朱紅文) 교수의 수기를 들 수 있다. 주 교수는 자신의 석사과정 지도학생인 장화(張華)가
은행원이 되기 위해서 학업을 포기한 사실에 대하여 자신의 소견을 발표했는데, 이 글을 보면
중국의 지식인들이 가치관의 변화를 보면서 어떻게 갈등하는지를 짐작할 수 있다. 孟繁華, 김태
만·이종민 공역, 『중국, 축제인가 혼돈인가』(서울: 예담, 2002), pp. 52-53 참조.
26) 郭太風, 『文化的主流和支流』(上海: 學林出版社, 2002), p. 250에서 재인용.

도 비교적 오랜 기간 사회주의를 경험한 현대 중국에서는 금방 받아들이기가 어려운 일이다. 그래서 이에 대응하거나 또는 대체할 수 있는 대안들이 속속 등장하게 되었다.

그 중에서 대표적인 것이 신유학(新儒學), 또는 유학부흥을 통해서 공동체 정신, 그리고 질서와 조화를 추구하는 함으로써 유교 가치관으로 일관된 하나의 중국을 건설해보자는 담론이다. 이들의 궁극적인 꿈은 언젠가 유교를 보편적 윤리의식 체계로 승화시켜 하나의 중화문화권을 완성한다는 것이다. 바로 유교로 하나가 되자는 중국의 신화이자, 19세기 말 캉유웨이(康有爲)가 중국을 세계의 중심이 아니라 세계 자체(天下)로 생각하는 입장이 재현된 형태이다.27) 이러한 패권적 의미가 담긴 꿈은 서구의 보편성과 구별되는 보편성을 부각시킬 수밖에 없으니, 이른바 아시아적 가치라는 보편자는 이런 배경에서 나온 것이며, '톈샤'(天下) 신화를 유지하기 위해서는 반드시 다져 놓아야 할 기초인 것이다.

이들은 중국의 종합적 사고가 서양의 분석적 사유보다 우월하다고 생각하면서 흔히 다음과 같은 비유를 든다. 즉, 양의(洋醫)는 머리가 아프면 머리를 치료하고 다리가 아프면 다리를 치료하는데, 이는 나무만 보고 숲은 보지 않는 것이다(頭痛醫頭, 脚痛醫脚; 只見樹木, 不見森林). 이에 비하여 중의(中醫)는 머리가 아프면 다리를 치료하고 다리가 아프면 머리를 치료하는데, 이는 나무도 보고 숲도 본다는 것이다(頭痛醫脚, 脚痛醫頭; 旣見樹木, 又見森林).28) 이 비유는 중국의 전체주의 문화와 신화를 대중들에게 매우 설득력 있게 주입시켜 준다.

이와 아울러 혁명전통과 문화전통으로써 자유주의 경제관과 민족문화 허무주의29)를 강력하게 비판하는 신보수주의가 있다. 이들은 개혁개방 이후

---

27) 이브 미쇼 외 공저, 강주헌 옮김, 『문화란 무엇인가 I』(서울: 시공사, 2003), pp. 156-157.
28) 郭太風, 『文化的主流和支流』, p. 26.

대중문화가 저속하고 상품화된 데 대하여 매우 비분강개함과 아울러 혁명시대의 검소한 분투정신이 퇴색하여 사라졌음을 한탄한다. 따라서 이들은 혁명시대의 마오쩌둥을 강력한 아버지로 세우고 그 밑에서 청렴한 자세로 인민들에게 봉사하던 간부들을 회상하면서 혁명 당시의 초심을 재현하려는 복고 정서를 부추겼다. 자유주의와 서구화를 인정하지 않고 마오쩌둥이라는 강력한 가부장으로 회귀하려는 이 담론 역시 전통적인 전체주의에 의존하고 있다.

사실 마르크스는 스토아학파의 발견, 즉 우리가 사물에 의해 영향을 받는 것이 아니라, 우리에 의해서 사물이 영향을 받는다는 이론을 생각지 못했다. 그러나 현대의 마르크스주의자들은 물질적 토대가 개인을 만드는 것이 아니라 개인의 환상이 세상을 만든다는 것을 어렴풋이 깨달은 듯하다. 마르크스 자신의 행동을 이끈 것도 프롤레타리아가 아닌 환상(phantasma)이 아니었던가?[30] 그렇다면 오늘날의 이 제2차 카오스를 어떻게 정리하고 제어할 것인가? 그래서 등장한 것이 장쩌민의 "덕으로써 나라를 다스린다"고 하는 이른바 '이덕치국'(以德治國)과 "법에 의거해서 나라를 다스린다"고 하는 '의법치국'(依法治國)으로 대표되는 담론이다. 덕과 법은 인정(仁政)을 양(陽)의 정치, 형벌을 음(陰)의 정치로 나누어 음양의 조화를 최고의 통치술로 삼는 전통 예교(禮敎)와 기실 같은 것으로서 자본주의 윤리를 전략적으로 대체하기 위한 것이다. 이렇게 되면 한대(漢代)의 전체주의 문화를 지탱했던 보편자로서의 인의와 예의가 오늘날에 다시 부활된 것이라고 봐도 무방할 것이다.

우리의 삶은 피안의 세계라는 것에 의해서 그 사고와 행위가 결정되고 또 유지된다. 그러나 현대중국에서는 신문화운동이 전통문화를 비판할 때에 유가의 윤리와 도덕을 집중적으로 공격함으로써 그들의 외적 피안의 세계를

---

29) 민족문화 허무주의는 『하상』(河殤)으로 대표된다.
30) 뤼디거 자프란스키, 『니체』, p. 198.

철저하게 부정한 결과, 오늘날 새로이 유입된 개인주의 문화에서 민중이 관습적으로 소통할 수 있는 도덕 기준과 민중이 스스로 따를 수 있는 사회적 행위 규범이 결핍돼 버렸다. 따라서 외부적인 이데올로기로 자본주의 문화에 노출된 인민들을 복종시키고 제어한다는 것은 매우 어려운 작업에 속한다. 오늘날 중국의 지식인들과 정책자들이 짜낸 이런저런 대안들이 자리를 잡지 못하는 것이 이를 여실히 입증한다.

이러다 보니 문학과 예술을 비롯한 문화 텍스트들이 자본주의 문화에 휩쓸려 경쟁적으로 상업화되었고, 이에 따라 학자 및 작가 등 지식인들의 사회적 기능과 문학의 본질에 대한 근본적인 의문이 생겨나기 시작하였다. 1993년 왕샤오밍(王曉明) 교수가 "상하이 문학"(上海文學)에서 촉발시킨 인문정신 대토론 사건은 바로 이러한 배경에서 나온 것이다.

사대부 또는 선비(士人)로 대표되는 중국의 지식인들은 전통적으로, 적어도 명분상으로는, 세속적 생활에 대하여 스스로 절제하면서 천하와 대의(大義)에 대하여 늘 이성적으로 걱정하는 태도를 지녀야 한다는 이른바 극기(克己)와 우환(憂患) 의식을 긍지와 신조로 여겨 왔다. 이러한 엘리트 의식이 무너지기 시작한 것은 역사적으로 거슬러 올라가면 앞서 말한 명말 원굉도의 세속주의부터이긴 하지만 그렇다고 이것이 주류에 파고들어 물길을 완전히 바꾼 것은 아니었다. 그러나 현대의 대중 소비문화는 지식인의 근본적 사고와 위상을 완전히 전복시켜 놓았다 해도 과언이 아닐 만큼 지식인의 역할과 현실은 바뀌었다. 이러한 문화적 패배 정서가 위기의식을 낳으면서 지식인들로 하여금 비분강개를 넘어 지식인의 이상과 사회적 위상을 반추하게 하는 계기로 작용하였다. 1990년대 인문정신 논쟁의 본질은 바로 여기서 찾을 수 있다.

이 논쟁에서 많은 지식인들은 포스트모더니즘과 상업주의적 대중문화 열기로 인하여 그간 관심 밖으로 밀려나 있던 현대에서의 가치·의미·이상·숭고함 등에 대하여 다시 적극적으로 이야기하기 시작하였으니, 이는 곧 그들이 지식인의 전통적 사명을 재확인하는 사건에 다름 아닌 셈이다. 이보다 몇 년 앞서서 류샤오펑(劉小楓)은 그의『십자가 위의 진실을 향하여』(走向十字架上的眞)라는 책에서 천하를 구원하는 역사적 주체나 정신적 지도자로서의 엘리트 지식인이 아닌 자아 구원에 집착하는 지식인을 언급하였다. 그는 또 다른 저서『구원과 소요』(拯救與逍遙)에서 문화적 가치를 내세우면서 "인간은 문화의 창조 활동을 통해 정해진 현실을 초월하거나 무목적의 세계를 바로잡으며 역사에서 스스로의 가치를 확립한다"고 말하고 있는데,[31] 자아 구원이라는 말이 보편성을 함의하고는 있지만 그래도 중국에서는 드물게 보이는 개별자의 가치에 무게 중심을 둔 담론이라고 말할 수 있다. 그러나 자아 구원이라는 화두는 학문과 이상을 생각하게 하고, 이는 다시 역사와 현실을 보는 눈을 갖게 만들기 때문에 결국에는 문화가 퇴조한다고 위기를 느끼는 시대에 개성보다는 지식인들이 가져야 한다고 믿는 인문정신에 대한 토론을 야기시키게 될 것은 뻔한 일이다. 왜냐하면 멍판화(孟繁華)가 지적했듯이 중국은 문화 논쟁의 전통이 부족하여 다원성에 대한 존중에 익숙하지 않기 때문이다.[32]

　　지식인들이 상업주의 문화에 물들어 가는 중국사회에 대하여 이렇게 사명감을 상호 재확인하면서 그 옛날 중국이 위기에 처했을 때마다 나타난 영웅들처럼 자신을 던지겠다고 다짐은 하지만 기실 이를 해결할 구체적이고도 효과적인 대책이 없는 것 또한 현실이다. 상업주의 소비문화의 팽창이라는 현상이 개혁개방 이전 시기에 중국이 숭상하던 영웅들의 방식으로 극복될 수 있는 것이 아니기 때문이다. 그러나 전체주의 문화에 길든 중국인들로서는 혼돈의 중국은 견딜 수 없는 것이었다. 그래서 해체론을 비롯한 서구의 급진적 문화를 반대하는 문화 보수주의자들은 유교가 사회적·정치적 압력

---

31) 멍판화, 『중국, 축제인가 혼돈인가』, p. 255.
32) 멍판화, 『중국, 축제인가 혼돈인가』, p. 260.

수단으로서 제국의 질서를 지탱해 준 실질적 기둥이었다는 역사적 사실로부터 유교가 중국을 하나로 만들어줄 수 있다는 신화를 들고 나오게 되었다. 이들의 신화는 앞서 말한 바와 같이 중국의 재유교화와 대일통(大一統)에 그치지 않고 더 나아가 옛날 중국의 주변국들까지를 포함한 유교문화권의 부활을 꿈꾸기도 한다. 이것이 대중문화 텍스트 속의 사운드바이트 (sound-bite)로 드러난 것이 바로 '톈샤'(天下)이다.

이 톈샤 이데올로기를 노골적으로 드러낸 문화 텍스트가 바로 영화 "영웅"(英雄)이다. 이 영화는 장이머우 감독 특유의 감각과 기예로써 중국인들의 정서를 충분히 자극할 수 있도록 만들어진 상업영화이다. 감독은 그간 폭군의 인상으로 각인돼 왔던 진시황을 진지한 이미지의 캐릭터로 제작해내는 데 성공했는데, 이는 그의 컬러에 대한 특별한 감수성과 섬세하게 화면을 묘사할 수 있는 상상력 등 이미지 제작 기예에 크게 힘입고 있지만 무엇보다 중요한 요소는 톈샤라는 사운드바이트이다. 영화의 거의 끝부분에서 모래 위에 씌어지는 장면으로 나타나는, 그러면서도 화면에는 클로즈업되지 않은 채 말하는 톈샤는 화면의 바탕에 일관돼온 황색이 무엇을 뜻하는지33) 깨닫게 함과 아울러 무명(無名) 자객의 진시황 살해 명분을 별안간 왜소하게 만든다. 진시황이 톈샤를 가슴에 품고 있는 한 정의도 거기에 있는 것이다.34) 따라서 분서갱유(焚書坑儒)를 비롯한 진시황의 광기어린 폭력들은 화면에 짙게 깔린 황색 속에 묻혀버렸거나 아니면 컴퓨터 그래픽(CG)으로 환상적으로 채색되어 자객에게로 향하는 무수한 화살 세례로 대체돼 버렸던 것이다.

이러한 이데올로기적 기표와 텍스트의 제작은 그들의 외적 피안의 세계

---

33) 레나타 살레클의 "주체가 숨기는 그 무엇은, 주체가 숨기는 수단인 그것은, 또한 그것이 폭로되는 그 형식이기도 하다"라는 진술을 받아들인다면 영화 "영웅"의 화면에서 일관되게 보여주는 황색 색조와 황색고원은 황제와 중앙 또는 중국을 상징하기 위한 일종의 가면임을 알 수 있다.
34) 解璽璋, "給張藝謀的一封信: 你把我們想得太簡單了," http://ent.sina.com.cn(검색일: 2002년 12월 22일).

가 파괴된 이후 이를 대체할 수 있는 그들의 내적 피안의 세계를 불러내고자 하는 노력으로 볼 수 있다. 내적 피안의 세계는 프로이트의 초자아와 같은 것이므로 그 내적 구속력이 의외로 강하고 오래 간다. 영화 "영웅"이 이데올로기가 너무 뻔히 드러나도록 유치하게 구성했음에도 불구하고 사회적 선풍을 일으킨 것은 그들의 초자아와 공명하였기 때문에 가능했던 것이고, 따라서 중국 사회의 각 주체들은 톈샤의 상징 아래 오이디푸스가 일어나게 되는 것이다.

멍판화는 서구가 후기 산업사회에 진입할 때 그들이 겪었던 역사적 경험을 떠올리며 이를 타산지석으로 삼을 것을 제안한다. 당시의 서구 역시 프로테스탄티즘이 와해되고 기형적인 소비와 향락주의가 유일한 인문적 풍경이었지만, 서구의 학자들은 분노하거나 고통스러워하지 않고 비판의 칼을 빼들고 자기들이 할 수 있는 범위 안에서 솔직하게 실천했다는 사실에서 계시를 얻을 수 있다는 것이다.[35] 그러나 서구의 자본주의 사회라는 것이 학자 몇 사람들이 실천한다고 해서 사회적 질환이 치유되는 그런 간단한 사회도 아니고, 또한 겉에서 보는 바와 같이 그렇게 개인주의와 자유가 철저히 보장되는 사회도 아니다. 오히려 자본주의 문화의 교묘한 이데올로기적 장치로 인하여 철저하게 법과 상징으로 주체들이 통제되는 사회라고 말할 수 있다. 그러니까 개성과 자유분방함의 이면에는 보이지 않는 통제장치가 늘 숨어있다는 말이다. 이를테면 젊은이들이 청바지를 일부러 찢어서 입고 다니는 유행은 서구에서 비롯되었다. 이러한 개성적 표현을 흔히 기성체제에 반항하는 의식적 행위로 해석하지만 상업주의는 이를 미학의 차원으로 메타 정의하고 아름다운 개성적 이미지로 상품화함으로써 갖가지 튜닝(tuning)이 가능하도록 소비자들을 고무시켰다. 소비자들이 아무리 개성적 튜닝을 수행한

---

35) 멍판화, 『중국, 축제인가 혼돈인가』, p. 264.

다 하더라도 그것은 상품으로 제공되는 청바지라는 전체적인 구조 내에서만
가능하다. 따라서 이제 튜닝은 더 이상 반항의 의미를 싣지 못하고 개성적
아름다움의 추구 행위에 머물게 된다. 따라서 튜닝문화는 사회 안전판 역할
을 수행한다. 사회 질서를 강화하다보면 개인에 대한 억압과 희생이 발생하
는데 이에 대한 불만을 이러한 튜닝 행위로 해소시키면 구조 자체를 해치지
않으면서 저항의미를 흡수하고 중화시킬 수 있는 것이다.36) 이것이 가능한
것은 상품이란 궁극적으로 이데올로기의 물질 형식이기 때문이다.

디지털 기기를 통해 표현하는 문화 역시 이러한 이데올로기에서 자유롭
지 못하다. 디지털 기기들은 입력된 데이터를 편집자의 의도대로, 또는 개성
적 감각대로 자유롭게 표현, 또는 편집할 수 있는 것처럼 보인다. 그러나
이는 이미 숫자로 분할 지정된 소리나 컬러의 범위 안에서 이루어지는 일종
의 프로그램 과정에 지나지 않으므로, 자신도 알지 못하는 욕망을 이러한
선택적 기제에 의존하여 표현한다는 것은 사실 불가능에 가깝다고 보는 것
이 옳다. 그렇기 때문에 디지털 문화 역시 그 자유로운 외양의 이면에는 궁극
적인 통제 기능이 작용하고 있다고 보는 것이다.

포스트모던 이전의 삶에 익숙한 사람들은 상업주의에 기반을 둔 갖가지
개성주의 문화들이 중국의 전통적인 전체주의 문화의 질서를 어지럽힐 거라
는 위기의식을 갖는다. 그러나 역설적이게도 제도가 그들에 대한 통제를 영원
히 잃게 될 것이라고 생각하는 바로 그 시점에 제도는 그들을 장악하는 법이
다.37) 해방 이후 중국인들은 그간 자신들에게 외적 피안의 세계로 기능했던
유교 봉건주의가 그들을 제약해 왔다고 반발하면서 이를 타파하는 것을 혁명
의 주요 사업으로 삼아 왔다. 그러나 막상 이것이 무너져 이로부터의 외적
강압이 더 이상 존재하지 않게는 됐지만 그 공백상태를 엉뚱하게도 사회주의

---

36) 李淑貞 編著, 『現代生活方式與傳統文化教程』(厦門: 厦門大學出版社, 2003).
37) 레나타 살레클, 『사랑과 증오의 도착들』, p. 139.

질서가 아닌 문화가 밀고 들어왔을 때 그들은 세계가 혼돈으로 붕괴되고 있다는 위기감을 갖게 된 것이다. 그래서 강력한 가부장을 바라게 되었고 그 결과 가부장의 대표적 상징인 진시황과 톈샤에 열광하게 된 것이다. 이렇게 해서 톈샤의 기표 아래 앞으로 어떤 질서가 제도로서 조직된다면 그 제도는 중국 역사상 어떤 제도보다도 전제적이고 통제적이 될 것이다.

자크 알렝 밀레(Jacques-Alain Miller)는 귀족, 또는 고귀한 자(the noble)란 자신의 욕망을 자아이상에 희생하는 주인으로 정의했다. 자아이상 이란 상징적 질서 내에 있는, 주체가 동일화하는 자리이다. 다시 말해서 주체 는 바로 이 자리에서 자신이 보이기를 바라는 방식으로 자신을 관찰한다.[38] 그러니까 자아이상을 문화적으로 조직해 주고 사람들로 하여금 여기에 자신 의 욕망을 희생하게 했을 때 그야말로 문화사회가 되고 문화민족이 되는 것이다. 옛날 봉건주의 사회에서는 신분적으로는 하부계층에 있다 하더라도 자아이상을 구성하는 예절, 또는 코드 상으로 고귀한 자에 속하면 존경을 받았다. 그래서 가난하더라도 청렴하게 살면 그런대로 삶의 의미가 있다고 믿었던 것이다. 그러나 이러한 자아이상이 무너진 현대에서 이를 톈샤로 대 체하여 여기에 욕망을 희생시키게 하면 종족우월주의나 쇼비니즘과 같은 광 기가 재현될 가능성도 당연히 있을 것이다. 이런 의미에서 보자면 최근 한일 월드컵 기간에 돌출된 반한정서나 고구려사 왜곡 등 일련의 사건들은 결코 우연적인 것이 아님을 알 수 있다.

이러한 사실은 인간적 의례나 코드의 제약들을 거부하고 개인에게 일어 나는 욕망을 마음껏 표현하고 추구하면 자유와 만족을 향유할 것 같지만 기실 이는 번번이 실패할 수밖에 없고 오히려 더 강력한 금지를 요구하게 될 것임을 암시한다. 그러니까 라캉이 "금욕주의적 성자만이 큰 타자와 연계

---

38) 레나타 살레클, 『사랑과 증오의 도착들』, p. 24.

되지 않은 향락을 찾을 수 있을 것이다"[39]라고 주장한 것처럼 적절한 의례와 금지를 유지함으로써 그 안에서 일어나는 향락(jouissance)을 즐기게 하는 것이 대중들을 문화적으로 품위 있는 질서 안의 삶을 영위케 하는 가장 현실적인 방법일 것이다. 이것이 예로 다스려지는 품위 있는 삶의 사회라고 믿어져왔던 '소강'(小康)의 본질이자, 장쩌민이 지향하는 세계이다.

6. 결론

다민족 사회로 구성된 중원을 다스려야 하는 중국은 통합을 위한 이데올로기 수요로 인하여 일찍부터 보편자에 관심을 가져 왔다. 그 결과 봉건주의적 덕목과 가치를 중시하는 유교 이데올로기를 만들어서 이를 통한 사회통합을 유지하는 데 성공하였다. 그러나 근대화 이후, 특별히 마르크스 혁명 이후 유교 이데올로기는 상당 부분 부정되어 이전과 같은 기능을 수행할 수 없는 처지에 이르게 되었다. 물론 마르크시즘이 이를 대체할 수도 있었지만 세계적으로 냉전 체제가 무너지고 경제 이데올로기가 등장하는 바람에 그것은 개혁개방의 물결 속에 파묻혀 힘을 제대로 발휘하지도 못하게 되었다. 이런 과정 속에서 유입된 서방식 자본주의는 그 하위문화를 통로로 해서 정착을 시도하게 되는데, 여기서 이들 문화는 사회주의 관념으로 덧칠해진 중국의 전통적 관습과 곳곳에서 충돌을 일으켜 부정적 측면을 드러내기 시작하였다. 문화는 일종의 권력이자 이데올로기이기 때문에 문화적 충돌을 방치할 경우 사회적 통합에 심각한 장애를 초래한다. 뿐만 아니라 중국은

---

39) 레나타 살레클, 『사랑과 증오의 도착들』, p. 186 참조 바람.

경제적으로 자본주의는 허락하고 있지만 대타자로 기능하는 헌법이 사회주의를 표방하고 있기 때문에 자본주의에 수반되는 개인주의 문화가 무한정 퍼지도록 언제까지나 놓아둘 수 없는 처지이기도 하다.

이데올로기는 피안의 세계를 설정하고 그리로 나아가고자 하는 욕망이 일어날 때 그 기능이 효과적으로 발휘된다. 중국은 일찍부터 극기(克己)와 예(禮)로 성취되는 인(仁)이라는 보편자를 피안의 세계로 하여 다양한 사회와 민족으로 이루어진 천하를 다스려 왔다. 그러다 보니 극기의 과정에서 개별자가 소외된 일부 주체들은 이를 극복하기 위한 갖가지 담론들을 만들어 보편주의 이데올로기에 대항해 왔다. 그러나 대일통(大一統)을 최고의 가치로 삼는 이데올로기에 의해서 이미 형성된 전체주의 문화에 의해서 이들의 소리는 무시되거나 무참히 짓밟혀온 것이 사실이다. 개인주의를 신봉하는 작가로서의 루쉰조차 전체주의 문화를 떨쳐버리지 못한 저간의 사정은 우리가 앞에서 이미 알아본 바와 같다.

이러한 문화적 전통 속에서 상업주의를 포장한 개인주의 문화가 굴기(崛起)하는 오늘날에 중국의 지식인들이 가만히 앉아서 보고만 있을 리 없다. 그래서 이들은 시장을 인정하면서도 개인주의 문화를 억제할 수 있는 구호를 들고 나왔는데 이것이 바로 주선율(主旋律)이다. 주선율이란 간단히 말해서 문화활동에서 아무리 개인주의를 표방하고 실천하더라도 중국이 부강해지고 예술적으로 성숙해지는 방향으로 가야한다는 명분이다. '부강'이니 '성숙'이니 하는 말들은 기실 따지고 보면 대일통의 중국을 유지하기 위해서 권력의 개입이 불가피하다는 의미에 다름 아니다. 외부적 피안의 세계가 기능을 하지 못하는 오늘날 주선율을 실천하는 방안은 이미 관습 속에서 초자아로 기능하는 내부적 피안의 세계, 다시 말해서 대일통의 상징인 톈샤에 호소하는 일이다. 직관력이 뛰어난 예술가인 장이머우가 이를 놓칠 리 없으니, 영화 "영웅"이 흥행에 성공한 배경에는 이러한 이데올로기 기제가 숨어있었던 것이다.[40]

주체는 하위문화의 특수어를 구사하면서 자신의 정체성을 획득한다.[41) 그래서 이 특수어는 대중문화 텍스트에서 사람들의 심금을 울리며 자주 등장하게 되는데, 이 톈샤야 말로 중국의 대중들에게 그 역할을 충분히 하면서 중국을 하나로 묶어준다고 말할 수 있을 것이다. 덩리쥔(鄧麗君)의 노래가 대륙에 퍼지기 시작했을 때 해외의 정치 세력들은 이것이 중국에 위협이 될 것이라고 우려했다고 한다.[42) 덩리쥔 신화가 어느 정도 영향을 끼친 것은 사실이지만 전체주의 문화의 주류에 훼손을 가하지 못한 것은 톈샤가 그들의 피안으로 이미 자리잡아왔기 때문이리라. 중국 역사에서 개성 해방을 외친 진정한 자유주의자는 후스(胡適) 외에는 아무도 없었다는 말 — 그나마 그도 나중에는 국고(國故) 정리에 심취해버리고 말았지만 — 은 그래서 설득력이 있는 것이다.

요컨대, 마르크스주의가 중국의 대타자로 있는 한, 개인주의 문화가 무한정 허락되지는 않을 것이다. 설사 개인주의 문화의 압력이 거세진다 하더라도 그들의 피안인 톈샤는 대중들의 자발적인 유보를 넉넉히 받아낼 것이다. 그리고 대중문화 텍스트들은 개인주의로 위장한 전체주의이거나, 아니면 전체주의와 타협한 개인주의의 모습을 가진 캐릭터들을 쏟아낼 것이다. 마치 "영웅"의 화면 배경에 비쳐진 찬란한 황색이 단순한 아름다움의 예술이 아닌 것처럼 말이다.

---

40) 천카이거의 "자진"(刺秦)도 진시황 암살 시도 사건을 다룬 영화였지만 흥행에는 실패했다. 영화에서 천감독은 진시황의 학살과 폭력이 역사적 필연인가를 질문하고 있는데, 이런 귀족적인 문인의 관점에 대중들이 열광하는 일은 거의 없다. 이에 관해서는 "觀影有感: 英雄鞠躬, 然後, 竪起中指," http://ent.sina.com.cn(검색일: 2002년 12월 17일)를 참조 바람.
41) 부르스 핑크 저, 맹정현 역, 『라캉과 정신의학』(서울: 민음사, 2002), p. 153 참조.
42) 멍판화, 『중국, 축제인가 혼돈인가』, p. 64.

개혁개방 이후 전통문화의 재평가와 변용:
전통에 대한 인식 변화와 관련하여

■ 이욱연

1. 1980년대 문혁에 대한 반성과 전통에 대한 인식

중국 근현대사에서 전통에 대한 논의는 문화적 차원을 넘는 문제였다. 현재를 어떻게 인식할 것인지, 미래의 역사를 어떻게 전망할 것인지와 결부된 문제였고, 특히 중국과 서구 사이의 권력 관계와 결부된 문제였다. 1980년대 전통에 대한 논의에서도 그러했다.

1980년대 중국에서 전통에 대한 논의가 시작된 것은 문화대혁명(1966~76, 이하 '문혁')을 어떻게 비판하고 극복할 것인가 하는 문제와 관련해서였다. 1980년대 중국에서 문혁에 대한 비판과 극복은 단순히 일시적인 정치적 사건으로서의 문혁에 대한 비판과 극복이라는 차원을 넘어 아편전쟁(1840~42) 이래 중국 근현대사의 전개과정은 물론이고, 나아가서는 중국의 역사의 전 과정과 전통 자체에 대한 재검토와 재인식 차원으로 확대되어 나아갔다. 문혁의 원인에 대한 덩샤오핑(鄧小平)과 중공당을 비롯하여 중국 관방의 대표적인 해석은 봉건주의 전통문화에서 그 원인을 찾는 것이었다. 물론 내부적으로는 봉건주의 문화 체계와 현대문화 체계 사이의 격렬한 대립으로 보는 견해와 마르크스주의의 봉건화에서 그 원인을 찾는 입장 사이에 작은 차이가 존재하지만, 문혁의 비극을 봉건주의 전통과의 연관 속에서 찾는 점에서는 일치하였다.[1] 원래 중국 혁명은 반봉건과 반제국주의라는 이중의 혁명을 지향하였지만, 봉건주의가 채 청산되지 않고, 문혁시기에 이르기까지 사회주의의 이름을 빌려 더욱 기승을 부렸다는 인식은 1980년대 중국에서 가장 보편적인 시대인식이었고, 중공당이나 지식인 모두 그러했다.

물론 전통을 모두 봉건주의로 귀결시킬 수는 없는 일이지만, 1980년대 중국에서는 문혁과 전통, 봉건주의가 하나로 인식되는 가운데, 문혁에 대한 비판과 청산이 반봉건, 반전통과 동일한 차원에서 이해되었다. 기실 문혁을 봉건주의 부활 혹은 봉건주의와 현대의 대립으로 해석하는 것은 마오쩌둥(毛澤東) 시대 사회주의를 봉건적 사회주의로 규정하면서 사회주의 현대화에 역사적 정통성과 정체성을 확보하려는 덩샤오핑 정권의 이데올로기적 전략이 내포된 것이었다. 이 차원에서 보면 1980년대 중국에서 반전통주의는 문혁 비판 작업의 일환으로 추동되었다고 할 수 있다.

그런데 문혁에 대한 비판 차원에서 추동된 반전통주의는 문혁 이후 중국인들이 느꼈던 중국 현실에 대한 절망적 인식, 민족 운명에 대한 위기의식과 결합하면서 보다 격렬하고 전면적인 반전통주의운동을 촉발하였다. 리쩌허우(李澤厚)의 타당한 지적대로, 마오쩌둥 시대에 중국인들은 "가장 훌륭하고 가장 생기 있는 마르크스주의 나라인 중국이 세계인민의 혁명적 등대라는 환상"을 지니고 있었다.[2] 그런데 문혁이 종결된 뒤, 중국인들이 발견한 것은 서구와 중국 사이에 존재하는 발전의 낙차였다. 이로 인해 중국이 지구상에서 더 이상 생존이 불가능할지도 모른다는 멸망의 공포, 이른바 '구적(球籍) 박탈'의 위기감이 생기면서 심각한 민족적 위기에 처해있다는 걱정, 이른바 '우환의식'이 중국 지식인들을 사로잡았다.[3] 아편전쟁 이래 중국 지식인들이 지니고 있던 민족적 위기감이 다시 엄습한 것이다. 중국이 세계

---

1) 문혁을 봉건주의의 산물로 해석하는 관점에 대해서는 柳健輝, "不能把文化大革命産生的原因簡單地歸結於封建主義," 張華 等 主編, 『回首文革』(北京: 中共黨史出版社, 2000), pp. 253-254 참조.
2) 이택후, "중체서용에 대하여," 『중국 현대 사상의 굴절』(서울: 지식산업사, 1992), p. 262.
3) 顧昕, 『中國啓蒙的歷史圖景』(香港: 牛津大學出版社, 1992), p. 63.

인민혁명의 등대라고 생각했던 미몽에서 깨어나 다시금 중국의 낙후성을 통감한 가운데 '서구에게 배우자'(向西方學習)라는 움직임이 일어난 것이다.[4] 요컨대 문혁 종결 이후 중국 지식인들이 느꼈던 민족적 위기감 혹은 '우환의식'이 민족 문화에 대한 허무주의를 낳으면서 격렬한 반전통운동을 촉발시켰으며, 중국과 서구의 비교라는 중국 근대의 고유한 사유 패턴이 다시금 등장하면서 반전통주의와 더불어 서구 근대 계몽 가치를 절대적으로 이상화하는 강렬한 서구화 운동이 촉발된 것이다.

1980년대를 5·4시기에 이은 (신)계몽주의 시대, 혹은 제2의 5·4시대라고 부른 것은 이러한 연유 때문이다. 1980년대는 중공당과 중국 지식인할 것 없이 문혁과 마오쩌둥 사회주의를 반근대적 봉건주의로 규정하고 현대화와 계몽의 추구를 공동의 시대인식과 역사적 과제로 삼아 자기 정체성을 확보하였다. 이로 인해 근대, 주로 서구의 근대 사회와 그 문화 및 가치를 규범으로 삼아 중국 사회와 전통을 비판하였다. 중국 근대성의 특징적 담론 체계인 '중국/서구', '전통/근대'라는 이원대립적 구도가 다시 부상한 가운데 '중국＝봉건, 낙후, 전근대, 어둠/서구＝현대, 후현대, 진보, 빛'이라는 양분법에 경도되었다. 1980년대 중국 지식인들의 공통적 발상법 가운데 하나가 '중국/서구', '전통/근대(현대)'의 이원대립 방식으로 중국 문제를 해부하고 분석하는 것이었다. 그들에게 중국 전통이란 어둠의 기억과 봉건성의 상징이었고, 서구 근현대의 가치란 중국이 봉건성을 탈각하고 근현대 세계로 진입하기 위해 의당 추구해야 할 절대지상의 가치체계라고 보았던 것이다. 요컨대, 1980년대는 5·4시대에 이은 '새로운 전면적 서구화'(新全盤西化)의 시대였고, "서구에 물신주의적으로 경도되었던 시대였다."[5]

---

4) 이택후, "중체서용에 대하여."
5) Yongnian Zheng, *Discovering Chinese Nationalism in China* (New York: Cambridge University Press, 1999), p. 154.

　　1980년대 중반에 일어났던 '문화열'(文化熱)은 이러한 '전통/서구(현대)'라는 이분법적 인식, 중국전통과 서구현대문화의 비교라는 인식틀에 기초를 두고 일어난 것으로 전통과 서구화(현대화)의 문제에 대해 집중적인 토론이 벌어졌다. '문화열'의 흐름에서 가장 큰 영향력을 미쳤던 것은 전통 부정론을 외쳤던 이른바 '철저재건론'이었다. 진관타오(金觀濤)와 간양(甘陽) 등을 주축으로 한 철저재건파는 중국의 전통문화를 근본적으로 개조하여 현대화할 것을 주장하였다. 간양은 "전통을 계승, 발양하는 가장 강력한 수단은 반전통이다"고 주장하였다. 이들의 인식 속에서 전통과 현대화는 필연적으로 충돌할 수밖에 없고, 전통의 내부에 대한 변별적 사고는 없었다. 이들은 전통을 하나의 유기적인 시스템으로 이해하였고, 전체로서의 유기체를 이루고 있는 전통에서 어떤 요소를 분리한다는 것은 가능하지도 않다고 본 것이다. 이들에게 중요한 것은 전통적인 것과 현대적인 것과의 이분법이었다. 이들이 전반서화파로 불리게 된 것은 그러한 이유에서다.6)

　　철저재건파의 반전통적 인식은 1988년 6월 CCTV에 방영되어 중국 사회에 뜨거운 논쟁을 불러일으킨 다큐멘터리 "하상"(河殤)에 이르러 극점에 이른다. "하상"은 기본적으로 '중국/서구'의 이분법 구도에 기초하고 있다. 이 이분법 구도에서 황색 문명으로 상징되는 중국(전통)은 정체되고 봉건적이며, 죽어 가고 쇠락해 가는 노문명국으로 표상되고, 청색 문명으로 상징되는 서구는 젊음, 모험, 에너지, '민주와 과학에 대한 희망을 수송하는' 현대의 이미지로 표상된다. "하상"은 '중국/서구'의 완강한 이분법 속에서, 중국과 서구가 매우 본질주의적으로 '구성'되고, 때문에 유럽 중심주의를 자발적으로 수용하는 식민주의에 빠진 가운데 서구에 대한 항구적 이미지를 강화한다는 점에서 옥시덴탈리즘(Occidentalism)에 빠져있는 셈이다.7) 하

---

6) 황희경, "철저재건론자들의 중국문화 탐색," 『현대중국의 모색』(서울: 동녘, 1992), pp. 519-523 참조.

지만 그런 문제점 자체가 "하상"이 1980년대 중국 지성사의 한 축도인 이유이다. 1980년대라는 "5·4운동 이후 또 하나의 위대한 계몽시대"[8]를 맞아 "중국 지식인들의 깊은 사명감과 책임감, 그리고 우환의식을 담고 있다"[9]는 점에서 그렇다. 말하자면 1980년대 중국 지식인의 현실 인식과 정서, 지식인의 역할에 대한 자기규정 등을 집약하고 있다는 점에서, "1980년대 담론의 상징 기호"[10]인 것이다.

1980년대 중국의 전반적인 반전통 조류 속에서 1985년을 전후로 하여 중국 문학계에 등장한 이른바 '뿌리 찾기'(尋根) 조류는 '중국 민족문화 전통을 드높이고' '문학의 뿌리를 민족 전통문화에 두어야 한다'고 주장한 점에서 1980년대의 반전통 조류와 구분된다.[11] '뿌리 찾기' 조류가 등장하게 된 것은 1980년대 전면 서구화 주장이 유행하는 가운데 서구 문화가 크게 유입되자 중국인들이 당황스러움과 곤혹감을 느끼게 되고, 그런 가운데 중국 민족문화의 위기감이 고조되는가 하면 개혁개방 정책으로 인해 현대화가 진전되면서 현대화의 부정적 결과가 나타나기 시작하는 것 등과 관련되어 있다. '뿌리 찾기' 조류는 전통을 다시금 불러내면서 전면적인 서구화 주장과 현대화에 대한 과도한 경도에 제동을 걸면서 전통과 현대화의 문제에 관한 재질문을 던진 것이다. 예컨대 '뿌리 찾기' 조류의 대표적인 주창자인 한샤오궁(韓少功)은 "개혁과 건설의 열기가 드높고, 서구에서 과학과 기술 같은 우리가 쓸 모든 것을 가져오고 있으며 현대화된 생활 패턴으로 가고

---

7) 천샤오메이는 "하상"의 옥시덴탈리즘을 관변 이데올로기에 저항하는 '반관방 옥시덴탈리즘'이라고 본다. "하상"을 둘러싼 1980년대 중국의 옥시덴탈리즘에 관한 논의에 대해서는 천샤오메이 저, 정진배·김경아 역, 『옥시덴탈리즘』(서울: 강, 2001), pp. 82-99 참조.
8) 김관도, "인민과 함께 생각해야 한다," 소효강·왕노상 저, 홍희 역, 『하상』(서울: 동문선, 1989), p. 186.
9) 하서래, "철학사상과 형상의 결합," 소효강·왕노상 저, 홍희 역, 『하상』, p. 187.
10) 德夫, "河殤與說'不'," http://lyg1999.126.com(검색일: 2004년 6월 5일).
11) 洪子誠, 『作家姿態與自我意識』(西安: 陝西人民敎育出版社, 1998), p. 41,

있다"면서, 서구 문화의 횡적 이식과 복제가 문화의 빈혈을 가져온 현실에 대한 반성을 촉구하면서 "문학은 민족 전통문화의 토양 속에 뿌리를 내려야 한다"고 주장하였다. 민족 전통문화, 민족의 뿌리에 대한 재인식이 80년대 개혁개방 이후 급속하게 진행되고 있는 현대화, 서구화에 대한 비판적 시각에 바탕을 두고 있다는 점을 분명히 하고 있는 것이다.[12]

그런데 문제는 '뿌리 찾기'에서 말하는 뿌리, 즉 민족전통이 무엇인가 하는 점이다. 이와 관련 리항위(李杭育)는 "민족문화의 정수는 중국의 규범 밖에 더 많이 보존되어 있다"고 하면서 "규범 밖의 것들이 바로 우리에게 필요한 뿌리다"라고 한 언급은 주목할 만하다. '뿌리 찾기'에서 말하는 전통은 유가 문화와 한족을 중심으로 한 이른바 '대전통'이 아니라 유가 이외의 문화와 소수민족 문화를 바탕으로 한 '소전통'인 것이다. '뿌리 찾기'를 주창하는 사람들은 지역문화, 특히 노장(老莊) 문화, 초(楚) 문화, 회족(回族) 문화 등 소수민족의 문화전통에 주로 관심을 기울이고, 원시적인 생명력과 야성이 풍부한 민간과 전설의 세계를 문학적으로 형상화하는 데 큰 관심을 기울인 것은 그런 맥락에서였다. 그리고 이는 뿌리 찾기 조류를 서구 문화에 저항하는 문화 보수주의, 문화 민족주의 차원으로 규정할 수 없는 이유이기도 하다. 이들은 주변적인 위치에 처해있던 이른바 소전통과 비근대 혹은 전근대적인 것들을 통해 유가로 상징되는 주류 전통, 즉 '대전통'과 더불어 서구화, 현대화에 대해서도 비판과 저항을 시도하였던 것이다. 이들은 1980년대 개혁개방이 제시한 현대사회에 대한 미래의 청사진과 다른 차원의 미학적 입장에서 전통과 현대성에 대해 새로운 질문을 던지면서 보다 자유롭고 현대성의 약속과 구별되는 다른 미래를 상상한 것이다.[13]

이러한 '뿌리 찾기' 조류는 1980년대를 주도하였던 전면적인 서구화와

---

12) 韓少功, "文學的根," 『世界』(長沙: 湖南文藝出版社, 1996), pp. 1-7.
13) 南帆 主編, 『二十一世紀中國文學批評99个詞』(杭州: 浙江文藝出版社, 2003), p. 171.

현대화 추구, 반전통주의 속에서도 다른 한편으로는 전통과 서구화, 현대화의 관계에 대해 주류 담론과 구별되는 새로운 모색이 시도되었다는 점을 말해 주는 것으로, 이는 1990년대 이후 전통에 대한 다양한 접근과 논의가 가능할 수 있는 한 토대가 되었다.

2. 1990년대 이후 전통에 대한 새로운 인식과 전통의 발전적 변용

1) 전통에 대한 새로운 인식의 배경

1990년대 중국 사상계의 가장 중요한 특징은 서구와 전통에 대한 인식의 변화다. 1980년대 '중국/서구'의 이분법에 근거한 '서구＝현대'에 대한 일방적 경도와 격렬한 반전통주의에서 벗어나기 시작한 것이다. 1990년대는 전반적으로 보자면 전통으로 회귀한 시대이다.[14] 중문학자 판친린(范欽林)은 1990년대 중국에서 문언문이나 번체자는 물론이고, 심지어『24효행도』(二十四孝行圖) 같은 지금까지 줄곧 비판의 대상이 되어 온 것을 포함하여 갖가지 전통적인 것이 다시금 봄을 맞고 있다면서, "복고주의 유령이 베이징의 대지를 떠돌고 있다!"고 했다.[15] 그리고 21세기에 들어선 이후 최근 몇 년 동안 중국에서는 전통의 부활 차원을 넘어 전통의 열기가 뜨겁게 일고 있다. 다방면에 걸쳐 전통에 대한 재평가, 전통 회귀의 양상이 나타난 것이다. 예컨대 1990년대 초반에 국학 열기 및 고대와 현대 사이의 '근대사'의

---

14) 王岳川,『中國鏡像: 90年代文化研究』(北京: 中央編譯出版社, 2001), p. 33.
15) 范欽林, "民族自尊的誤區與現代文化的選擇: 對一種東方懷古情結的批判," 李世濤 主編,『知識分子立場: 激進與保守之間的動蕩』(長春: 時代文藝出版社, 1999), p. 336.

역사와 학술에 대한 연구 열기 등으로 그 단초가 나타났다면, 1990년대 중후반 이후에는 중국 전통 문명이나 세계관이 현대 문명을 극복할 대안으로 재평가되기도 하고, TV에서는 중국 고대 문명의 찬란함을 다룬 다큐멘터리가 계속 등장하기도 했다. 그런가 하면 정치적으로는 신보수주의, 문화적으로는 문화 보수주의 등으로 표출되기도 했다. 그리고 2004년 9월 28일에는 사회주의 정권이 들어 선 이후 처음으로 공자 탄생 2555주년 행사가 중국 정부의 참여 속에 열리는가하면 초등학생들에게 경서를 교육시키는 붐이 일어나는 등, 정치와 경제, 사회, 문학 등 모든 분야는 물론이고, 관방에서 민간에 이르기까지 매우 광범위하게 전통으로 회귀 및 전통에 대한 재평가 현상이 일어나고 있다.

1990년대 이후 이처럼 전통에 대한 새로운 인식이 생겨나고 전통의 긍정적 가치를 재발견하게 된 배경은 크게 네 가지 차원에서 검토할 수 있다. 첫째, 중국 경제의 비약적 성장에 따른 초조감의 완화와 민족적 자신감의 회복이다. 1992년 연두에 이루어진 덩샤오핑의 이른바 '남순강화'(南巡講話)로 인해 중국에서 시장경제가 불가역전의 대세로 자리 잡는 가운데, 이후 1995년까지 연평균 11.7% 고속 성장을 이루고, 대외개방 도시가 339개로 확대됨으로써 대외 개방이 한층 급류를 타게 된다.16) 1990년대 초중반의 이러한 경제적 비약은 5·4 이래 중국인들의 주요한 근대성의 경험 중의 하나인 낙후에 대한 초조와 위기 의식, 마오쩌둥 식으로 표현하여 "구적(球籍) 박탈의 위기감"이 상당 정도 완화된다. "중국은 이미 대단한 성취, 공인된 성취를 이루었다"17)는 인식이 폭넓게 확산된 것이다.

둘째, 서구 현대화에 대한 인식 심화와 1980년대에 유행한 전면적 서구화에 대한 반성적 인식이다. 서구와의 접촉이 늘어나고 서구 문화가 다량

---

16) 馬立誠·凌志軍, 『交鋒』(北京: 今日中國出版社, 1998), pp. 223, 299.
17) 李愼之, "全球化時代中國人的使命," 『東方』, 1995年 5期(總6期), p. 14.

유입됨에 따라 서구 및 현대화에 대해 지나치게 낭만적으로 생각하고 서구를 이상으로 여겼던 데서 차차 벗어나게 된다. 1980년대 중국인들에게 서구는 편리한 물질생활과 진보된 과학기술, 합리적 제도, 역동적 정신의 상징이었다. 그러나 개혁개방이 10여 년을 경과하면서 서구가 완전한 것이 아니라는 사실을 깨닫기 시작했다. 서구에 대한 인식과 태도가 한층 이성적으로 되었고, 서구에 대한 물신주의적 접근(fetishistic towards)에서 벗어나기 시작한 것이다. 중국 문학자 쉬밍(徐明)이 1980년대 초 자신은 중국 문화의 운명에 대해 사고하면서 서구주의에 서 있었으며 봉건시대에 형성된 중국 전통은 중국의 현대화에 어떤 동력도 되지 못한다고 생각하였지만 1980년대 후반 이후 그러한 전면적 서구화 사고방식이 물러나고 중국 사회와 서구 사회는 그 성격이 다르다고 인식하게 되었고, 중국 전통 속에서 현대화를 위한 건설적인 요소를 참고하게 되었다고 술회한 것은 그러한 인식 변화의 한 전형을 보여준다.[18]

그런가하면 1990년대 이후 현대화가 빠르게 진행되면서 현대화의 갖가지 부작용이 드러나게 되고, 이와 더불어 서구에서 현대성을 비판하는 논의들이 중국에 소개되면서 서구식 현대화에 대한 비판적 인식이 확산되었다. 이로 인해 서구의 분석적 사유 방식은 이미 한계에 이르렀으며 21세기는 동양의 종합적 사유 방식과 '천인합일'(天人合一)의 세계관이 서구적 사유 방식을 대체하는 동양 문화의 세기가 되어야 한다는 인식 속에서 중국 전통 문화의 미래적 가치가 재평가되었다.[19]

셋째는 민족주의의 확산과 문화 보수주의의 등장이다. 민족주의의 대두는 1990년대 중국의 가장 중요한 특징 가운데 하나로, 1980년대 중국의 추

---

18) 徐明, "難以承受的可爲: 一個人文知識分子的精神自審," 『原道』, 1994年 第1輯, p. 88.
19) 程炳生, "21世紀中國文化的復興: 季羨林先生談話錄," 李軍 等編, 『中國文化年報2004年版』(蘭州: 蘭州大學出版社, 2004), p. 25.

수적 세계주의와 선명한 대조를 이룬다.[20] 물론 1980년대 말, 이른바 '신권위주의' 주창자들에게서도 민족주의적 색채가 드러나기도 했지만, 개혁개방 이후 중국에서 민족주의가 중요하게 대두된 것은 천안문 사태(1989) 이후, 특히 장쩌민 집권(1992) 이후이고, 그 열기는 2001년에 WTO에 가입하고 2008년 올림픽 개최권을 획득하면서 절정에 이른다.

1990년대 중국의 민족주의는 우선, 천안문 사태와 급격한 시장화로 초래된 사회주의에 대한 신뢰의 위기를 만회하기 위한 중공당과 정부의 기획의 산물이다. 천안문 사태 이전만 하더라도 중공당과 정부는 사회주의를 통해 자신의 합법성을 지탱하였지만, 천안문 사태 이후 사회주의가 이데올로기적 통치 작용을 잃은 상태에서 중공당과 정부는 "전통 이데올로기의 영향력 감소"에 따른 "새로운 이데올로기를 추동할 필요성"[21]을 느꼈고, 그 결과 염황(炎黃) 자손이라든지, 중화민족 등에 호소하는 민족주의가 사회주의를 대신해 주요 통치 이데올로기로 부상한 것이다.[22] 1992년부터 시작하여 1994년까지 중국 당국이 전매스컴을 동원하여 대대적으로 전개한 '애국주의' 캠페인은 바로 그 같은 '관방 민족주의' 운동이었다. 이러한 관방 민족주의와 더불어 민간 차원에서도 1990년대 초중반 악화된 대미(對美) 관계, 서구의 중국견제론, 1993년 미국의 방해로 인한 올림픽 개최 신청 실패 등 일련의 사건들이 겹치면서 반미, 반서구적 민족주의 분위기가 일어났다. 더구나 1990년대 후반 들어 빈부격차, 지역별 소득 격차 등 경제적·사회적 분열 현상이 증가하면서 중공당과 중국 정부가 국가적 통합을 위해 민족주의에 호소하는 경향이 강해졌고, 중국의 민족주의 열기는 1999년 미국의 유고 주재 중국 대사관 폭격으로 인한 반미 정서, 그리고 올림픽 개최권 획득

---

20) 馬立誠·凌志軍, 『交鋒』, p. 285.
21) 馬立誠·凌志軍, 『交鋒』, p. 285.
22) 徐賁, 『文化批評往何處去─九八九年後的中國文化討論』(香港: 天地圖書, 1998), p. 240.

으로 인한 민족적 자부심의 고양과 맞물려 절정에 이르게 된다.

반서구적 민족주의가 고양되는 한편 민족적 자부심이 높아지고 1990년대 이후 서구 문화의 대량 유입에 따른 민족문화의 위기감이 고조되면서 문화 보수주의 또는 '신보수주의'가 등장하였다. 서구 문화가 대량 유입되자 "제국주의 강세 충격 속에서 본토 문화의 처지에 대해 우울함"을 느끼고 "본토에 들어 온 강력한 서구 생활 방식의 부정적 작용에 대한 우려"를 갖는가 하면, "본토 문화에 대해 불안을 느끼"23)는 중국인들이 늘어났다. 그런가 하면, 대외 개방의 확대에 따라 다국적 기업의 진출이 늘어나고 그들 기업의 제품이 중국인들의 일상생활을 지배하는 데 따른 반감도 늘어나 중국이 외국 자본에 포위당한 '조계'(租界)가 되어 가고 있다는 인식이 확산되어 갔다.24) 이러한 위기감이 문화 주권을 수호하고 서구 문화의 도전을 막으려는 차원에서 전통문화의 가치를 재발견하는 것으로 이어졌다. 전통이 더 이상 현대화를 위한 장애가 아니라 문화 주권을 수호하고 민족 정체성 창출을 위한 기제로서 그 가치가 재인식되고, 중국 전통에 기초한 중국 특색을 지닌 현대화를 추진하기 위한 문화적 자원으로 인식된 것이다.25)

넷째, 중국의 WTO 가입으로 인해 지구화 시대 중국 문화의 정체성에 대한 관심이 증대된 점이다. 전지구화와 민족화의 문제가 전면에 부상한 가운데 문화의 전지구화가 문화의 미국화, 서구화 혹은 식민화로 귀결되어서는 안 된다는 인식 속에서 민족의 우수한 전통문화의 발양과 전통과 서구 선진 문화를 종합하고 창신(創新)하는 것이 문화적 식민주의에 저항하는 수단이자 문화 주권을 수호하는 가장 훌륭한 수단이라고 보고 있다.26) 이 과정

---

23) 蘭愛國, "世紀末文學: 文化保守主義思潮,"『文藝爭鳴』, 1994年 6期, p. 37.

24) 凌志軍・馬立誠,『呼喚: 當今中國的5種聲音』(廣州: 廣州出版社, 1999), pp. 251-255.

25) 楊春時, "新保守主義與新理性主義: 90年代人文思潮批判," 李世濤 主編,『知識分子立場: 激進與保守之間的動蕩』(長春: 時代文藝出版社, 1999), p. 486.

26) 鮑宗豪, "文化全球化與民族文化主權,"『深圳特區報』, 2002年 10月 14日;『中國文化年報(2004年

에서 전통의 창조적 전환을 통해 민족 특색을 지닌 현대 문화를 건설해야 한다는 이른바 '전통 창신론'이 주도적인 흐름을 형성하면서, 사회주의 시장경제 건설과 전지구화 과정에서 전통문화가 지니는 의미가 무엇인지에 대한 인식이 심화된 것이다.

다섯째, 중공당과 중국 정부가 전통문화의 중요성을 강조하면서 전통문화 부흥 운동에 적극적으로 나서고 있는 점이다. 이러한 현상은 2002년 16차 당대회 이후 특히 두드러진 특징으로, 문화를 '종합 국력' 증진을 위한 핵심이자, "사회주의 선진 문화 건설은 반드시 중화 민족 5천년의 우수한 전통문화를 계승하고 발전시키는 데 바탕을 두어야 한다"[27]고 인식하는 가운데, '중화 민족정신의 상징'인 중국의 전통문화는 '전국 인민을 단결시키는 접착제이자 중화 각 민족을 하나로 묶는 고리'라고 인식하면서 적극적으로 전통문화 진흥 정책을 펼치고 있다. 최근 몇 년 사이 중국에서 20세기 들어서 줄곧 비판의 대상이었던 공자가 크게 주목을 받으면서 공자 붐이 일어나고 있는데, 이러한 공자 부활 운동을 적극적으로 추동하는 주체는 역시 중공당과 정부이다. 앞서 말했듯 공자 탄생 2555주년을 맞아 중국 관방이 주최하는 최초의 기념제(記念祭)와 기념 학술대회가 열렸는가 하면, 베이징에서는 '공자문화의 달'(孔子文化月) 행사가 인민대회당에서 열리는 등, 전국 각지에서 기념활동이 열렸다. 중공당과 정부가 공자 탄생 기념행사를 주관하는 등 적극적인 유교 부활 운동과 전통문화 진흥 정책을 펼치고 있는 것은 사회주의 정권 탄생 이후 처음 있는 일이다.[28]

이상의 관방적 요인들과 민간적 요인들이 복합적으로 상호 작용하면서

版)』, p. 81.
27) 전국 정협 주석 자칭린(賈慶林)의 발언, "孔子思想在中國重新受重視,"『新華網』, 2004年 10月 11日.
28) "從祭孔大典看復興傳統文化,"『齊魯晚報』, 2004年 10月 10日.

1990년대 이후 중국에서 전통의 가치가 재발견되고 있고, 전통문화의 일대 부흥기를 맞고 있다. 그런데 1990년대 이후 전통 재발견의 양상과 성격은 크게 두 개의 시기로 나누어 볼 수 있다. 1990년대 초중반의 경우, 주로 민족주의와 결합한 문화 보수주의 차원에서 전통이 재발견되면서 전통 창신론이 주도적이었다면, 1990년대 이후부터 2000년대 초반에는 그러한 기조가 주로 지식인들 사이에서 여전히 유지되는 한편으로 대중적 차원에서는 전통이 하나의 상품으로, 시장경제 시대의 경쟁력 있는 상품의 하나로서 재발견되는 양상을 지니게 된다.

2) 전통에 대한 논의의 양상 및 전통의 변용

샤오궁친(蕭功秦)은 "중국 전통문화와 사회주의 현대화"(1990)를 주제로 한 토론회에서, 1990년대 신보수주의의 성격에 대해, "변혁 과정에서 필수적인 역사의 연속성이라는 측면에서, 현대화를 위한 적극적 중개자와 지렛대로서의 전통적 가치 체계와 이데올로기의 능동적 의미를 다시금 인정하는 한편 이를 토대로 점진적으로 중국 현대화를 추구하는" 사상적 지향으로 규정하였다. 요컨대 전통과 현대화를 조화시키려는 사상적 흐름으로서, 이러한 흐름이 1990년대 중국의 지적 담론을 주도하였다는 것이다.[29] 이러한 신보수주의 차원의 전통에 대한 논의는 대략 다음과 같은 몇 가지 흐름으로 나누어 살필 수 있다.

첫째, 리쩌허우, 왕위안화(王元化) 등 1980년대 '문화열'에서 비교적 절충주의 입장에 섰던 사람들이 중심이 된 흐름으로 중국 특색을 지닌 현대화

---

29) 王思濬, "今日中國的新保守主義," 李世濤 主編, 『知識分子立場: 激進與保守之間的動蕩』, p. 406에서 인용.

를 추진하기 위한 자원으로 전통을 활용해야 한다는 입장이다. 이들은 급진적인 반전통주의에 반대한다. 급진적 문화주의나 반전통주의는 문화대혁명 같은 또 다른 동란을 야기할 수 있기 때문에 점진적이고 전통을 계승한 사회적 '개량'을 추구해야 하고, 전통문화를 통해 문화적 권위를 유지하고 사회적 안정을 유지해야 한다고 주장한다. 리쩌허우의 전통에 대한 중시는 사회 안정이 가장 중요하며, 12억 인이 밥을 먹기 위해서, 경제를 발전시키기 위해서는 어떤 명분으로든 더 이상 혁명이 있어서는 안 된다는 혁명과의 작별론에 기초를 두고 있다. 리쩌허우는 "나는 오늘 중국에서 가장 중요한 것은 질서"라고 말하면서, "예의와 의로움, 청렴, 염치를 나라의 네 가지 벼릿줄로 삼아야 한다"고 주장한다.[30] 또한 유가를 주로 하되, 유가와 도가가 상호 보완적 관계를 유지하는 철학과 문화 체계, 그리고 집단적 가치를 본위로 한 유토피아를 건설하여 현대인들이 지나치게 개인의식을 팽창시켜서 야기되는 정치적 충돌을 막아야 한다고 주장한다.[31] 리쩌허우에게 전통은 사회의 질서와 안정을 유지할 수 있는 기제이자 서구와 같은 개인주의적 현대화 모델이 지닌 부정적 양상을 극복하기 위한 자원이다.

둘째, 포스트모더니즘과 탈식민주의의 영향을 받은 이른바 '후학'(后學, post) 그룹들의 전통 논의이다.[32] 이들은 아편전쟁(1840~42) 이래 중국 근현대사에서 현대성의 신화가 만연하였고, 그러한 현대성 신화에 기초한 현대성의 추구 과정이란 서구 현대성에 의해 식민화되어 가는 과정, 주체를 잃는 타자화의 과정이었다고 본다. 다시 말해 중국의 타자화(식민화)에 중국 현대성의 기본 특징이 있다는 것이다. 이러한 타자화, 식민화는 1980년대에

---

30) 李澤厚·劉再復, 『告別革命』(香港: 天地圖書出版有限公司, 1997), pp. 322-355.
31) 李澤厚·劉再復, 『告別革命』, p. 487.
32) '후학'과 관련한 논의는, 汪暉·余國良 編, 『90年代的後學論爭』(香港: 中文大學出版社, 1998) 참조.

더욱 심화되었다. 1980년대 중국의 급진적 반전통주의와 전면적 서구화 주장으로 인해 민족문화의 식민화가 또 한 차례 초래되었다고 하면서 1980년대 (신)계몽주의 운동의 반전통주의를 비판한다.

그들은 그러한 식민화, 타자화 과정에서 중국은 문화는 자기 정체성을 잃어버리는 '실어'(失語) 상태가 초래되었고, 문화적 식민지, 반식민지 상태로 되었다고 본다. 왕닝(王寧)은 5 · 4시기에 중국 문학과 문화는 일차 식민화되었고, 1980년대 들어 2차로 식민화되었다고 본다.[33] 때문에 이들은 그동안 식민화, '실어' 상태에 놓여 있던 민족 문화의 주체적 지위를 회복해 나가면서 서구 문화의 패권을 견제한다고 주장한다. 그렇다면 어떻게 중국 문화의 주체성을 회복할 것인가. 이들은 현대성과 중화성(中華性)을 대립시킨 가운데, 민족문화의 주체적 지위를 회복하기 위해서는 본토성, 중화성을 추구해야 한다고 주장한다. 이들에 따르면 현대성은 서구의 눈으로 세계를 보는 것이며, 직선적 진보관, 보편적 기준 등을 강조하면서 중국을 완전히 서구화시키는 것을 목표로 하는 데 비해 중화성은 중국의 눈으로 세계를 보는 것이며, 차이를 존중하고, 특수성 · 다양성을 존중한다는 데 있다.[34] 이런 맥락에서 보면, 본토성, 중화성을 추구하는 것은 중국이 오랜 식민화, 타자화에서 벗어나 주체적인 현대화를 추구하는 길이다. 전통으로 현대성을 비판하는 가운데 중국 문화가 식민성을 탈각하고 주체성을 회복하는 '포스트 모던(후현대)' 시대 새로운 현대화를 주장하는 것이다.[35]

셋째, 서구와 중국 전통문화의 차이를 강조한 데서 한걸음 나아가 중국

---

33) 王寧, "全球化語境下的後現代和後殖民硏究," 王寧 · 薛曉源 主編, 『全球化與後殖民批評』(北京: 中央編譯出版社, 1998), p. 123.
34) 張頤武 · 王一川 · 張法, "從現代性到中華性," 『文藝爭鳴』, 1994年 2期(總52期); 劉康 · 王一川 · 張法, "中國90年代文化批評試談," 『文藝爭鳴』, 1996年 2期(總64期) 등의 글 참조.
35) 1990년대 중국의 '포스트' 담론에 대한 분석은 기본적으로 이욱연, "1990년대 중국의 탈식민주의 비평," 『중국현대문학』, 제18호(2000), pp. 334-364와 일치함.

전통문화의 우월성을 주장하면서 중국 전통문화와 서구 근대 문명 사이에 형성되었던 기존의 위계구조를 전복시키면서 중국 전통문화의 가치를 역설하는 경우이다. '21세기는 중국 문화의 세기다'는 구호로 요약되는 이른바 '문화대체론'이 바로 그러하다. 서구문화가 1백년 동안 번성기를 구가한 뒤 이제 인류 생존을 위협할 만큼 폐단을 노정하고 있는 현실에서, 이제 이를 중국의 전통문화로 대체해야 한다는 것이다.[36) 홍성(洪盛)의 경우가 대표적으로 그러하다. 그는 서구 문명은 무기가 발달한 자가 이긴다는 사회진화론에 바탕을 두고 있어 인류를 핵 파멸의 위기로 몰아넣었다면서 이에 비해 중국 문명은 도덕 교화의 원칙을 지니고 있는 포용성의 문명이어서 중국 전통 문명만이 전 세계를 구할 수 있다고 주장한다.[37)

넷째는 중공당과 관방 지식인들이 주도하는 전통 논의로, 주로 정치적·사회적 안정을 도모하고 공동의 정체성 구축을 시도하는 국가주의 차원에서 전통이 논의된다. 이른바 '3개대표론'이 천명된 중공당 16차 당 대회(2002) 이후 중공당은 문화를 종합국력을 증진시킬 수 있는 핵심적 전략이자, 중국과 같은 발전 도상에 있는 사회주의 대국에게는 국제 영역의 정치경제 패권에 저항하고 국가의 장기 발전에 지속성을 부여하는 정신적 지주라고 규정하고 있다. 개혁개방 이후 중공당 대회에서 문화가 16차 당 대회처럼 비중 있게 다루어지는 가운데 민족문화의 계승과 발전을 언급한 적이 없다.[38) 이는 중공당 지도부가 '3개대표론'을 제창한 이래 문화 건설 및 전통문화의 계승과 발전에 이전과 달리 각별한 관심을 기울이고 있다고 해석할 수 있다.

---

36) 賈保華, "文化代替論," http://culture.news.sohu.com/2004/03/24/84article219578442.html(검색일: 2004년 3월 24일).

37) 洪盛, "什麼是文明," 『90年代思想文選(第2集)』(南寧: 廣西人民出版社, 2000), pp. 228-250.

38) 16차 당대회 정치 보고에서 '문화'라는 단어는 모두 84회나 등장했는데, 이는 역대 당 대회 정치 보고에 없던 현상이다. 村田忠禧, "改革開放以來的黨大會政治報告的詞語變化來看中共十六大的特點," 『中共黨史研究』, 2003年 第1期.

다섯째, 소강(小康) 사회 건설에 부합하는 선진 문화를 창조하기 위해서는 전통문화와 현대문화 사이에서 접합점을 찾아야 한다고 지적한다. 5·4 시기나 1980년대처럼 전통을 일방적으로 부정하고 서구문화를 모델로 삼지 말고 전통문화의 창신이 선진 문화 창조에 필수적이라는 것이다. 그렇다면 전통문화의 어떤 요소들이 새로운 소강 사회의 선진 문화 건설에 부합하는가. 이에 대해 중공당은 서구 현대문화와 중국 전통문화 사이의 중요한 차이를 지적한다. 중국의 전통문화는 인간과 우주를 일체로 보는 문화이고 인간과 자연계의 통일을 실현하는 문화로서 중국 전통문화의 이러한 점은 인간의 전면적 발전에 극히 유리하며, 이점은 소강 사회의 선진 문화 건설에 극히 필요하다는 것이다.[39] 소강 사회의 선진 문화 건설은 전통문화와 서구 현대 문명을 변증법적으로 지양(止揚)한 새로운 문화의 건설을 목표로 한다는 것으로, 이는 '중국 특색을 지닌 사회주의' 건설의 문화 전략이다.

중공당과 중국 정부는 물론 비교적 친정부적인 보수적 지식인들이 전통에 대한 재평가를 주장하고 중국 민족문화의 계승과 발전을 강조하는 것은 소강 사회의 선진 문화 건설이라는 장기적 목표와 더불어 매우 현실적인 정치적 목적이 함께 들어 있다. 전통을 국가 구성원들의 공동의 정체성을 창출하고 국가와 사회의 질서와 안정을 유지하는 데 중요한 기제로 보면서, 그런 차원에서 전통의 의미와 역할을 찾는 것이다. "민족유산은 중화 민족의 공동 심리와 정신적 특징을 연결시키는 고리"라는 차원에서 그 중요성을 인식해야 한다고 촉구하는 것으로,[40] 리선즈(李愼之)가 중국 문화의 현대화가 전통을 기초로 하지 않으면 12억 중국인은 실마리를 잃고 흩어진 모래가 될 것이라는 언급이 그 전형적인 경우이다.[41] 이러한 차원에서 전통이 거론

---

39) 陸華, "小康社會的文化戰略," 李軍 等編, 『中國文化年報(2004年版)』, pp. 3-6.
40) 孫家正, "牢牢把握中國先進文化的前進方向," 『求是』, 2002年 21期; 王永强 編, 『邊唱邊走: 中國 文化年報(2002年版)』(蘭州: 蘭州大學出版社, 2002), p. 6,

될 때, 가장 빈번하게 거론되는 것이 유학의 재발견이다. 경제 발전과 개인 수입의 편차가 심해지면서 중국 사회의 안정과 정치 안정이 위기에 처한 현실에서, 국가 중심의 질서와 국가의 권위를 유지하면서 위기에 대처하기 위한 수단으로서 유가 문화, 특히 유가 윤리를 중시해야 한다고 주장하는 것이다. 사회주의 시장 경제가 활성화된 이후 중앙 정부의 권위가 약화되고 국가적·사회적 분열이 초래되는 현실에서 국가주의를 강화하기 위한 수단 으로서 전통, 특히 유가의 활용이 거론되는 것이다.42)

　　이상의 논의들은 크게 보면 국가주의와 민족주의, 그리고 문화 보수주의 차원에서 주로 제기된 전통에 관한 논의들이다. 이들 논의에서 전통은 1980 년대처럼 더 이상 어둠의 기억 혹은 봉건주의의 상징이 아니라 민족 정체성 을 확인하는 문화적 아이콘의 역할을 하며, 중국의 집단적 정체성을 창출하 고, 민족적·국가적 통합을 이루는 기제로 작동하게 된다. 뿐만 아니라 중공 당과 중국 정부가 목표로 삼고 있는 소강 사회의 선진 문화 건설을 위한 문화 전략 차원에서 전통의 의미가 재평가되고 있다. 이런 차원에서 보자면, 1980년대 전통에 대한 논의가 서구와 현대성의 입장에서 이루어졌다면 1990년대 이후 전통에 대한 논의는 기본적으로 정치적으로나 문화적으로나 기본적으로 보수적인 지평에서 이루어지고 있다고 규정할 수 있다.

　　그러한 보편적 흐름에 비추어 볼 때, 왕후이(汪暉), 추이즈위안(崔之元) 등이 전통을 논의하면서 '전통/현대', '중국/서구'라는 이분법을 극복할 것 을 제안하는 한편, 현대성이라는 각도에서 전통에 대한 새로운 탐사를 전개 하는 것은 주목할 만하다. 왕후이는 국가 사회주의 실천을 포함하여 중국의 현대화 운동 속에도 많은 전통적 요소가 포함되어 있다고 하면서, 전통과 현대의 이분법을 넘어 현대성, 특히 중국 현대성 자체에 대한 검토를 제안한

---

41) 李慎之, "全球化與中國文化,"『中國的道路』(廣州: 南方日報出版社, 2000), p. 17.
42) 王思濬, "今日中國的新保守主義," p. 413.

다.[43] 왕후이가 청말 민초 시기의 국학에 관심을 갖는 것은 이 때문이다.
1990년대 초, 중국 학술계에서 일어난 국학 열기는 민족주의적 차원에서부
터 현실 변혁적 차원까지 그 동기와 양상이 매우 다양하지만, 왕후이에게
국학 연구는 중국 현대성의 기원과 성격에 대한 분석을 통해 '충만한 모순으
로서 중국 현대성'을 규명하는 작업이다. 왕후이에 따르면 역사적으로 볼
때 중국 현대성은 서구 현대성에 대한 단순한 이식이나 현대성에 대한 맹목
적 물신주의 성격을 지니고 있지 않다. 중국 현대성의 기원을 보면 내부에
현대성의 추구와 더불어 반현대성적 요소를 포함하고 있다는 점, 즉 충만한
모순이 그 가장 중요한 특징이다. 왕후이는 국학 연구를 통해 이러한 중국
현대성의 기원과 성격을 구명해 낸다. 그 의도는 학술적인 동시에 현실적이
다. 국학 연구를 통해 개혁개방 정책이 실시된 이후 중국에 만연한 발전주의
신화, 현대화에 대한 물신주의적 숭배를 비판하는 가운데 대안적 현대화를
모색하려는 것이다. 왕후이가 국학과 전통을 새롭게 검토하는 것은 전통을
현대화를 위해 활용하기 위한 차원이 아니라 새로운 현대성 기획의 일환이
자 사회주의 시장 경제 시대의 발전주의 신화에 저항하는 이론적·사회적
실천이다.

　　전통과 현대의 이분법을 극복하고 현대성에 중심을 두고서 전통을 사고
해야 한다고 주장하는 점에서는 추이즈위안 역시 왕후이와 입장을 같이한다.
추이즈위안은 "우리는 현대의 문제에 대응하기 위해 전통문화를 창조적으
로 해석하지 않으면 안 된다"고 말하면서 마오쩌둥이 공자를 비판하였다고
해서 "우리가 중국 문화 전통에서 영양분을 흡수하여 오늘날의 제도와 문화
를 혁신해나가는 것을 방해하지 않는다"고 주장한다. 추이즈위안은 개혁개
방 이후 중국 현실에 노정된 문제, 특히 경제적 문제를 해결하기 위해 전통을

---

43) 汪暉, "傳統, 現代性及其他," 『死火重溫』(北京: 人民文學出版社, 1998), p. 395.

창조적으로 활용할 것을 제안하는데, 특기할 것은 그가 전통을 시기적으로 매우 폭넓게 사고하고 있다는 점이다. 그는 중화민국 이전 시기의 전통뿐만 아니라 마오쩌둥 시기의 사회주의 경험 역시 하나의 전통으로서 사고하면서 그것을 창조적으로 활용하는 가운데 사회주의 시장경제 시대에 노정되고 있는 부정적 현상을 어떻게 제어할 것인지를 고민하고 있다고 하겠다.[44]

　　이상은 주로 지식인들 담론 차원의 전통에 대한 논의이다. 하지만 1990년대 후반 이후 전통은 지식인들의 담론 공간을 넘어 일상생활 차원에서, 특히 소비문화 차원에서 중요한 문화적 코드로 등장한다. 민간문화와 대중문화에서 전통이 시장과 결합하면서 1990년대 이후 중국 문화시장에서 가장 인기 있는 상품 중의 하나가 된 것이다. 전통문화 열기는 2000년 이후, 특히 2001년 중국이 WTO에 가입하고 2008년 베이징 올림픽 개최권을 획득한 이후 더욱 확대되고 있다. '탕쫭'(唐裝), '치파오'(旗袍) 같은 중국 전통 복장, 홍등 걸기, 중국 매듭('中國結')등이 크게 유행하는가하면,[45] 중국의 부동산 투자 열기 속에서 중국식 인테리어가 서구식을 밀어내고 주류를 이루는 등, "전통, 민속적인 것이 전례 없이 사람들의 주목을 끌고 있다."[46] 전통이 대중들의 소비품이 되고, 전통문화 붐이 일어나는 현상은 전통을 부정하는 가운데 현대화를 갈망하던 1980년대에는 찾아 볼 수 없던 것으로, 이는 중국의 현대화가 이미 상당 정도 진전되어 일부 사람들은 이미 현대화에 들어섰다는 것을 말해 주는 것이라고 해석할 수 있다.[47]

　　하지만 민간문화와 대중문화 차원에서 일어난 갖가지 전통의 부활이 단

---

44) 추이즈위안 저, 장영석 역, 『중국은 어디로 가고 있는가』(서울: 창비, 2003), pp. 82-83.
45) "唐裝, 中國結和大紅灯籠 今年春節民俗回家,"『北京晨報』, 2002年 2月 16日.
46) "中式設計今年將走'福'運樓市編織中國結,"『北京晨報』, 2002年 3月 6日.
47) "當'傳統'成爲大衆消費品,"『中國新聞週刊』, 2004年 10月 29日. 이 기사에서 타오둥펑(陶東風)은 이러한 전통 열기 속의 전통은 복고주의적 노스탤지어 차원이 아니며 현대문화와 충돌하지 않는 탈역사화된 것이라고 규정한다.

순히 시장의 수요 때문에 출현한 것만은 아니다. 여기에는 복합적인 배경이 작용하고 있다. 무엇보다 이른바 '위치우위(余秋雨) 현상'을 볼 때 그렇다.[48] 1992년 『문화기행』(文化苦旅)이 출간된 이래 계속 출간되고 있는 위치우위의 일련의 역사 산문은 주로 중국 전통문화 유적지 탐방으로, 유적지를 탐방하면서 자연 경관의 역사적 사실, 옛 문인의 발자취 등에 대한 자신의 감상을 적고 있다. 그의 역사 산문들은 해적판을 감안하지 않더라도 5백만 부 이상 팔리면서 공전의 베스트셀러가 되고, 작자의 문혁 당시의 행동에 대한 논란, 책에 나오는 오류에 관한 논란 등이 이어지면서 문화적·사회적 신드롬을 일으켰다. 그의 역사 산문이 이처럼 큰 반향을 일으킨 배경에 대해서는 대체로 다음과 같은 분석이 있다. 이 책들이 기본적으로 대중들이 관심을 갖고 있고, 대중들에게 익숙한 역사적 사건과 인물, 유적지 등을 다루고 있다는 점, 매우 읽기 쉬운 서술 방식을 쓰고 있다는 점, 이 책의 주요 독자층인 젊은이들이 그동안 역사 교육을 제대로 배우지 못하여 역사적·문화적 지식이 거의 공백인 상태에서 이들 책 속에 담긴 풍부한 역사적 지식, 전설, 역사적 인물에 관한 이야기 등이 지적 만족감을 제공해 준다는 점 등이 인기의 주요 원인이라는 것이다. 결국, 위치우위의 산문이 대중의 요구를 잘 파악하고 거기에 부합한 역사 산문을 쓰는 시장 전략을 잘 구사했다는 것이다.[49]

하지만, 주다커(朱大可)는 보다 근본적인 원인으로 위치우위의 산문과 1990년대 중국에 퍼진 민족주의, 문화 보수주의 사이의 연관성을 지적한다. 위치우위의 산문은 기본적으로 "지식인의 우환의식과 전통적인 애국주의"를 기본적인 서사 책략으로 하고 있고, 이것이 민족주의가 유행하던 1990년

---

48) 위치우위(余秋雨)는 1946년 생으로, 상해희극학원(上海戲劇學院) 원장을 지내기도 했다.

49) 朱大可, "論余秋雨現象," http://www.qhsms.com.cn/js_ycy/wentanredian/yqy/37.htm(검색일: 2004년 7월 19일); 徐江, "學者包裝批判," 吳炫 主編, 『中國十代社會熱點批判』(北京: 學林出版社, 2000), pp. 173-178.

대 중국 사회 분위기와 맞물려 이 책이 크게 유행하게 되었다는 것이다.50) 하지만 위치우위 산문이 유행하게 된 또 다른 중요한 배경으로는 1990년대 후반부터 일기 시작한 중국인들의 여행 열풍을 들 수 있다. 중국인들의 소득이 높아지고 마이카 붐이 일면서 국내 명승지, 문화 유적지 등에 대한 여행이 늘어나는 가운데 위치우위의 책이 고급 문화여행 안내서 역할을 한 것이다. 민족주의와 시장경제 시대의 현대화된 생활 패턴, 현대화된 여가 문화가 생겨나면서 위치우위의 산문이 폭넓은 대중적 인기를 누렸다고 볼 수 있다.

위치우위 산문이 유행한 문화적 현상을 사례로 보자면 1990년대 중반 이후 중국 민간에 폭넓게 형성된 대중적 차원의 민족주의 조류와 중국 사회의 현대화, 시장화가 결합하면서 전통이 하나의 경쟁력 있는 상품으로 되고, 대중들이 전통을 소비하는 현상이 나타나고 있다고 볼 수 있다. 그리고 이는 1990년 중반 이후 중국 사회가 민족주의와 시장주의라는 두 좌표축에 의해 형성되고 있다는 것을 상징하는 문화적 상징이라는 해석이 가능하다.

그런데 위치우위 산문뿐만 아니라 좀 더 시야를 넓혀 민간문화와 대중문화에서 이루어지는 전통의 부활이라는 포괄적 차원을 고려하면, 1990년대 후반 이후 중국 사회에서 전통의 부활은 시장에 의해서만 추동되는 것이 아니라 관방과 민간, 시장이라는 세 문화 생산 및 유통 주체의 합작품이다. 예컨대 이른바 '중국 매듭'이 최근 몇 년 사이에 중국에서 크게 유행한 현상을 볼 때 그렇다. 중국 전통 매듭은 최근 몇 년 사이에 핸드폰 줄, 머리핀, 팔찌 등을 가릴 것 없이 대유행을 이루고 있다. 중국 매듭이 이처럼 인기를 누리게 된 것은 중국 정부가 베이징 올림픽 엠블럼(emblem)에 중국 매듭을 이용하는 등, 국가 상징물로 중국 매듭을 이용하면서부터다.

중국에서 국가 상징물은 시대에 따라 변해 왔다. 문혁 시기에는 마오쩌

---

50) 朱大可, "論余秋雨現象."

등이라는 태양이 존재하던 시대였던 만큼 태양과 관련한 해바라기가 그 상징물이었고, 1980년대 개혁개방 시대에는 과학과 현대화를 상징하는 원자(原子)의 모형도였다. 그런데 1990년대 이후에는 중국 매듭이 국가 상징물로 등장하였다. 중국에서는 전통적으로 매듭을 이용해 갖가지 모양과 장식품을 만드는 매듭 공예가 매우 발달하고, 매듭은 전통적으로 상호연결과 경축, 복과 행운을 상징한다. 중국 매듭이 이러한 상징성을 지닌다고 할 때, 중공당과 중국 정부가 중국 전통 매듭을 이용해 갖가지 문양과 글자 등을 만들어 국가 상징물의 조형으로 사용하는 것은 중국의 국가주의 미학이 세속적 민간 전통문화에서 그 정통성의 토대를 찾는 것이라 해석할 수 있다. 중국 매듭이 국가의 각종 상징물은 물론이고 민간의 장식물로 폭넓게 유통되는 것은 상호 연결과 복과 행운을 상징하는 중국 매듭이 관방과 민간, 시장을 잇고 결합시켜서 국가적·민족적 차원의 공동의 정체성을 창출하고 민족적·국가적 행운을 기약하는 문화적 상징 기제로서 변용되고 있는 것이다. 이 차원의 중국 매듭은 단순한 전통물이 아니라 국가주의 미학의 기호이고, 1990년대 이후 국가 이데올로기가 변화하는 가운데 민간 전통문화가 국가주의적인 성격을 지니게 되고, 새로운 국가 이데올로기가 민간문화와 전통문화를 정복하려는 시도가 이미 성공을 거두었다는 점을 상징한다고 하겠다.[51]

요컨대 전통을 매개로 민간과 국가가 화해하고 있으며, 시장과 국가는 그러한 전통을 민간에 보급하고 유통시키는 주체가 되어 있는 것이다. 이러한 차원의 전통은 민간의 것이자 국가 이데올로기의 상징물로서 전통이 시장에서 광범위하게 유통되면서 민간과 관방 사이를 연결하여 일체감과 공동

---

51) 張宏, "中國結:新世紀的國家圖騰," 朱大可·張閎主編, 『21世紀中國文化地圖(第二卷)』(桂林: 廣西師範大學出版社, 2004), p. 206. 새로운 국가 토템으로 작동하는 전통의 정치적 의미에 대한 분석은 기본적으로 장(張閎)의 분석에 의지하였다.

의 정체성을 구축하는 매개물로 변용되고 있는 것이다. 사회주의에 대한 믿음이 쇠퇴하고 급속한 경제 발전 과정에서 사회적·경제적 분열이 심해지는 중국 현실에서 전통이 국가와 민족의 구성원들을 묶어 하나의 '상상의 공동체'를 형성하는 문화적 아이콘 역할을 하고 있고, 가장 경쟁력 있는 문화 상품의 하나이기도 하다.

중국에서 전통에 대한 논의와 전통의 활용이라는 측면에서 주로 중공당과 지식인들이 좌우하였지만 1990년대 후반 이후 민간과 시장이 새로운 주체로 등장한 점은 사회주의 시장 경제 시대를 반영하는 새로운 흐름이다. 국가와 시장이 공동의 이익 때문에 전통을 새롭게 호명하면서, 지금 중국에서 전통은 사회주의 시장 경제 시대의 국가주의, 민족주의 이데올로기 기호이자 시장의 경쟁력 있는 상품으로 변용되고 있는 것이다.

3. 전통의 창조적 변용의 길 : 중국과 서구의 이분법을 넘어서

중국 근대성의 경험 가운데 하나로 중국인들이 느낀 문명론적 위기감을 지적할 수 있다. 이 문명론적 위기감은 직선적 진보관을 바탕으로 문명이란 진화하는 것이고 문명들 사이에는 우열 관계가 존재한다는 인식, 그리고 낙후된 문명은 우월한 문명으로 존재 이동하지 않으면 멸망하고 만다는 인식을 기반으로 한다. 중국 근대성의 경험인 문명사적 위기감이란 중국이 서구라는 타자의 문명의 압박 속에서 자기의 존재를 서구 근대로 이전해 가는 과정 속에서, 자신을 서구 근대의 기준에 따라 재현하고 구성하는 과정의 산물이다. 그런데 그 과정에서 서구와 전통 문명에 대한 이중의 본질주의적 재현과 이중의 오독이 일어나기 마련이다. 서구와 중국 전통 사이에 성립한 계서적(階序的) 우열 구조 속에서 근대 세계의 중심으로 편입함으로써 민족적 위기를 돌파하려는 생각 때문에, 서구가 객관적이고 역사적으로 인식되는 것이 아니라 '중국/서구'의 대비적 관계를 토대로 중국이 결락한 것을 충족시켜줄 이상적이고 완전한 대상으로 추상되고 중국의 근대 욕망을 실현해 줄 수 있는 전범 차원으로 극도로 승화된다. 이때 서구는 역사적인 구체성을 지니는 서구라기보다는 구체적인 역사공간이 탈각된 '추상적인' 서구, 중국의 욕망에 대해 구성된 매우 본질주의적 성격을 지닌다.

서구에 대한 이러한 이해는 중국 전통 문명에 대한 이해와 동전의 양면을 이룬다. 서구 타자의 시각으로 자신을 해석하는 과정에서 전통이란 봉건성과 우매함 등 중국의 낙후를 가져온 온갖 것들의 기표로서 표상된다. 그런 가운데 과거의 중국 민족적인 모든 것이 전통적이라는 이름으로 총체적으로 폐기되는 양상, 린위성(林毓生)의 표현에 따르면, '총체적 전통 부정'(totalistic antitraditionalism)의 양상이 나타나는 것이다.[52] 요컨대 서구에 대한 상상적 재현이 일어남과 동시에 중국 전통에 대한 상상적 재현, 이데올로기적 재현이 일어난 셈이다. 5·4 신문화 운동 시기와 1980년대 전통 논의가 대표적으로 그러했다. 1990년대 들어서 주로 민족주의, 국가주의 차원에서 이루어지는 전통에 관한 논의는 기본적으로는 '중국/서구'의 이분법에 기초를 두고 있다는 점에서 그 인식론적 구조는 동일하다. 그런 가운데 1990년대 후반 이후에는 국가주의, 민족주의 논리와 시장이 결합하는 가운데 전통이 이데올로기적 아이콘과 상품으로 호명되고 변용되고 있다.

'중국/서구' 이분법에 기초한 전통 논의와 변용은 1980년대 "하상"식의 옥시덴탈리즘 차원이든 1990년대 국가주의, 민족주의 차원이든 결국은 전통을 이데올로기적으로 활용하는 일이다. 그것은 현재의 삶을 넘어서기 위한 창조적 자원으로서의 전통, 전통과 현대를 넘어 새로운 문명적 비전을

---

52) 린위성 저, 이병주 역, 『중국의식의 위기』(서울: 대광문화사, 1990), pp. 46-47.

사고하는 데 기여하는 문명론적 자원으로서의 전통이 아니다. 서구 제국주의의 침략과 더불어 근대가 시작되었다는 중국 근대의 천형으로 인해 전통에 대한 논의가 늘 '중국/서구'라는 논의에 지배당하면서 전통에 대한 보다 개방적이고 창조적 사고를 막아왔지만, 전통에 대한 논의와 변용에 대한 고민이 좀더 문명론적 지평에서 이루어질 필요가 있고, 이는 비단 전통 문제일 뿐만 아니라 중국 사회의 미래 전망과 연결되는 과제이기도 할 것이다.

가족과 종교 제2부

제5장

중국 가족의 변화와 국가의 대응

■ 신은영

1. 문제제기

개혁개방은 경제개혁으로 시작되었지만 사회구조와 가족구조도 이에 따라 큰 변화를 겪어 왔다. 1980년대가 개혁의 정도에 관한 사회적 논쟁이 있었던 시기라면 1992년 덩샤오핑의 남순강화를 기점으로 한 1990년대는 중국인들이 생활에서 자본주의를 실현한 시기라고 할 수 있다. 집을 사고, 멋진 옷을 입고, 식당에 가서 식사를 하고, 취미와 여가생활을 즐기는 것은 개혁시기 이전에는 상상도 할 수 없었던 일이다. 이러한 생활의 변화는 가족의 형성, 크기, 구조에도 큰 영향을 미쳤다. 여기에는 독신, 동거, 계약결혼 등에서 볼 수 있는 바와 같이 가족형성이 안 되는 사례, 엄격한 한 자녀 낳기 정책의 실시로 인해 현저하게 줄어든 가족크기에 더하여 아이를 낳지 않겠다는 부부들의 출현, 이동의 자유와 여가생활 확산으로 인해 생겨나는 중혼 및 혼외연애의 확산, 그리고 이로 인한 이혼의 급증 등을 들 수 있다.

이 글은 개혁개방 이후 가족의 급격한 변화를 살펴보는 동시에 이러한 변화에 대해 국가는 어떤 인식과 대응을 하고 있는지에 대해 다루고자 한다. 중국사회 전체로 보면 1980년대에 중국전통을 비판하고 서구문물을 찬양하던 것에서, 1990년대에 들어서면서 다시 전통으로의 회귀 및 재평가가 일어나고 있다. 중국공산당은 천안문 사태와 급격한 시장화로 야기된 공산당에 대한 신뢰위기를 만회하기 위해 민족주의를 주요 통치 이데올로기로 대대적인 선전을 하면서 이러한 전통회귀를 지지하고 있다. 이와 같은 맥락에서 공산당은 시장 사회주의 하에서 새롭게 나타나는 가족의 해체 문제에 대해 보수적이고 전통적인 태도를 보이고 그에 맞는 정책을 실시할 것이라고 예측 할 수 있다. 그러나 개혁시기 공산당의 가족에 대한 정책은 이러한 예상 범위 내에서 이루어지고 있지 않다. 그 이유는 과연 무엇일까?

이러한 문제의식을 기반으로 본 논문은 다음과 같은 내용을 규명하고자 한다. 2장에서는 중국의 가족제도와 관념의 형성과정을 유교와 관련하여 살펴보고, 3장에서는 개혁개방 정책 실시 이후의 가족제도와 관념의 변화를 마오쩌둥 시기와 비교해 논의해 보고자 한다. 4장에서는 개혁개방 정책 실시 이후 변화하는 가족에 대한 중국 정부의 대응과 그 의미를 살펴보고자 한다.

2. 개혁 이전의 중국가족

1) 중국의 전통적 가족

(1) 유교적 가족관념

사회주의 이론가인 마르크스와 엥겔스, 그리고 중국 근대의 변법자강파였던 캉유웨이와 담사동(譚嗣同)이 가족이 없는 사회를 이상적인 사회로 그렸던 이유는 기존의 가족모델이 위계적이고 억압적인 가부장제적 성격을 가지고 있었고 특히 여성의 입장에서는 성차별적 제도와 관념의 온상이었기 때문이다.

중국의 가족은 역사적으로 유교철학에 근거한 서주 종법제에 맞게 생겨난 가족제도와 관념이 그 후 오랜 기간 동안 이어져 내려오면서 특히 송(宋) 이후에 확고히 자리 잡게 된 것이라고 할 수 있다. 서주종법의 특징은 부계적

(父系的), 부권적(父權的), 부치적(父治的) 세 가지로 요약될 수 있다.[1]

부계적이란 계통이 아버지 쪽으로 계승되는 것을 말한다. 그 결과 "부(父)의 부(父)를 거슬러 올라가면 백세(百世) 위까지 닿더라도 내 조상인 줄 알지만 모(母)의 모(母)를 거슬러 올라가면 삼세(三世) 이상은 누가 누군지 알지 못"[2]하는 현상이 생기는 것이다. 아버지-아들-손자로 이어지는 부계의 원칙은 아버지에게 신분과 권력, 가족의 대표권을 보장하게 된다. 이것은 필연적으로 혼인대상의 범위를 부계를 배제한 종족으로 제한하였고, 신분과 권력을 정식혼인관계에서 낳은 장자에게 계승하는 것을 원칙으로 하였다.

부권적이란 아버지의 신분과 권리가 아들로 이어지는 것인데 "대를 이을 자식은 귀천을 기준으로 하고 나이를 따지지 않는다. 정식부인에서 낳은 자식일 경우 나이를 기준으로 하고 현명함을 따지지 않는다"고 하고 있다. 처와 첩의 신분을 확실하게 구분하는 것은 가족 내부의 권리와 재산을 계승할 자를 정하는 문제와 관련되어 있다. 즉 처첩제와 적장자계승제는 동전의 양면인 것이다.

부치적이란 가족의 권력이 부(父)에 있으며 자녀가 아버지의 지배를 받아야 함을 말한다. 그리하여 가족 관계에서 부자가 일차적인 관계라면 부부는 부자의 부차적인 관계로 설정되었고 효는 이러한 가족 관계와 덕목을 포괄하는 개념이 되었다.

> 자식이 그의 처를 매우 좋게 여기지만 부모가 좋아하지 않으면 내보내고 자식은 그의 처를 좋게 여기지 않지만 '부모가 나를 잘 봉양한다'라고 하면 자식은 부부의 예를 행하여야 하며 종신토록 어길 수 없다.

---

1) 陶希聖, 『宗法以前及宗法: 婚姻與家族』(商務印書館, 1934年 影印本).
2) 이숙인, "유교가족담론의 여성주의적 재구성," 성균관대학교 동아시아연구단, 『동아시아와 근대, 여성의 발견』(서울: 청어람미디어, 2004), p. 111.

한초(漢初)의 시대상황을 반영하는 예기(禮記)를 통해 보면 이 같은 수직적 가족윤리는 소농가족의 시대를 맞아 가족내부의 새로운 문제가 발생하자 그 해결의 방법으로 대두되었다고 볼 수 있다. 중국에서 대가족에서 소농가족으로의 변화는 전국중기(戰國中期)에 이미 시작되었던 것으로 보인다. 맹자(孟子)의 정전학설(井田學說)에 보이는 토지분배의 대상인 고대 농촌가족의 수는 5명에서 9명으로 3대가 함께 살지 않는 소형가족이다. 조세제도의 편리와 생산력 증가를 위해 정치경제적 공동체였던 '오복구족'(五服九族)은 소농가족으로 축소되었고 족장의 지위는 가장으로 대체되었다.[3]

서주종법의 이러한 개념은 여성과 남성의 역학관계를 보여주는 동시에 유교적 가족을 이해하는 관건이 된다. 한편 처첩제의 확립은 일부다처제의 승인이며, 여성의 가치를 덕과 색으로 이원화하게 된다. 한 남자가 동시에 많은 여자를 거느릴 수 있다는 처첩제의 논리는 고대 씨족사회의 군혼제에 그 기원이 있지만 혼인규정으로 제한될 수 있는 성적욕구를 남성에게는 그대로 보장한 반면 여성에게서는 그 권리를 박탈한 것이다. 유교에 기반 한 가족 관계가 여성의 지위와 직접 연결되는 이유가 바로 여기에 있다고 할 수 있다.

(2) 여성의 예속

유교의 가족체계가 여성의 예속과 직결되는 이유는 유교가 개인을 사회화하는 과정이 아버지의 성으로 표상되는 '혈통적 정체감'과 남녀를 구분하는 '성별정체감'을 핵심으로 하기 때문이다. 그것은 부계를 중심이 되게 함으로써 모계를 배제시켰고 부자관계를 강조함으로써 어머니와 딸이 주변화

---

3) 이숙인, "유교가족담론의 여성주의적 재구성," pp. 111-128.

되는 결과를 초래하였으며 이러한 유교의 가족모델은 관습과 전통의 이름으로 근대 가족법 형성에도 큰 작용을 하게 된다.

여성의 예속역사는 상당히 오래 된 것으로 보이는데 우서·요전(虞書·堯典)에 요임금이 "두 딸을 규수의 북쪽에 하가하여 순의 아내가 되게 하시고는 딸들에게 '공경하라'고 당부하셨다"는 구절이 있어 이 시기에 이미 부계사회와 부거제가 시행되고 있었고 두 딸을 한꺼번에 시집보내는 잉첩제(媵妾制), 즉 일부다처제의 습속이 있었음을 알 수 있다. 또한 두 딸에게 '남편을 공경하라'는 구절에서는 부부간의 성차별주의적인 일면도 엿보인다.4)

서주에서 춘추전국시대를 거쳐 진한초에 이르는 시기는 유교의 가족윤리가 확립되어 가는 과정으로 '어머니'의 존재가 '아버지'에 포함되면서 가족 관계가 아버지를 중심으로 정착된다. 어머니의 존재를 어떻게 설정할 것인가, 이에 관한 최초의 공식적 논의는 춘추 말의 자사(子思)에서 시작된다. 자사는 "나의 처는 내 아들의 어머니다 …… 내 처가 아니면 내 아들의 어머니도 아니다"라고 하였다. 자신과의 부부관계가 해지되면 아들과의 모자관계도 해지된다는 논리를 펴고 있는 것이다.5)

한대(漢代)에 들어서서 유교가 국학으로 체택 된 이후 여성에 대한 차별은 더욱 강화되어 갔다. 오륜(五倫)에 덧붙여 삼강(三綱)이란 개념이 동중서(董仲舒)의 춘추번로(春秋繁露) 권십이 기의(卷十二. 其義)와 반고(班固)의 백호통의(白虎通義) 삼강육기(三綱六紀)에 나타나고 있다. 오륜이 상호적 규범체계라면 삼강은 권위적 규범체계로서 임금과 아버지와 남편이, 신하와 자식과 아내의 중심이 되는 엄격한 상하체계로 강화된 것이다. 이는 결국

---

4) 박병탁, "정신치료측면에서 본 유교와 페미니즘," 한국유교학회 편, 『유교와 페미니즘』(서울: 철학과 현실사, 2001), p. 140.
5) 이숙인, "유교가족담론의 여성주의적 재구성," p. 124; 박병탁, "정신치료측면에서 본 유교와 페미니즘," p. 145.

여자 혼자서는 아무런 결정도 내리지 못하는 삼종지도(三從之道)인 재가종부(在家從父), 적인종부(適人從夫), 부사종자(夫死從子)로 발전하였는데 공자가어(孔子家語)의 본명해(本命解)편에 나오는 부분을 보면 더욱 명확해진다.

> 남자란 천도를 책임지고 만물을 키워 나가는 자다. 여자는 남자의 가르침을 순종하여 그 일을 돕는 자다. 그런 때문에 여자는 모든 일을 전제(專制)로 할 의리는 없고 오직 세 가지 좇는 도리가 있는 것이다. 무슨 일이고 독단으로 처리하지 못하며, 행동하는 일도 혼자서 결정하지 못하며, 무슨 일이라도 남자에게 알린 후에 움직이며……

예기(禮記)의 내칙(內則)편은 부녀의 행동거지를 남성 중심사회에 알맞게 규정한 것인데 이 내칙 편은 훗날 나오게 되는 많은 여계서의 본이 되었다. 남자와 여자는 태어나면서부터 근본적으로 다르므로 철저히 구분시켜 내외법을 교육시켜야 한다는 내용이 주를 이루고 있다. 유향(BC 77~76)이 지은 열녀전(烈女傳)에도 남존여비, 삼종, 칠거에 의거하여 고대 중국여인들의 전기를 열거하였는데, 때로는 예법형식에 집착하여 끔찍한 자살을 하는 경우도 있었다. 그 대표적인 예가 정순전(貞順傳)에 나오는 송공백희(宋恭伯姬)로 결혼 7년 만에 남편이 죽고 난 후 밤중에 집에 화재가 났는데 여자의 도리로 볼 때, 부모와 함께가 아니면 밤에 대청 아래에 내려서지 않는 법이라면서 그대로 방에 앉아 불길에 휩싸여 죽게 된다. 문제는 이러한 행위가 그 뒤에 어떻게 평가되는가이다. 춘추(春秋)에는 이 사실을 상세하게 기록하여 '백희는 현부다'라고 하여 '여자는 정조를 지키는 일에 힘쓸 것이다. 백희는 여자의 도리를 다하였다'고 하고 있어 여성을 구속하는 현상은 더욱 심해지게 된다.6)

여성이 스스로를 더욱 비하하는 것에 대해 톈루캉(田汝康)은 중국 명대에 수절이라는 이름하에 여성들의 자살이 급격하게 늘어난 이유를 밝혀내는 과정에서 여성의 자살증가가 과거에 불합격하는 쓰라린 경험을 하는 남성수의 증가와 관련이 있다는 것을 밝혀냈다. 과거에 떨어진 유생들이 고단한 생활 중에 보편적인 도덕규범에 충실한 여성들을 찬양하는 글을 쓰면서 자신도 도덕적 의무를 완수했다고 생각했으며, 이러한 도덕성을 자신들에게 이전함으로써 자신들도 도덕적이라고 생각했다는 것이다.[7]

2) 근대시기 가족의 변화와 여성

이러한 여성비하의 역사는 근대시기까지 계속되어 근대의 지식인들은 여성문제의 해결을 국권회복의 차원에서 생각하였다. 캉유웨이의『대동서』(大同書)나 담사동의『인학』(仁學) 등에서는 남자들은 축첩을 하면서도 여자가 간음을 할 경우에는 극형에 처하는 남존여비 사상이 결국 여자아이를 낳자마자 불 속에 집어넣어 죽이는 결과를 낳았다고 하면서 가족폐지와 여성해방을 부르짖는다.[8] 이러한 노력에도 불구하고 여성의 실제적인 지위향상은 이루어지지 않다가 결국 가족 내 평등과 여성해방은 공산당이 집권한 후에야 전국적인 차원에서 실시되었다.

19세기 말부터 시작된 변법자강파의 주장과 운동, 즉 캉유웨이의 전족폐지운동, 양계초의 여성교육론 등이 호응을 얻으면서 점점 더 많은 여성들이 묶인 발을 풀고 교육을 받게 되었다. 신해혁명 이후 중국에서 교육받은 수천 명의 여성들과 수백 여 명의 해외유학파는 여성지위 향상의 보루가 되는데 초기에 교육을 받은 이들 여성들은 교육자가 되거나 잡지 ―『여보』(女報,

---

6) 박병탁, "정신치료측면에서 본 유교와 페미니즘," pp. 147-148.
7) 톈루캉 저, 이재정 역,『공자의 이름으로 죽은 여인들』(서울: 예문서원), pp. 14-15.
8) Kazuko Ono, *Chinese Women in a Century of Revolution 1850-1950* (Stanford : Stanford University Press, 1989), pp. 34-38.

1902), 『여계종』(女界鐘, 1903), 『중국여보』(中國女報, 1907) ― 를 발간하여 더 많은 여성들의 각성을 불러일으켰고, 그 제자들은 경제활동을 하고 참정권을 위한 조직을 하는 것을 넘어서서 여성군대를 만들고 테러활동을 위해 폭탄제조기술까지 배우는 등 남자와 대등하게 구국대열에 동참하였다.

그러나 도시를 중심으로 전개되었던 이러한 급진적인 변화에도 불구하고 광대한 중국농촌에서의 가부장적 가족질서에는 큰 변화가 없었을 뿐 아니라 군벌지배와 제국주의 침략의 결과로 농촌의 붕괴가 가속화되면서 농촌여성들의 삶은 더욱 비참해졌다. 결국 농촌여성의 지위변화는 공산당이 정권을 잡기 전까지는 거의 변하지 않았다고 해도 과언이 아니며 다만 1931년 징강산(井岡山)의 장시(江西)소비에트 공화국과 옌안(延安)지역에서 실시했던 농촌여성교육, 남녀 평등한 토지분배, 여성의 생산참여, "중화소비에트 공화국 혼인조례"에서 나타난 평등한 결혼, 이혼의 자유와 이혼 후 보장, 그리고 "헌법대강"에서 나타난 여성의 선거권과 피선거권 등에서 변화의 조짐을 엿볼 수 있을 뿐이었다.[9]

3) 신중국 건설 이후 가족의 변화

1949년 공산당이 집권한 후 사유재산이 점진적으로 폐지되고 집단화가 이루어지면서 종래의 가족적 권위에 기초해 있던 경제적 동기가 파괴되었으며 조상숭배와 혈연체계에 대한 전면공격은 가족제도의 문화적 · 종교적 핵심요소를 뿌리째 뒤흔들었다. 그러나 많은 이들이 예상했던 것처럼 공산주의가 중국의 전통적인 가족을 파괴한 것만은 아니다. 오히려 많은 주요정책들이 실제로는 가족체계를 안정시켰고 강화시켰다고 볼 수 있다.

---

9) Kazuko Ono, *Chinese Women in a Century of Revolution 1850~1950*.

사실 공산당 집권 당시 중국농촌의 가족은 여러 가지 의미에서 불안정하였다. 여영아 살해와 여성자살자의 증가, 그리고 처첩제로 인해 일반 백성들이 결혼하여 가족을 이루는 것 자체가 힘들었다.[10] 스펜스(J. Spence)가 산둥(山東)성 탄청(郯城)현의 현지(縣誌) 분석을 통해 우리에게 보여주는 일반 백성들의 삶은 자연재해나 지방 관리의 수탈, 그리고 이로 인해 생겨난 비적의 횡행 등으로 인해, 살아가는 것 자체가 고해라는 느낌조차 들게 한다.[11] 이와 같은 일반 백성의 삶이 근대까지 이어져 온 것이다. 마오쩌둥의 싱궈(興國)현 조사에 의하면 이곳의 지주와 부유한 농가에서는 여러 명의 첩을 두고 있지만 중농의 10%, 빈농과 수공업 직공의 30%, 유랑민의 90%, 고용농부의 99%가 가정을 이루지 못하였다고 한다. 당시 빈농이하가 농촌인구의 약 70%를 차지하고 있었다는 점을 감안하면 싱궈현 남자의 25%정도가 장가를 가지 못한 것으로 볼 수 있다.[12]

공산당은 집권 이후 사회와 경제조건을 안정시켰고 이로 인해 가족도 안정되었다. 공중보건과 가뭄대책에 대한 대대적인 투자로 인해 사망률은 현저하게 낮아졌고, 거주이전의 엄격한 제한은 개인의 자치권에 대한 정부의 통제를 효과적으로 하였을 뿐 아니라, 성인들을 출생지역에서 벗어나지 못하게 함으로써 세대간의 상부상조도 강화시키게 되었다. 그와 동시에 여성의 작업점수를 더 낮게 한다거나 남성가장에게 전 가족의 임금을 분배하는 등 여전히 남성을 가정의 중심으로 여기는 관습은 그대로 유지하였다. 인민공사(人民公社)가 가정의 내부관계, 출산, 자녀교육, 혼인, 노인부양, 생산, 소비 등 모든 부분을 통제하였지만 소득은 소득원 개인에게 지불되는 대신에 가장에게 지불되는 등 가장은 여전히 가족을 대표하여 인민공사와

---

10) 텐루캉 저, 이재정 역, 『공자의 이름으로 죽은 여인들』, pp. 33-58.
11) Jonathan Spence, *The Death of Women Wang* (Penguin Books, 1978).
12) Kazuko Ono, *Chinese Women in a Century of Revolution 1850-1950*, pp. 142-143.

거래를 하게 된다.13) 가장은 중요한 회합에서 가족을 대표했고 호구조사에 응했으며, 심지어 봉건중국에서처럼 가족성원들의 행동에 대해 책임이 있는 것으로 간주되기도 하는 등 인민공사가 승인한 권력을 향유하였다.14)

그러나 다른 한편으로 공산혁명은 부권가장의 권위와 권력을 제거하고 가족제적 농사와 가족기업의 경제 원리를 파괴했으며, 또한 중국의 부모와 자식들이 전통적인 중국가족의 핵심적인 이상들을 미처 깨닫기도 전에 그들에게 일방적인 평등주의를 허용하였다고도 볼 수 있다.15)

한편, 도시의 경우 공산정권 수립 이후 도시의 거주자들은 '단위'(單位)라고 부르는 사회보장체계에 속하는 특권을 누리게 된다. 그러나 한편 이런 특권으로 인해 도시가족은 오히려 단위의 권위 하에 상대적으로 더 속박되었다고도 볼 수 있다.

마오쩌둥 시기의 중국인민들은 중앙집권적인 계획경제 체제 하에서 배급에 의존해서 살아야 했기 때문에 단위나 인민공사를 통한 국가의 지시를 어김없이 실시하며 살아야 했다. 가령 도시민들은 결혼할 때조차도 단위의 허가가 필요했다. 결혼할 상대가 정해지면 단위의 당서기(黨書記)에게 허가를 받아야 했고 아이를 낳는 것도 단위가 강력히 조정하였다.16) 어디에서 살 것인가를 비롯하여, 자녀교육, 의료, 퇴직한 후의 연금문제 등 인생의 모든 문제에서 단위와 단위 내 상관 및 동료들과의 관계는 가족만큼이나 중요했고, 문화대혁명 시기에는 단위가 가족보다 더 큰 영향력을 가지기도 하였다.17)

---

13) 劉伯紅, "中國女性就業狀況," 『社會學研究』, 1995年 第5期, p. 45. 마오쩌둥 시기의 중국 농촌에서는 작업수당을 받을 때 호주의 서명이 있어야 했다.

14) 張樂天, 『告別理想: 人民公社制度研究』(上海: 東方出版中心, 1998), pp. 376-377.

15) Davis, Devorah and Stevan Harrell, "The Impact of Post-Mao Reforms on Family Life," in Devorah Davis and Stevan Harrell, *Chinese Families in the Post-Mao Era* (Los Angeles: University of California Press, 1993) pp. 1-2.

16) 폭스 버터필드, 『고해 속의 중공(상)』(서울: 문조사, 1987), p. 68.

17) 張樂天, 『告別理想: 人民公社制度研究』, pp. 372-411.

3. 개혁개방 이후 중국가족의 변화

2장에서 살펴본 바와 같이 마오쩌둥 시기 중국공산당은 이러한 유교적 가족제도를 봉건적인 구질서로 간주하고 집단화하는 방법으로 가족과 친족의 기능을 약화시켰지만, 역사 이래로 가장 안정된 일부일처제 가족을 이루게 되었다. 개혁개방 이후의 중국가족은 시장경제가 발전하면서 유교적인 관습이 부활하는 현상과 함께 서구의 패턴을 따르는 새로운 가족의 형태가 나타나는 등 양극단의 변화를 보이고 있다. 이러한 변화가 나타나는 데는 기본적으로 시장경제 도입으로 인한 물질 숭배적인 가치와 개인주의의 확산 등을 들 수 있지만 그 외에도 몇 가지 정부의 정책들이 중요한 요인으로 작용한다.

1) 가족의 변화에 영향을 미친 정책들

개혁개방 정책 실시 이후 가족에 가장 큰 영향을 미친 요인들에는 인구정책의 실시와 이동의 자유를 포함한 개인 생활의 영역 확대 등이 있다. 시장경제 채택 이후 경제적으로 윤택해지면서 대도시에서는 서구의 영향으로 인한 개인주의적 관념이, 농촌에서는 잔재되어 있던 유교적인 가족 관념이 되살아나게 된다.

(1) 한 자녀 낳기 정책의 실시와 개인주의의 확대

개혁개방시기 가족에 가장 큰 영향을 미친 정책은 '한 자녀 낳기 정책'이라는 이름의 인구정책이다. 마오쩌둥 시기 '인구는 국가의 자산'이라는 표어 하에 평균 6명 정도의 아이를 낳던 중국이 개혁정책이 실시되기 전인 1970년대에는 '늦게 결혼하여, 긴 터울로, 적게 낳자'는 정책을 실시하여 이미 평균 자녀 수가 상당히 줄어 든 바 있다. 실질적으로 이 계획은 도시에서는 25세 미만의 여성, 농촌에서는 23세 미만의 여성에 대한 결혼을 허가하지 않는 것을 의미했다(남성 혼인가능 연령은 도시는 28세, 농촌은 25세 이상).18) '더 적게'의 부분은 1977년까지 농촌에서는 3명, 도시에서는 2명의 아이를 의미했다. 1977년이 되어 농촌의 부부들에게는 2명의 자녀를 권하던 것에서 개혁개방 정책이 실시되면서 '한 자녀 낳기' 정책이 시작되게 된다.

개혁개방정책을 실시할 당시 덩샤오핑은 중국이 당면한 가장 큰 문제점이 낙후한 경제현실이고 경제 낙후의 원인으로 인구의 증가가 생산의 증가를 상쇄하는 것을 들었다. 그래서 인구의 억제 없이 생산력을 높일 수 없다는 판단 하에, 1979년 제 5차 전국인민대표대회 2차 회의에서 "한 부부는 한 자녀만 낳을 수 있다"는 내용의 '한 자녀 낳기' 정책을 채택하였고 도시, 농촌 할 것 없이 각 지역별로 그 해 낳도록 할당된 자녀수를 어기는 개인과 지역단위는 강력한 처벌을 받게 되었다.19) 결과적으로 1981년 2.71이었던 중국의 합계출산율은 1990년에 2.25로 낮아졌다.

도시의 경우 1970년대의 가족계획정책이 성공적으로 실시되어 1980년대 초반에는 이미 한 자녀를 낳는 가정이 많았다. 그에 더하여 '한 자녀 낳기 정책'이 실시되면서 도시가정은 한 자녀만 갖는 것이 완전히 보편화되

---

18) Shin Eun-young, "The Effect of Chinese Reform Policy on the Status of Rural Women," *Asian Journal of Women's Studies*, Vol. 7, No. 3 (2001), p. 66. 2000년 칭다오 농민공들에 대한 조사에서 결혼기대연령에 관한 질문에 대해 응답자의 17%가 25세 미만에 결혼하겠다고 대답했고, '25~6세에 결혼하겠다'가 65.5%, '27~28세에 결혼하겠다'가 14.5%, 29~30세가 3%였는데 이는 여성이 25세가 되어야 첫아이를 낳을 수 있고 30세 이후에 둘째를 가질 수 있다는 산둥성의 가족법 때문이라고 볼 수 있다. 엄마의 나이가 이보다 더 적을 경우 혼인등기를 해 주지 않는다는 것이다. 그렇기 때문에 결혼기대연령도 늦어지게 되는 것이다. 이는 최근 실시한 지린성(2003)과 랴오닝성(2004)의 조사에서도 밝혀진 바 있다.

19) White, Tyrene, "China's one-child campaign," in Elisabeth J. Perry and Mark Selden, *Chinese Society: Change, Conflict and Resistance* (London and New York: Routledge, 2000), p. 104; Li Jiali, "China's One-Child Policy: How and How well Has It Worked? : A Case Study of Hebei Province, 1979~88," *Population and Development Review*, Vol. 21, No 3 (1995), pp. 563-585.

어 1988년에는 북경부부의 99.85%가 한 자녀만 낳은 것으로 조사되었다. 그렇지만 농촌에서는 이 정책이 심각한 부작용을 낳게 된다. 인민공사의 해체 후 각 농가단위로 생산을 하게 되면서 노동력, 그것도 남성노동력이 많은 농가가 유리하였기 때문이다. 농촌에서 개혁개방 정책과 인구정책은 심한 갈등을 빚었고 이로 인해 여영아 살해 등의 부작용도 생겨났다. 결국 정부는 농촌의 경우 첫 아이가 여아일 경우 한 명 더 낳을 수 있도록 정책을 완화하였다. 그 후 이 정책은 농촌에서 실업률과 교육비의 부담이 높아지면서 오히려 성공적으로 정착되어 대부분의 농가에서는 자녀를 한두 명 이하로 낳겠다는 생각들을 가지고 있고, 또 2000년 현재 농촌의 자녀수는 평균 1.7명이 되어 중국전체의 가족크기는 평균 4명 정도로 줄어들었다. 개혁개방 이후 태어난 한 자녀들, 즉 두성쯔뉘(獨生子女)들은 집단에 대한 복종, 부모에 대한 효도, 타인에 대한 배려 등을 잘 모르고 자라난다. 이들은 가족을 이루는 것보다 자기 개인에 대한 투자를 통해 물질적으로 시간적으로 더 풍요로운 생활을 하길 원한다. 그렇기 때문에 두성쯔뉘들이 결혼연령에 이른 1990년대 중반부터 새로운 형태의 가족들이 생겨나기 시작한다.

(2) 개인생활영역의 확대와 이동의 자유

개혁개방 정책 실시 이후 시장경제의 도입으로 인해 도시에서는 국유기업의 개혁이, 그리고 농촌에서는 농가생산책임제가 실시되면서 중국인민은 개인을 엄격히 구속하던 국가체제에서 상당히 자유로워질 수 있게 되었다. 도시에서는 국유기업의 개혁이 점차 가속화되면서 기업단위가 가족의 모든 것을 책임져 주던 형태에서 가족이 개인 사회보장의 기본단위로 바뀌는 동시에 그만큼 개인의 결정권도 커지게 된다. 농촌에서도 인민공사가 해체되고 토지사용권이 농가단위로 재분배되면서 생산의 소비와 주체가 생산대가 아닌 가정이 되고, 각 가정의 가장이 생산대장을 대신하게 되었다.

국가의 간섭이 축소되는 것에 대해 슈(Vivienne Shue)는 개혁개방 정책 실시 이후 허베이(河北)성 스자좡(石家庄) 부근의 신지(新集)라는 소도시에서 나타난 변화를 관찰하여 개혁개방 이후 국가의 간섭이 줄어들고 개인의 사생활 영역이 확대되는 양상을 잘 보여준다. 사람들의 옷 색깔, 의상과 신발의 모양에서부터 취미생활의 다양화와 시민들의 자발적인 동호회의 성립, 이동의 자유 등에 이르기까지 마오쩌둥 시기 국가의 간섭이 개인의 옷 색깔과 신발의 모양 등 아주 작은 것에까지도 미치고 있었던 것을 감안하면 큰 변화라고 할 수 있다.[20]

마오쩌둥 시기와 대비되는 개혁시기의 또 다른 특징은 이동의 자유가 커졌다는 것이다. 마오쩌둥 시기에는 이동의 자유가 없었기 때문에 평생 동안 자기가 살고 있는 지역 밖을 벗어날 일이 거의 없었다. 사람들은 자기가 속한 단위와 인민공사의 허가가 있어야만 출장을 가거나 다른 지역에 일하러 갈 수 있었다. 간부가 출장을 가는 경우에도 식권이 있어야만 식사를 해결할 수 있었고 허가증과 신분증이 있어야 이미 예약된 초대소에서 잘 수 있었다. 그러나 개혁개방 이후에는 교통수단, 식당, 숙박업소의 발달로 돈만 있으면 원하는 곳은 어디든지 갈 수 있게 되었고 1억 명이나 되는 농촌인구가 농민공이라는 이름으로 고향이 아닌 다른 지역에서 일을 하고 있다. 개인의 취미활동이 가능해진 것과 이동의 자유는 도시에서는 혼외연애와 그로 인한 이혼의 증가, 그리고 중혼을 가능하게 했고 농촌에서는 이혼증가와 인신매매 등을 동반하는 결과를 낳게 된다.

---

20) Vivienne Shue, "State Sprawl: The Regulatory State and Social life in a Small Chinese Society," in Deborah S. Davis, Richard Kraus, Barry Naughton, Elisabeth J. Perry, *Urban Spaces in Contemporary China* (Cambridge: Cambridge University Press, 1995), pp. 91-112.

2) 개혁개방 이후 가족형태 및 가족 관념의 변화

시장경제가 도입된 후의 중국가족을 보면 1980년대에 향진기업의 급속한 발전을 통해 도시보다 농촌사회의 해체가 커지면서 유교적 관습이 부활하였고, 1990년대 중반 이후에는 도시의 개인생활영역 확대의 결과와 개인주의적 성향을 띤 도시의 두성쯔뉘들이 혼인연령에 접어들면서, 가족의 해체 및 새로운 형태의 가족들이 출현하고 있음을 알 수 있다.

(1) 유교적 관습의 부활

〈조혼(早婚)〉

중국의 "신혼인법(新婚姻法)" 6조는 남성의 결혼연령을 만 22세, 여성은 만 20세로 규정하고 있다. 혼인법에서 규정한 법정 혼인연령이 되지 않았는데도 함께 사는 것은 불법동거에 속하며 혼인등기를 할 수 없다. "신혼인법"에서 규정한 법정혼인연령은 1950년에 공포되었던 "혼인법"의 남자 20세, 여자 18세보다 두 살이 더 높아진 것이다. 여기에 더하여 인구밀도가 높은 성에서는 출생신고 연령을 규정하여 결혼연령을 더 늦추기도 한다. 개혁정부는 인구정책의 원활한 실시를 위해 결혼연령을 올려놓고 그보다 일찍 결혼하는 것을 불법으로 규정하고 있지만 개혁정책으로 야기된 실제 농촌상황은 더 이른 혼인을 선호함으로써 법과 현실 사이에 괴리가 발생하게 된다.

1990년에 실시된 제 4차 인구조사에 따르면(10% 인구조사) 15세에서 19세 사이에 결혼한 여성의 비율이 1982년의 4.38%에 비해 4.71%로 높아졌으며, 13~21세에 결혼한 남성의 비율도 2.32%에서 6.51%로 높아졌다. 대부분의 조혼은 벽지 농촌에서 이루어지며 농민공 밀집 지역에서도 아이를 가지는 바람에 일찍 결혼하는 커플들이 다수 있다.[21] 1990년대 초의 관련부문

자료에 따르면 조혼 비율이 매년 20%에 이르며 조혼 상태에서 태어난 아이들이 총 출생자의 10%에 이른다고 한다. 그런데 이들 가운데 90%가 농촌에서 이루어지며, 조혼 남자의 41%와 여자 80%가 초등학교 이하의 학력으로 교육수준이 낮은 사람으로 구성되어 있다.[22]

〈바오반매매혼(包辦賣買婚)〉

오늘날 결혼의 자유는 너무나 당연한 것처럼 여겨지지만 1950년 처음으로 혼인법이 만들어질 당시 "결혼은 반드시 남녀쌍방이 서로 원해서 해야 하며 어느 일방이나 제 3자가 간섭하면 안 된다"고 규정한 혼인법 5조는 매우 파격적인 것이었다. 이는 중국의 서주종법에서 결혼을 개인의 일이 아닌 부모지명, 매작지언(父母之命, 媒妁之言: 부모의 명령과 중매인의 주선)에 의한 사회적인 일로 간주한 이래 중국 근대에 이르기까지 개인이 결혼상대를 택할 자유가 없었기 때문이다. 개혁개방 이후 새롭게 공포된 "신혼인법"에서도 혼인의 자유를 그대로 계승했지만 1980년대 이후 주로 산시(山西)성, 허베이성, 산둥성, 안후이(安徽)성, 구이저우성 등 빈곤한 농촌지역에서 5세에서 10여 세의 아이들의 대상을 부모가 미리 결정하는 와와친이나 환친(換親), 전친(轉親) 등이 대량 발생했다. 환친은 각자의 딸을 며느리로 맞바꾸는 것이고 여러 집이 함께 바꾸는 것은 전친이라고 한다. 안후이성의 경우 1988년 환친에 의한 결혼이 5,400여 명에 달했다고 한다.[23] 이는 농촌에서 나이가 많은 노총각이나 장애가 있거나 용모에 문제가 있는 남자들의 부모가 남존여비의 사고방식 하에 아들을 위해 딸을 희생시키는 것이다. 이와 같이 본인의

---

21) 丁文·徐泰玲, 『當代中國家庭巨變』(濟南: 山東大學出版社, 2001), p. 291.
22) 『中國人口報』, 1992年 7月 14日.
23) 『農民日報』, 1989年 11月 24日.

의사를 무시하고 부모가 결정하여 강행하는 혼사인 바오반혼(包辦婚)은 여러 가지 부작용을 낳고 있다. 특히 개혁시기에는 젊은 사람들이 대부분 고향을 벗어나서 일할 수 있기 때문에 이런 결혼은 반드시 불행으로 끝나는 경우가 많다. 그렇지만 개혁시기 지역 간의 경제적 격차가 커지면서 상대적으로 가난한 지역의 농촌 총각들이 결혼하기 힘들어 이런 현상들은 끊이지 않는다.

그 외에도 딸을 시집보내면서 고액의 결혼예물을 요구하는 관습도 되살아나 푸젠성 칭류현에서는 1981년 평균 2,341위안이던 결혼 예물비가 1985년에는 4,126위안으로 올랐다.[24] 그리고 허베이성 칭룽현과 관청현의 1990년 납채 예물 평균은 3,000위안 정도였는데, 가장 많은 경우는 12,000위안으로 일반 농민 연 수입의 3배 이상이 되기도 한다.[25] 이와 같이 결혼을 못하는 농촌총각들이 많아지고 신부대의 값이 높아지면서 1980년대와 1990년대에 걸쳐 가난한 지역의 여성들을 꾀어내어 상대적으로 부유한 지역의 농촌 총각들과 맺어주고 돈을 받는 런판즈(人販子: 인신매매범)들이 극성을 부리고 있다. 정부는 이러한 범죄를 소탕하는 데 전력을 다하고 있다고는 하지만 아직도 사라지지 않고 있다. 이는 개혁개방 정책 이후 지역간 경제격차가 커지면서 여성들이 자연히 잘 사는 지역의 남자와 결혼하는 것을 바라면서 결혼하기 어려워진 농촌 총각들이 돈을 주고라도 결혼을 하려고 하면서 생겨난 신종범죄라 할 수 있다.[26]

〈중혼(重婚)〉

개혁개방 실시 이후 중국에서는 외도와 불법동거가 늘어나면서 공산정

---

24) 『中國婦女』, 1986年 12期.
25) 『農民日報』, 1990年 4月 12日. 丁文・徐泰玲, 『當代中國家庭巨變』, p. 294에서 재인용.
26) 丁文・徐泰玲, 『當代中國家庭巨變』, pp. 295-298.

권 성립 이후 처음으로 확립되었던 일부일처제에 중대한 위협이 되고 있다. 이동의 자유가 생기고 경제적으로 여유가 있는 일부 사영기업가와 개체호들을 중심으로 생겨나고 있는 바오얼나이(包二奶) 현상은 자기가 결혼한 것을 숨기고 공개적으로 부부행세를 하는 경우로 중국에서는 명백한 범죄행위로 규정하고 있다. 중국 형법 180조에서는 중혼을 2년 이하의 징역에 처한다고 명시되어 있다.

광둥성과 푸젠성을 중심으로 1980년대에 시작된 바오얼나이 현상은 1990년대에 들어서면서 더욱 심해지고 있다. 1992년부터 1996년까지 광둥성 21개시에서 이 문제로 부인이 남편을 고소한 안건은 20,246건이었으며, 심한 경우에는 여섯 명의 여성을 데리고 사는 남자의 경우도 있었다고 한다. 2001년 4월 9차 전국인대 상임위원회에서 통과시킨 "혼인법" 수정초안에서는 "중혼 및 기타 일부일처제를 위반하는 행위를 금지"하며 중혼에 대하여 법에 의거하여 형사책임을 지게하며 중혼으로 인하여 이혼할 경우 손해를 입은 사람이 손해배상을 청구할 권리가 있다고 명기하고 있다.

〈매춘〉

개혁시기 중혼은 매춘과 밀접한 관련이 있다. 중혼의 대상인 여성들이 시장경제 도입 이후 황금만능주의 풍조와 함께 생겨난 방다콴(傍大款)들이기 때문이다. 중국에서는 매춘을 범법행위로 규정하고 강력하게 금지하고 있지만 심지어 여대생들까지도 쉽게 돈을 벌기 위해 이 대열에 합류하고 있다. 젊은 여성들이 다콴(大款 돈 많은 사람들)의 애인이 되어 집도 얻고 생활비도 받아쓰면서 함께 사는 것을 지칭하는 방다콴은 개혁개방 이후 개체호(个体戶 : 상업)나 사영기업(私營企業 : 개인명의의 기업)을 운영하여 부자가 된 사람들을 중심으로 시작되어 늘어나고 있는 추세다. 이러한 방다콴은 아주 극소수에 불과하고 이 문제가 젊은 남성들도 나이트클럽을 찾은

유한부인들과 어울리며 돈을 받는 등 반드시 여성에게만 국한된 것은 아니라 할지라도, 자신의 육체를 금전과 교환한다는 생각은 시장경제가 가져온 매우 부정적인 현상이라고 할 수 있다.

(2) 새로운 풍조

이상에서는 공산정권 수립 이후 사라졌던 봉건적 관습이 다시 생겨나는 현상을 보았는데 개혁개방 이후 나타난 또 다른 특징들은 중국에서 일찍이 볼 수 없었던 새로운 가족형태들이 시장경제의 발전과 서구문화의 영향을 받아 나타나고 있다는 것이다.

〈독신과 미혼동거〉

시장경제 도입이후 중국에서는 프리섹스의 풍조와 함께 독신으로 자유롭게 살기 위해 일단 함께 살아보는 기간을 갖는 스혼(試婚 : 계약결혼)을 하려는 젊은이들이 늘어나고 있다. 2002년 조사에 따르면 25세에서 29세까지의 미혼남녀 72%와 47%가 각각 한 번 이상의 성경험을 보유한 것으로 조사되고 있고, 이제 도시에서 혼전순결 여부를 문제삼는 사람은 많지 않아 보인다. 30세가 넘어서도 결혼을 하지 않겠다고 하는 사람들의 특징을 보면 주로 수입이 높고 전문직에 종사하는 사람들로 자기 집과 차를 가지고 있다는 것이고, 이들이 독신을 고집하는 이유는 다른 사람의 간섭을 받지 않고 자기발전을 계속하고 싶다는 것이다.

계약결혼이라는 이름하에 혼전동거를 하는 젊은이들을 보면 함께 살되 아이를 갖지 않고, 서로 간섭하지 않고, 경제 부담과 가사노동을 똑같이 나누며 산다. 일단 살아보고 나서, 결혼해도 괜찮다는 생각이 들거나 아이를 가지고 싶은 생각이 들면 혼인등기(婚姻登記 : 결혼신고)를 하면 된다는 생각이다. 중국에서는 결혼신고를 하는 부부가 1998년에는 800만 쌍이던 것이 2002년 700만 쌍으로 불과 4년 사이에 100만 건이나 줄어들었는데, 이는 1970년대에 태어난 외동자녀들이 결혼연령에 이르러 숫자가 줄어든 탓도 있겠지만 이와 같이 독신을 주장하고 계약결혼을 하려는 젊은이들이 늘어나고 있기 때문이라고도 볼 수 있다.[27]

(2) 딩크족

딩커(丁克)라는 말은 서양의 딩크(dink: double income, no kids 아이를 갖지 않는 맞벌이 부부)라는 말에서 유래한 것으로 결혼은 했지만 아이를 낳지 않고 부부중심의 삶을 살겠다는 사람들을 지칭한다. 1979~1989년 상하이시의 딩크 가정은 5만 가구를 넘어서서 상하이시 부부총수의 2~3%를 차지했다. 베이징시의 경우 1984년 이후 결혼한 부부 가운데 20%가량이 아이를 갖는 것을 원하지 않는 것으로 나타났다. 광둥성 광저우시에서 자녀를 가지지 않겠다고 답한 기혼부부는 1986년 3만 명이던 것이 1989년에는 10만 명으로 급격히 늘어났다.

이들은 독신과 마찬가지로 학력과 수입이 높다는 특징을 가지고 있는데 전문대졸 이상(60%), 월평균 수입이 인민폐 5,000위안 이상이 되는 34세 이하 젊은 부부들 가운데 12% 정도는 아이를 낳지 않겠다고 대답했다. 그 이유는 사회보장제도가 확립되어 노후걱정을 하지 않아도 되며, 아이가 생기면 월급의 대부분과 시간을 투자해야 하기 때문에 높은 수준의 생활을 유지하며 인생을 즐기고 자기 개발을 할 수가 없다고 생각하기 때문이다.

---

27) 劉英, "同居," 林愛氷·陳麗雲·王行娟 主編, 『社會變革與婦女問題』(北京: 中國社會科學出版社, 2001), pp. 22-35.

산둥대학에서 실시한 인터뷰에서 대상자 중 32세의 한 여성은 아이가 생기면 일주일에 한번 정도 미용실과 사우나에 가는 여유 있는 생활을 계속할 수 없다고 말한다.[28]

〈혼외관계〉

마오쩌둥 시기까지만 해도 혼외관계는 부르주아 사상에 물든 자들이나 하는 것으로 적발될 경우 단위가 적극적으로 개입하여 직위 강등이나 해고와 같은 처벌을 하거나 간혹 강간죄로 형사 처벌되는 경우도 있었다. 개혁시기에 들어서 혼외연애는 여러 명의 애인을 두는 부자들 말고 일반 사람들 사이에 성행하는 연애관계를 지칭하면서 점점 확대되고 점점 더 용인되고 있다.[29]

파러와 쑨중셴(James Farrer and Sun Zhongxian)은 상하이시의 혼외연애에 관한 질적 조사를 통해 일반인들의 혼외관계가 어떠한 문화적 코드를 가지고 진행되고 있는가를 밝히고 있다. 혼외관계는 남녀의 편중현상이 있는 것도 아니고 교육수준도 반 문맹에서부터 대학교수에 이르기까지, 그리고 나이도 18세에서 65세에 이르기까지 다양하게 나타나고 있어 혼외관계가 특정한 성과 부류의 사람들에게 유행하는 것은 아니라는 것을 보여준다. 문화대혁명 중에는 '사랑'이라는 감정이 억제되고 당성을 보고 사랑이 없는 결혼을 했던 것에 대한 반동으로 혼외연애가 '사랑'이라는 이름으로 용인되고 있음을 알 수 있다. 사람들은 가라오케, 무도장, 컴퓨터 채팅을 통해 서로 만나고 점차 부부상대방의 혼외연애를 알고도 묵인하며 자식들을 위해 결혼관계를 유지하는 쪽으로 나가고 있다.[30]

---

28) 丁文·徐泰玲,『當代中國家庭巨變』, pp. 277-280.
29) 王鳳仙, "婚外情與女性的自我重構," 林愛氷·陳麗雲·王行娟 主編,『社會變革與婦女問題』(北京: 中國社會科學出版社, 2001), pp. 91-114.
30) James Farrer and Sun Zhongxian, "Extramarital Love in Shanghai," *The China Journal*, No.

(4) 이혼급증

개혁시기에 들어서 가족의 또 하나의 변화는 이혼이 급증하고 있다는
것이다. 마오쩌둥 시기에는 국가차원에서 이혼을 허용하지 않았기 때문에
부부가 서로 미워하면서도 한 공간에서 살아야 하는 경우도 많았다. 그러나
현재는 이혼 수속과 절차가 간편해지고 서로 성격이 맞지 않는다는 이유만
으로도, 혹은 부부 가운데 일방의 신청만으로도(가령, 남편이 외지에 나가
노동하다가 다른 여자와 살림을 차려 생활비를 대지 않는 등의 타당한 이유
가 있을 때) 이혼이 가능하기 때문에 이혼 가족이 늘어나고 있다. 2002년
한 해 동안 이혼한 부부는 132만 쌍으로 6쌍이 결혼할 때 1쌍이 이혼하여
17%의 이혼율을 보이고 있는데 이는 1979년의 4.7%와 비교하면 급속히 증
가한 것이다.[31]

이혼급증의 또 다른 이유는 개혁개방 이후 개인의 자유가 늘어나면서
부부간의 갈등이 생겨날 소지가 더 많아졌다는 것이다. 개혁개방 이전에는
이동의 자유가 거의 없어서 자기가 속한 단위의 허가가 있어야 겨우 출장을
갈 수 있었고 출장을 가서도 배우자라는 증명서를 제출해야 남녀가 여관에
들어갈 수 있었다. 그러나 시장경제 도입이후에는 가라오케, 나이트클럽에
서부터 무도장, 찜질방에 이르기까지 여가를 즐길 수 있는 공간이 늘어나면
서 다수의 기혼남녀가 혼외연애를 하는데, 이 경우 배우자 일방이 이러한
혼외관계를 인정하지 않을 때 혼외관계는 이혼의 주요 원인이 되고 있어
법원에 상정된 이혼안건의 40~50%를 차지한다고 한다.

50(2003), pp. 1-36.
31) 丁文·徐泰玲, 『當代中國家庭巨變』, p. 220.

4. 가족의 변화에 대한 중국 정부의 대응

3장에서 살펴본 바와 같이 중국가족의 변화는 시장경제의 도입과 경제개혁을 원활하게 하기 위한 인구정책과 국가간섭의 후퇴로 인해 야기되었다. 과연 점차 서구식 패턴을 향해 가고 있는 가족의 이러한 변화에 대해 중국 정부는 어떤 인식과 대응을 하고 있을까? 시장경제 도입 이후 유교가치를 활용하여 서구지향적인 움직임을 잠재웠던 것처럼 동거, 혼외연애, 그리고 이혼 급증 등의 현상에 대해 유교적인 가치들을 강조하는 방향으로 가고 있는가? 사실상 중국 정부는 천안문 사태와 급격한 시장화로 야기된 공산당에 대한 신뢰위기를 만회하기 위해 전통으로의 회귀 움직임을 지지하고 있지만 시장 사회주의 하에서 새롭게 나타나는 가족의 해체문제에 대해서는 다르게 대처하고 있다. 그 이유는 중국에서의 가족은 여성예속과 관련 있으며 중국이 개혁개방 정책을 시작할 당시 국제 사회에서 큰 목소리를 낼 수 있었던 부분이 바로 여성 해방의 실현이었기 때문이다.

중국의 가족은 유교질서의 영향 하에 형성되어 위계질서와 함께 차별을 강조하며 결코 평등하지 않은 제도적 기반 위에 서 있었다. 근대에 이르러 중국의 지식인들은 이러한 남녀불평등한 가족을 국가를 약화시키는 주범으로 인식하여 개혁의 대상으로 삼았고 공산정권이 수립된 후에는 전국적인 차원에서 가족 내 불평등이 해소되었다고 볼 수 있다. 1980년 중국은 1979년에 있었던 UN의 여성차별 철폐조약에 가장 먼저 서명한 국가들 가운데 하나였다. 1992년에는 전국부녀연합의 건의를 받아들여 개혁시기의 새로운 사회 환경에서 여성들의 권리보호를 강화하는 '여성권익보호법'을 공포한다.[32] 여성문제는 중국 정부가 국제사회에 문호를 개방할 당시 가장 낙후하

---

32) Louise Edwards, "Women in the People's Republic of China: new challenges to the grand gender narrative," in Louise Edwards & Mina Roces, *Women and Asia: Tradition, Modernity and*

지 않은 부분이어서 그 후에도 이 부분에서 선두에 서기 위한 노력을 보이고 있다. 그러므로 개혁시기 가족은 중국 정부에게 있어 개혁정책을 실행하는 데 기본이 되는 도구적 구성단위이자 여성의 해방이 그대로 지속되어야 하는 사회 구성단위라고 할 수 있다.

1) 가족 : 개혁정책 실행의 도구

개혁시기 공산당은 중국이 당면한 가장 큰 문제가 경제낙후이기 때문에 경제발전을 모든 것의 중심에 놓고 생각해야 한다고 주장한다. 이런 점에서 가족도 예외는 아니다. 30년의 공산혁명으로 가족의 위계적 기반은 이미 약화되었기 때문에 개혁시기에 들어선 공산당이 가족의 위계질서를 약화시키려는 노력은 할 필요가 없었을 것이다. 개혁 초기 공산당은 이미 안정된 가족 체계를 경제발전이라는 중심점을 이루기 위한 수단으로 보고 있는데 이는 개혁개방 정책 실시 이후 개정된 "신혼인법"에서도 잘 나타난다. 이 개정법에는 자식이 부모 및 조부모로부터 양육 받을 권리와 동시에 부모 및 조부모가 성인이 된 자식 및 손자(여기서도 부계 및 모계 포함)로부터 부양 받을 권리를 명시하고 있다.[33] 즉 중국 정부는 개혁개방 이후 도시에서는 단위체제가, 농촌에서는 인민공사가 부담하던 사회보장 역할이 약화되자 가족을 국가와 사회를 대신하여 사회문제를 해결해야 하는 주체로 명시한 것이다. 마오쩌둥 시기 중국도시에서는 직장단위에서 주택, 의료, 교육, 생필품 등을 모두 보장했었고, 농촌의 경우 도시만큼은 아니었어도 오보제도(五保制度)라는 것이 있어 돌볼 자녀가 없는 노인들에게 식량, 의복, 주거, 의료, 장례비

Globalization (Ann Arbor : The University of Michigan Press, 2000), pp. 60-67.

33) 全國婦聯權益部編, 『婦女權益與法律保障』(北京: 中國婦女出版社, 2002), pp. 69-71.

용 등 다섯 가지를 제공해 주었다. 그러던 것을 가족에게 넘기면서 이것을 법조문화 시켜 이를 어길 경우 자식을 기소할 수 있는 바탕을 마련한 것이다.

1990년대 이후 중국 정부는 연금법안을 도시뿐 아니라 농촌으로까지 확대하고 있어 가족의 사회보장 역할을 다시 사회화시키는 쪽으로 나가고 있지만 기본적으로 가족이 서로를 돌보아야 한다는 인식을 강조하고 있다. 물론 최근 조사에서 노후대책에 대한 질문에 대해 도시나 농촌이나 장년층의 연령에 있는 사람들은 거의 노후에 자녀에게 의존하지 않겠다고 대답하고 있어 사회보장에 대한 의식이 높아지고 있는 것처럼 보이기는 한다.

정부가 가족을 경제발전의 수단으로 삼았던 또 하나의 생생한 사례가 바로 한 자녀 낳기 정책의 실시이다. 1980년대 초반 개혁정책의 실시로 국가의 간섭이 줄어들면서 농민들의 사고방식이 봉건화되는 가운데 농촌에서의 한 자녀 낳기 정책은 엄격하게 실시되어 여영아 살해 등 여러 가지 문제를 야기했다. 결국 1980년대 중반 첫째가 여아일 경우 둘째를 낳을 수 있다는 수정안이 나오게 되는데, 이는 농촌의 남아선호라는 봉건적인 사상과 타협하면서 인구정책을 유지하려는 이중적 사고를 보여준다.

2) 가족 : 여성해방의 역사

앞장에서 살펴본 바와 같이 개혁시기 농촌에서는 유교적인 관습이 부활하고 도시에서는 여러 가지 형태의 가족들이 생겨나고 있다. 여기에 대해 중국 정부는 유교적 관습의 부활에 대해서는 이를 처벌할 수 있는 법적 기반을 마련하고 새로운 형태의 가족은 수용하는 식의 태도를 취하고 있다. 특히 여기에는 개혁시기 가족의 변화가 야기하는 여성의 예속을 막으려는 의도가 보인다.

사실 시장경제 발달 이후 아직도 호구가 존재하는 중국농촌에서는 결혼이 어렵기 때문에 바오반혼이나 매매혼이 나타나는 것이다. 이러한 현실에도 불구하고 이를 명백한 범죄행위로 규정하여 엄격하게 처벌하고 있는 이유는 이러한 결혼이 여성의 인권과 관련되는 것이기 때문이다. 1950년 혼인법에서 나타난 대부분의 가족 개조는 바로 여성의 예속을 없애려던 것의 연장선상에 있다고 할 수 있다.

2001년 전국인민대표대회에서 통과된 개정 혼인법을 보면 이러한 사실을 더 잘 알 수 있다. 개정법은 이혼을 할 수 있는 조항을 더 많이 만들어 이혼을 쉽게 하도록 했을 뿐 아니라 이혼 할 때 피해를 본 여성들의 경우(외도, 폭력, 유기로 인해) 재산분배와 자녀양육에서 유리한 위치에 있을 수 있는 조항들을 신설하였다. 한편 외도로 인한 이혼 소송시 손해배상을 받을 수 있도록 하는 법률조항은 만들었지만 '제3자(애인을 지칭하는 말)' 처벌 규정 등 외도를 불법화하는 법률조항은 만들지 않았다. 이는 결국 중국 정부가 더 이상 개인의 사생활을 법으로 규정짓지 않겠다는 것으로 받아들여진다.[34]

즉, 중국 정부는 개혁개방 이후 개인 사생활 영역의 확대와 인구이동의 허용 등으로 인해 가족해체의 원인이 많이 제공되는 상황에서, 이혼을 막으려는 의도적인 노력을 하기보다는 이혼을 하되 여성들의 권익을 보장하는 것을 더 염두에 두고 있다고 할 수 있다.

2001년 개정법에서 가족과 관련하여 정부가 새롭게 주목한 이슈가 가정폭력이다. 가정폭력은 개혁개방 이전에도 존재했을 것으로 보이지만 개혁개방 이전에는 개인에 대한 국가의 통제가 심했고 가정에서 남편이 아내를 때린다는 것 자체가 타파해야 할 구질서의 하나로 간주되어 비판을 받았기 때문에 그렇게 큰 문제가 되지는 않았다. 그러나 개혁개방 이후 부부 각각의 외도가 늘어나면서 부부간 갈등의 소지가 커지고, 거기에 더하여 개인에 대한 국가와 사회의 간섭이 적어지자 가정폭력이 많아지게 된다.

---

34) James Farrer and Sun Zhongxian, "Extramarital Love in Shanghai."

부련(婦聯)은 1995년 베이징에서 열린 세계여성대회 이후 가정폭력의 문제를 인식하고 신고전화를 설치하였는데, 그 결과 중국에서도 가정폭력이 심각하다는 것이 드러났다. 곧 이어 가정폭력 피해자들을 위한 구제센터 및 쉼터들이 만들어졌고, 마침내 2001년 공포된 개정혼인법(改正婚姻法)에서는 가정폭력을 범죄로 규정하고 폭력을 가한 배우자가 경제적 배상뿐 아니라 형사책임까지 지도록 하고 있다.

이러한 개정법안들의 내용을 통해 볼 때 중국 정부가 21세기 중국의 가족을 유교적 가치로서 받아들이기보다는 현실 상황에 맞게 법적·정책적으로 대응함으로써 가족자체의 존립을 중시하기보다는 여성이 다시 예속되지 않는 상태를 더 중시하고 이로 인한 가족의 변화와 해체를 받아들이고 있다고 볼 수 있다.

5. 결론

중국의 가족은 유교사상에 기초하여 여성의 예속을 기초로 가능한 조직 단위였고 중국공산당은 정권 수립 이후 이를 타파하기 위한 법적·제도적 노력을 실시하였다. 개혁시기의 중국 공산당은 문화대혁명을 부정하고 민족주의에 기반 한 전통으로의 회귀를 추구한다는 점에서 마오쩌둥 시기와 '다르다'는 것을 보여준다. 그렇기 때문에 개혁시기 중국 정부가 공산혁명 시기에 타파하려 했던 가족의 기능과 여성해방을 개혁시기의 전통적 가족관습의 부활과 새로운 가족형태의 등장과 관련하여 어떻게 보고 있는지를 고찰하는 것은 가족의 정체성 문제와 관련하여 흥미로운 작업이다.

1990년대 들어 중국공산당이 전통으로의 회귀를 추구하는 양상을 보이고 있는 가운데 새롭게 나타나는 가족에 대한 생각은 기본적으로 마오쩌둥 시기와 동일하다고 할 수 있다. 그것은 가족을 기본적인 단위로 보고 안정된 가족을 지향하면서도 여성의 예속을 막는 것이다. 중국 정부는 개혁개방 정책의 실시로 생겨나는 사회보장의 공백을 가족을 통해 해결하려는 생각을 가지고 있고 경제발전을 중심에 놓고 인구정책을 실시하는 한 편, 개혁개방 정책의 실시 결과로 생겨나는 유교관습의 부활과 새로운 사회풍조에 대해 법적·정책적으로 대응하고 있다. 이것은 개혁시기 중국이 국제사회로 편입되는 가운데 서구 중심적 사고의 경향을 막기 위해 전통으로의 회귀를 의도하면서도 다른 한편으로는 여성해방의 전통은 계속 이어 가고자 하여 그것이 가족과 관련, 새롭게 나타나는 현상들에 대해 여성권리를 보장하는 방향으로 대응하고 있는 것으로 보인다.

제6장

도교와 중국의 현대화

■ 서대원

1. 서론

본 연구는 '도교와 중국 현대화의 상호 관계'를 고찰하고자 한다. 중국의 현대화는 문자 그대로 중국의 현대화로 단순한 의미의 현대화가 아니다. 이는 중국의 현대화가 중국이란 기층위에 현대화가 진행된다는 것을 의미한다. 그러므로 중국의 현대화는 단순히 '중국'이란 요소나 아니면 '현대화'에 대한 분석만으로는 현대화를 통한 중국의 미래에 대해 올바른 예측을 할 수 없다. 본 연구는 중국 현대화가 지니는 다중적 의미를 파악함으로써 중국의 미래를 예측하는데 일정한 기여를 하고자 한다.

본 연구에서의 '도교'는 중국 혹은 한자문화권의 삼대 사상 중 하나로서의 '도교'를 말하고 '현대화'란 서구화 혹은 근대화와 유사한 의미로서의 현대화를 지칭한다.[1) 연구의 범위를 명확하게 하기 위해 연구 주제의 내용을 좀 더 세밀하게 살펴보면, 우선 본 논문에서 다루고자 하는 도교의 범위는 현재 도교의 종사자와 도교 신도가 가지고 있는 교의(敎義)만을 대상으로 하는 것이 아니라 중국에 널리 퍼져있는 '도교적 사유양태'를 포함한다. 그 이유는 첫째, 도교는 중국 혹은 한자문화권에 오랜 시간 동안 광범위하게

---

1) 중국에서는 서구화와 현대화(혹은 근대화)가 다른 개념이라는 주장이 상당한 설득력을 가지고 주장되고 있다. 그러나 본 논문에서는 일반적인 의미의 현대화 개념을 사용하고자 한다.

자리 잡고 있었으므로 그 문화권 내에 있는 사람들의 관념 중에 널리 퍼져 있는 사유양태이며 단순히 도교도만의 전유물이라고 할 수 없기 때문이다. 루쉰(魯迅)도 이 점을 이야기 한 바 있다.

> 이전에 "중국의 뿌리는 전적으로 도교에 들어 있다"라고 말한 적이 있는데, 이 주장이 최근에 상당히 널리 유행하고 있다. 이 관점을 가지고 중국의 역사를 읽으면 여러 가지 문제가 자연스럽게 이해된다(前曾言, "中國根柢全在道教", 此說近頗廣行, 以此讀史, 有多種問題可以迎刃而解).[2]

둘째, 자고이래로 도교 사유 방식의 광범위한 유행 및 영향력과 도교도의 숫자는 상당히 느슨한 관계 혹은 불일치를 유지하고 있기 때문이다. 이에 대해 머우쫑젠(牟鍾鑒)은 다음과 같이 말하고 있다.

> 도교의 정식적인 교인 숫자의 한계와 도교문화 영향의 광대함은 분명한 대비를 보여준다. 도교 이외의 종교에서는 극히 드물게 보이는 현상이다(道教正式教徒人數之有限與道教文化影向之廣大成鮮明對比. 其他宗教極爲少見).[3]

이와 같은 이유로 본 논고에서는 중국의 사유에 광범위한 영향력을 가지고 있는 도교의 사유 양태를 연구대상으로 하고자 한다.

'현대화'란 여러 가지 의미로 이해될 수 있고 학자에 따라 각기 다른 정의를 가지고 있을 것이다. 본 논문에서는 주로 현재 중국에서 추진되고 있으며 대부분의 학자들에게도 받아들여질 수 있으리라고 보이는 '민주', '과학', '시장'과의 관계를 중점적으로 살펴보려고 한다. 또한 본 연구의 주제인 '도교와 현대화'를 연구함에 있어 통계나 고찰 등의 방법이 아닌

---

2) "致許壽堂," 『魯迅書信集』(北京: 人民文學出版社, 1976), p. 18.
3) 牟鍾鑒, 『中國道教』(廣州: 廣東人民出版社, 2001), p. 4.

'추론'(推論)에 의존하는 연구방법을 주되게 사용하고자 한다. 왜냐하면, '도교'는 '불교'나 '기독교'와 달리 통계와 고찰이란 방법을 사용하기가 매우 어렵기 때문이다. 이는 위에서 이미 설명한 '이념적 광범성과 교세와 신도수의 불일치'라는 문제 이외에도 다음과 같은 문제들이 있어서이다.

첫째, 현실적으로 도교도의 숫자에 대한 신뢰할만한 통계를 내기가 불가능하다. 도교는 상대적으로 배타성이 약한 종교[4]이기 때문에 다른 종교와 함께 복수로 도교를 신앙하는 것을 현실적으로 허용한다. 그리고 상당수의 도교도는 다른 종교 특히 불교 신도와 중첩된다. 중국의 농촌 지역에서는 불교도와 도교도의 구별이 현실적으로 불가능하며 그들 스스로도 불교와 도교의 차이에 대해 관심이 없다. 뿐만 아니라 다분히 도교적 경향을 띠는 불교 신도도 곳곳에서 볼 수 있다.

둘째, 도교의 전문종사자라고 할 수 있는 도사에 대한 통계도 불가능하다. 대부분의 종교에 있어 성직자는 일정한 조건을 갖추고 있어 통계가 용이한 반면 도교 중 전진교(全眞敎) 등 도사의 출가를 요구하는 교파 이외에는 누가 도사인지, 그 수는 얼마나 되는지 등등에 대한 신빙성 있는 통계를 만들 수 없다. 예를 들면 정일교(正一敎) 등은 평상시에는 일반인과 다름이 없다. 그 이외의 여러 작은 교파들은 그 내부의 신도 이외에는 누가 도사인지 알 수 없으며 비밀결사 형식으로 이루어진 경우도 적지 않다. 이런 경우 외부에서 도교의 실상을 정확하게 파악하는 것은 거의 불가능하다.[5] 이런 이유로 도교도보다는 도교의 사유방식에 중점을 두고, 통계나 고찰보다는 추론이란 방식으로 연구를 진행할 수밖에 없다.

---

4) 본 논문에서 언급되는 '종교'는 엄밀한 정의에 입각하여 사용하는 술어가 아닌 일반적이고 광범위하게 사용되는 모호한 의미의 종교를 의미한다.
5) 이것은 도교의 전수방식이 많은 경우 비전(秘傳)과 단전(單傳)의 형식을 띠는 것과 무관하지 않다. 최근 이런 도교의 관습을 주제로 한 영화가 만들어지기도 했다. 와호장룡(臥虎藏龍)도 이러한 도교의 전수방식에 기반 하여 스토리를 구성하고 있다.

2. 도교에 대한 현상적 이해

도교는 우리에게 친숙한 듯하면서도 사실은 매우 생소하다. 아시아 국가의 여러 사상 중에서 도교가 가장 미약한 것도 중요한 원인이겠지만, 도교의 잡박성(雜駁性)도 도교를 쉽게 이해하지 못하게 하는 요소 중 하나이다. 우선 중국 도교를 '현상적'인 방법으로 파악할 경우 도교의 내용에는 대략 다음과 같은 것이 있다.

ⓐ 養生術：沐浴, 服食, 辟穀, 存思, 內視(內觀), 按摩, 導引, 行氣(服氣, 煉氣, 食氣), 守靜, 守一, 胎息, 房中術, 武術.
ⓑ 王道政治術 : 도교의 이상사회에 대한 논의.
ⓒ 神仙術 : 內丹, 外丹.
ⓓ 自然之術 : 望氣, 觀星, 占風, 占雨, 曆法, 變化 등.
ⓔ 科儀之術：戒律, 軌範, 齋, 醮, 符, 籙, 祈禳, 禁呪, 巫祝, 卜筮, 風角, 星算, 孤虛, 遁甲, 堪輿, 相術, 走尸, 扶亂 등.
ⓕ 倫理術 : 권선징악 등.[6]

도교에서는 위와 같은 내용을 '술'(術)이라 부른다. 도교의 술을 보면 종류가 매우 많고 잡다한데, 그 이유를 역사적인 맥락을 통해 살펴보면, 도교가 본래 여러 '근원'에서 양분을 빨아올려 형성되었다는 것을 알 수 있다. 즉 고대의 무속, 과학, 의술, 상수 등등의 각기 다른 배경을 가진 요소들이 도교에 들어와 있는 것이다. 이점에 대해 서양의 도교 연구가인 웰츠 호움즈(Welch Holmes) 교수는 다음과 같이 주장하고 있다.

---

6) 이상의 내용은 다른 방식으로 분류할 수도 있지만, 공홍링(貢洪靈)의 분류에 의거하였다. 貢洪靈, 『宋明道敎思想硏究』(北京: 宗敎文化出版社, 2001), pp. 15-16.

도교 운동은 줄곧 일종의 혼합물이다. 혼합물이란 유기적 결합이 아닌 물리적 결합이란 의미이다. …… 이 혼합물이 화합물로 변한 적이 없다.[7]

이 주장은 술을 중심으로 도교를 연구해야 한다는 강한 설득력을 가지고 있다. 그러나 이를 다른 각도에서 보면 도교는 다양한 이론과 학문 그리고 경험을 흡수하여 자기화 혹은 자기의 도구(術)로 가지고 있다. 도교를 외관상으로 볼 때 가장 쉽게 드러나는 '술'(術)은 도교에 있어 어떤 의미를 지니고 있을까? 이에 대한 해답은 다음의 도(道)와 술(術)에 대한 두 가지 글을 통해 알 수 있다.

도란 사물을 응대하는 방법이다. 그 근본을 허(虛)라고 하고 지말을 술(術)이라 한다. 허란 그 정미함을 말하는 것이니 본래적이어서 다른 것이 첨가되지 않은 것이다. 술이란 사물을 제재하는 방법이나 동정하는 술수이다. 이 모든 것(즉 도와 술, 허와 술)은 다 도(道)이다(道者, 所以接物也, 其本者謂之虛, 其末者謂之術. 虛者, 言其精微也, 平素而無設儲也. 術也者, 所以制物也, 動靜之數也. 凡此皆道也).[8]

위 인용문은 여러 각도에서 분석해 볼 수 있다. 우선 도와 술이 넓게는 모두 도에 포섭된다는 점이다. 즉, 도(道)에는 '도(道)의 도(道)'와 '도(道)의 술(術)'이 있다는 의미로 이것은 아마도 술(術)이 어원적으로 도(道)와 마찬가지로 길[9]을 뜻함에서 연유할 것이다. 비록 도와 술에는 본질적 차이가 없어 보이지만 사실상 그 차이는 명료하다. '도'(道)는 '본'(本)이고 '평소'(平素 : 꾸밈없는 본래 모습)이며 '허'(虛)한 반면에, '술'(術)은 '말'

---

7) Welch Holmes, *Taoism; The parting of the way*, revised edition (boston Press, 1957), pp. 134-135.
8) 『新書·學術篇』.
9) "術, 邑中道也, 從行," 『說文解字』, "行部."

(末)이고 '동정(動靜)의 수(數)'이다. 도교의 경전『雲笈七籤·秘法訣要·
序事第一』에서는 다음과 같이 말하고 있다.

> 도란 허무의 지극히 참된 것이고, 술이란 변화(에 응변하는) 현묘한 방법
> 이다. 도는 형상(形狀)이 없기 때문에 술(術)을 사용하여 사람을 구제하여야
> 하고 사람은 영기(靈氣)가 있기 때문에 수련(修練)을 통해 도(道)를 알 수 있다
> (道者, 虛無之至眞也. 術者, 變化之玄技也. 道無形, 因術以濟人. 人有靈, 因修
> 而會道).

우선 이 인용문은 앞의 인용문과 마찬가지로 도를 허(虛)로 이해하고
있다. 이점에서 도교가 선진 도가의 전통을 그대로 계승하고 있음을 알 수
있다. 여기서 보다 주목해 보아야 할 점은 "변화(에 응변하는) 현묘한 방법
[變化之玄技]"와 "도는 형상(形狀)이 없기 때문에 술(術)을 사용하여 사람을
구제하여야 함[道無形, 因術以濟人]"이라는 문구이다. 이 문구에 의하면
'술'(術)이란 일종의 방편(혹은 방법)이라 말할 수 있다. 도는 무형하기에
직접적으로 사람을 구제해 줄 수 없다. 그래서 술(術)이란 구체적인[有形]
방법을 동원하여 사람을 구제하는 것이다. 그리고 보다 자세히 들여다보면
'사람을 구제해 줌[濟人]'은 '남을 구제해 줌[濟人]'과 '자기를 구제함[濟
己]' 모두를 지칭함을 알 수 있다. 왜냐하면 '수련'(修練)이란 기본적으로
자기를 구제하는 방법인데, 그 방법은 직접적인 도(道)가 아닌 구체적인 방
법[術]에 의해 이루어지기 때문이다.

술을 간단히 정리해 보면 도에 기반을 두고 수련이나 제인을 하는 경우
그 필요성에 의해 발생하는 무수한 방편들의 전체 집합이라 말할 수 있다.
도교의 술은 고래로 '잡이무단'(雜而無端)[10]이라는 평가를 받고 있다. 즉

---

10) (元) 馬端臨, "道敎之術, 雜而無端,"『文獻通考』.

도교의 술은 어느 한 곳에 근원하지 않고 여러 연원에 근거하고 있으며[雜] 그 가짓수는 무한[無端]하다. 이는 도교사를 살펴보면 쉽게 알 수 있는데 도교의 술은 한대에 도교가 성립된 이래 끊임없이 변화하며 기존의 전통과 새로운 것들을 흡수하면서 성립되었다. 이것을 통해 도교가 가지고 있는 특징 하나를 알 수 있는데 즉 도교가 매우 탄력적인 종교라는 사실이다.

이런 점을 염두에 두고 본 연구의 주제로 돌아가 보면, '도교와 중국 현대화'의 관계를 고찰함에 있어 '도교의 술'만을 근거로 이를 고찰하는 것이 과연 합리적일 수 있을까 하는 의문이 든다. 물론 도교에서 술이 완전히 배제될 수는 없다. 그러나 술이 아무리 현상적인 도교의 발현이라 하더라고 그것은 도가 응용되어져 나타난 방편에 불과하다. 그러므로 이미 위에서 살펴본 바와 같이 도와 술을 통합적으로 고찰하여 그 관계를 살펴보는 것이 보다 타당한 분석일 수 있다. 방법적으로는 도와 술을 분리해 고찰하고 다시 도와 술을 종합11)하여 고찰해야 할 것이다.

3. 도교의 본질적 특징

도교란 과연 무엇인가? 도교는 무엇을 추구하는 종교인가? 개괄적으로 말한다면 도교는 '연년익수, 우화등선'(延年益壽, 羽化登仙)을 추구하는 종교이다. 이것을 바꾸어 표현하면 가깝게는 무병장수를 추구하고 궁극적으로는 신선이 되기를 열망하는 사람들의 집단이 바로 도교이다. 이 중 무병장수는 단순히 병이 없이 살아 있음이 아니라 '이상적 삶'을 오래도록 영위함을

---

11) 즉, 凡此皆道也의 道.

말한다. 도교에서 보는 '이상적 삶'은 무엇을 말하고자 하는 것일까.

인간의 삶[人道]은 마땅히 다음과 같은 것이 이상[貴]이 된다. 맛있는 음식을 먹고, 가벼우면서도 따뜻한 옷을 입고, 높은 지위에 처하고, 눈은 잘 보이며 귀는 잘 들리고, 골절은 튼튼하고, 안색은 즐거우며 윤기가 흐르고, 늙어도 (기가) 쇠하지 않고, 장수하며 모든 일을 잘 처리하고, 왕래가 자유롭고, 추움 더움 바람 습기가 내 몸을 손상시키지 못하고, 모든 무기와 병원균이 나에게 침범하지 못하고, 근심이나 즐거움 비방과 칭찬이 부담되지 않는 삶을 누리는 것이다(人道, 當食甘旨, 服輕暖, 處官秩, 耳目聰明, 骨節堅强, 顔色悅澤, 老而不衰, 延年久視, 出處任意, 寒溫風濕不能傷, 鬼神衆精不能犯, 五兵百毒不能中, 憂喜毁譽不爲累, 乃爲貴耳).12)

"연년익수, 무병장수"란 단순히 오랫동안 목숨을 부지하는 것과 같은 소극적인 의미가 아니라 적극적으로 인생의 즐거움을 최대한 누리는 삶을 의미한다. 그리고 '생명'(命)이란 이 모든 인생의 즐거움을 누릴 수 있는 기본 요건이다.

모든 사람들이 분주하게 추구하는 것은 권세와 이익과 갖가지 욕망들이다. (그런데) 만일 내 몸이 온전하지 못하다면 비록 고위 관직에 앉아 막강을 권력을 가지고 있고 태산만한 재산을 가지고 있고 아름다운 여자 천만 명이 늘어서 있다 해도 내가 향유할 수 없다(凡人之所汲汲者, 勢利嗜欲慾也. 苟我身之不全, 雖高官重權, 金玉成山, 硏艶萬千, 非我有也).13)

위의 갈홍(葛洪)의 문장에서 두 가지 주장을 읽어 낼 수 있다. 도교에서는 기본적으로 '욕망'(欲)을 긍정적인 것으로 보고 있다는 것과 '무병장수'

---

12) 『抱朴子·對俗』.
13) 『抱朴子』.

는 이 '욕'을 충족할 수 있는 기본 전제로서 중시된다는 점이다. 금옥과 권세가 식물인간(植物人間) 혹은 사체(死體)에게 무슨 의미가 있겠는가. 그렇다면 보다 적극적인 의미인 '우화등선'(羽化登仙)은 무엇을 나타낼까? '우화등선'(羽化登仙)의 '선'(仙)은 '신선'(神仙)을 의미하는 것으로 도교에서 보는 '이상적인 인간'을 말한다. 이 신선사상은 비록 전국시대 이후 본격적으로 출현하지만 『노자』와 『장자』에 그 사상적 연원을 두고 있다.

> 『老子』 6장 : 신을 기르면 영원히 죽지 않는다(谷神不死).
> 『老子』 15장 : 옛날의 훌륭한 선비는 미묘하여 현통하고 심오하여 알 수가 없었다(古之善爲士者, 微妙玄通, 深不可識).
> 『莊子・逍遙遊』: 막고야산에 신인이 살았는데, 피부는 얼음이나 눈처럼 희고, 부드럽고 곱기는 처녀와 같았으며, 곡식을 먹지 않고 바람이나 이슬을 마시며, 구름을 타고나는 용을 타고 사해의 바깥에서 노닐고 있었다. 그리고 정신을 집중하여 만물이 모진 병에 걸리지 않게 하고 곡식도 잘 여물게 하였다(藐姑謝之山, 有神人焉. 肌膚若氷雪, 綽約若處子. 不食五穀, 吸風飲露. 乘雲氣御飛龍, 而遊乎四海之外. 其神凝, 使物不疵癘而年穀熟).[14]

이처럼 선진 시기 이미 '신선관'의 맹아가 있었다고 볼 수 있는데[15] 구체적인 신선관 즉 도교에서 말하는 '신선'(神仙)은 한대 이후에 이르러 형성되었다고 보는 것이 타당하다. 한대, 삼국, 위진에 이르는 신선관은 갈홍의 『포박자』(抱朴子)에 집대성되어 있으며 그 내용은 기본적으로 현대 도교에 이르기 까지 계승된다.

신선이란 약물(藥物)로 몸을 보양(保養)하고 술수를 사용하여 장수하며,

---

14) 『노자』, 『장자』가 정말로 신선에 대해 말하고 있는지에 대해서는 이론의 여지가 있다. 다만 도교도들은 위에서 인용한 글들을 나름대로의 방법으로 독해하면서 신선관을 성립시키고 있다.
15) 최근에 출토된 자료에 의하면 전국시기 이미 비교적 구체적인 신선관이 있었음을 알 수 있다.

안으로는 병이 발생하지 않게 하고 밖으로는 우환이 들어오지 않게 하며, 비록 장구한 시간동안 활동을 하지만 죽지 않고 본래의 육체가 변하지도 않는다(若 夫仙人, 以藥物養身, 以術數延命, 使內疾不生, 外患不入. 雖久視不死, 而舊身 不改).16)

이것은 신선에 대한 기본적인 정의라고 할 수 있다. 위 인용문은 주의 깊게 볼 필요가 있는데 특히 "비록 장구한 시간동안 활동을 하지만 죽지 않고 본래의 육체가 변하지도 않는다[雖久視不死, 而舊身不改]"에서 '장생'의 주체를 알 수 있다. 즉, '장생'이란 정신만의 장구한 존재를 의미하는 것이 아니라 '육체의 불멸'을 말한다. 그렇다면 어떤 방식으로 신선이 될 수 있는 가? 갈홍은 신선은 배워서 될 수 있음을 주장하며 다음과 같이 말한다.

나는 양생과 관련된 책을 살펴보고 장생불사의 방법을 모았다. (이와 관련 된 책을) 섭렵한 것이 몇 천 권이나 될 것이다. (그런데) 예외 없이 환단과 금액으로 가장 중요한 요점을 삼고 있었다. 그렇다면 이 두 가지는 모두 신선 이 되는 최상의 방법이다. 이것을 복용하고도 신선이 되지 못한다면 옛날부터 신선이 없었을 것이다(余考覽養性之書, 鳩集久視之方. 曾所披涉, 篇卷以千計 矣. 莫不皆以還丹・金液爲大要者焉. 然則此二事, 皆仙道之極也. 服此而不仙, 則古來無仙矣).17)

환단과 금액은 본래 외단(外丹 : 신선이 되는 약)을 의미하였던 듯하나, 후대에서는 적지 않은 학자들이 내단(內丹)에 대한 비유적 표현으로 해석한 다. 그리고 앞에서 인용한 "약물(藥物)로 몸을 보양(保養)하고 술수를 사용 하여 장수한다[以藥物養身, 以術數延命]"와 결부하여 본다면 내・외단을 모 두 말한다고도 볼 수 있다. 어쨌든 이는 어떤 특수한 방식으로 신선이 될

---

16) 『抱朴子』.
17) 『抱朴子』.

수 있음을 말하고 있다. 도교사를 통해 보면 고대에는 외단이 중심을 이루다
가 남북조를 거쳐 수당 이후에는 내단이 보다 근원적이라는 견해가 우세하
게 된다.

이외에도 주목해서 살펴볼 것이 있다.

> 단약을 먹는 것이 장생의 근본이기는 하지만 만약 그 위에 행기(行氣 :
> 내단 수련)를 한다면 그 효과가 더욱 빠르게 나타난다. 만약 단약을 얻을 수
> 없어 단지 행기만 원리대로 한다 해도 수백년은 살 수 있다. 그러나 또한 마땅
> 히 방중술(房中術)을 알아야 한다. 왜냐하면 음양합기지술(陰陽合氣之術 : 즉
> 방중술)을 모르면 자주 피곤하고 정력이 손상되어 행기가 힘을 얻기 어렵기
> 때문이다(服藥雖爲長生之本, 若能兼行氣者, 其益甚速. 若不能得藥, 但行氣而
> 盡其理者, 亦得數百歲. 然又宜知房中之術. 所以爾者, 不知陰陽之術, 屢爲勞
> 損, 則行氣難得力也).

이 문장을 통해 여러 가지를 알 수 있는데, 우선 위에서 설명한 내외단을
읽어 낼 수 있다. 그러나 중요한 것은 도교에서의 방중술에 대한 태도이다.
첫째, 도교는 일반적으로 방중술을 부정하거나 혐오하는 태도를 취하지 않
는다.18) 둘째, 방중술을 인정하는 가장 중요한 근거는 '연년익수'를 위해
반드시 알아야 할 사항이기 때문이다.19) 이미 앞에서 '술'(術)이라는 개념
을 보았듯이 방중술은 그 실례 중 하나이다. 만약 '연년익수, 우화등선'이
본래의 목적이라면 이를 이루기 위한 방법이 술인 것이다.

이제 도교의 특징을 보다 명료하게 이해하기 위해 불교의 최종목표인

---

18) 당시 도교도 사제간에 전수해 주는 내용 중 일부이다.
19) 일반적으로 후대 도교에서는 방중술을 크게 주장하지 않는다. 특히 청수(淸修)를 주장하는 계열
의 도교(예를 들면 전진교)에서는 공식적으로 도교의 술에서 방중술을 배제한다. 여기에서 후대
도교가 불교와 당시의 사회 관념에 영향을 받고 있음을 알 수 있다. 그러나 기타 여러 계열의
도교에서는 은연중 방중술을 술의 한가지로 간주하고 있다. 단 일반적으로 초기 도교만큼 연년익
수의 필수적인 술로 간주하지는 않는다.

'열반'(涅槃)에 대해 간략하게 살펴보고, 다시 이것을 도교의 지향점인 '성선'(成仙)과 비교하여 도교 사유의 배경에 대해 알아보도록 하겠다. 불교는 매우 방대한 학술체계를 가지고 있으나 여기서는 불교의 가장 기본 이론에 해당하면서 불교의 논리를 집약적으로 보여줄 수 있다고 생각되는 '사제'(四諦)와 '법'(法)에 대해 서술해 보겠다. '사제'(四諦)를 살펴보면,

고제(苦諦) : 인생이란 본래 여러 가지 고통으로 충만되어 있다는 의미이다. 인생은 고통의 연속이다. 불교에서는 이 모든 고통[一切皆苦]을 다시 여러 가지로 분류하는데 대표적인 것으로 팔고(八苦)가 있다.

집제(集諦) : 인생 고뇌의 근본 원인을 말한다. 불교에 의하면 인간의 욕망[愛]은 모든 고통의 원인이다. 인간은 욕망 때문에 진실에 대해 알지 못하고[無明] 또 이 무명 때문에 다시 잘못된 분별과 집착을 하여 육도(六度)를 전전하며 윤회를 한다.

멸제(滅諦) : 무명에서 벗어나 욕망을 끊고 영원히 생사고해(生死苦海)에서 벗어나는 것. 이것이 바로 성불(成佛)이며 열반(涅槃)이다. 이것은 불교에서 추구하는 이상경계이다. 『아함경』에서는 이에 대해 다음과 같이 묘사한다. "나의 삶은 이미 다하였고 번뇌도 이미 없어졌다. 수행은 이미 완벽하게 이루어져 다음 세상의 삶을 받지 않는다(我生已盡, 煩惱已滅. 所作已辦, 不受後有)."

도제(道諦) : 모든 고통을 끊어 버리고 열반의 경지에 이르는 방법을 말한다. 구체적으로는 팔정도를 말한다.

그럼 불교의 존재론이라고 할 수 있는 '법'(法)은 무엇을 의미하는가. 불교에서는 법을 크게 '유위법'과 '무위법' 두 가지로 나눈다.

유위법(有爲法) : 조작함이 있는 존재. 어떤 조건에 의거하여 생멸하는 모든 존재를 말한다. 즉 인연법의 구속을 받는 존재로서 우리가 일반적으로 말하

는 존재이다. 불교에서는 '일체개고'(一切皆苦)라고 말하는데 이 때의 '일체'(一切)는 유위법을 말한다.

무위법(無爲法) : 조작함이 없는 존재. 조건에 의해 생멸하지 않는 존재를 말한다. 이 무위법 안에는 여러 가지가 있지만 열반도 그 가운데 하나이다. 상락아정(常樂我淨)은 바로 이 무위법의 세계를 형용한 것이다.

'사제'(四諦)와 '법'(法)을 결합해 보면 불교가 가지고 있는 기본 입장을 어렵지 않게 알 수 있다. 불교에 의하면 존재란 본래 괴로운[苦] 것이고 인생(人生)은 유위법으로 이 괴로움의 연속일 수밖에 없다. 그런데 일반적인 존재인 유위법 세계 안에서는 어디에서도 이 괴로움에서 자유로울 수 없으므로 결국 무위법으로의 변화를 통해 괴로움을 벗어나 즐거움[樂]을 얻자는 것이다. 그리고 '사제'란 바로 '고'(苦), '고(苦)의 이유', '고(苦)에서 벗어남', '고(苦)에서 벗어나는 방법'에 대한 설명이다. 이 중 우리가 살고 있는 유위법의 세계를 '세간'(世間) 혹은 '차안'(此岸)이라 하고 이 유위법에서 벗어나는 것을 '출세간'(出世間) 혹은 '도피안'(到彼岸)이라 하며 청정무위법의 세계를 '피안(彼岸)'이라 한다. 만약 이 논리에 입각하여 도교를 살펴본다면 도교는 그야말로 무명(無明)의 극치라고 말할 수 있다.

첫째, 불교에서는 '일체개고'를 기반으로 이 생(生)뿐 아니라 피할 수 없이 온다고 여겨지는 다음 생[後有]도 누리기 싫어한다. 그러나 도교에서는 괴로움뿐인 생을 의식적으로 피하지 않을 뿐 아니라 '현생'(現生)이란 고통을 영구히 짊어지고자 한다. 둘째, 수행이란 본래 '욕망'을 제거하는 행위인데, 도교에서는 이 '욕망'을 부정하기는커녕 그것을 인정하고 효율적으로 극대화시키려 한다. 불교의 입장에서 보면 무명의 극치인 바로 이 점 안에 도교의 본질적 특징이 웅크리고 있다.

결국 도교는 철저한 세간주의(世間主義) 혹은 차안주의(此岸主義)라고 말할 수 있으며, 도교의 입장에서 보면 출세간(出世間) 혹은 피안(彼岸)은 가능하지도 않은 허구에 불과하다. 이런 의미에서 도교에서 가능한 유일한 선택은 바로 이 세간 차안에서 '행복[樂]'을 실현해야 하는 것이다. 즉 나의 생명과 욕망은 긍정될 수밖에 없다.

그 이론적 근거를 알아보기 위해 도교의 존재론(存在論)과 형신관(形神觀)을 살펴보면 도교 철학의 배경에는 '기'(氣)가 충만해 있다. 도교는 바로 이 기론을 논리적 배경으로 하고 있는 것이다.

> 『莊子·知北遊』: 삶이란 죽음의 친구이고 죽음이란 삶의 시초이니 누가 그 처음을 알 수 있겠는가! 사람의 삶이란 기(氣)가 모인 것이니 모인 것은 삶이고 흩어진 것은 죽음이다. 만약 삶과 죽음이 친구라면 내 또 무엇을 근심하겠는가! 그러므로 만물은 하나이다. 그런데도 (사람들은) 좋아하는 것은 신기(神奇)하다고 여기고 싫어하는 것은 취부(臭腐)하다고 여기는데 (그) 취부는 다시 변하여 신기가 되고 신기도 다시 취부가 된다. 그러므로 "온 천하는 단지 하나의 기일 뿐이다"라고 한다(生者, 死之徒. 死者, 生之始. 孰知其紀! 人之生, 氣之聚也, 聚則爲生, 散則爲死. 若死生爲徒, 吾又何患! 故萬物一也. 是其所美者爲神奇, 其所惡者爲臭腐, 臭腐復化爲神奇, 神奇復化爲臭腐, 故曰"通天下一氣耳").

이 중 "만물일"(萬物一)과 "천하일기"(天下一氣)는 매우 중요하다. 장자의 설명에 따르면 존재란 본래 일기(一氣)이며 이 일기(一氣) 중의 취산(聚散)에 의해 만물과 인생의 생사변화가 발생한다. 한발 더 나가 "일야"(一也)와 "일기"(一氣)를 보게 되면 만물 중 일기(一氣)의 예외는 없으며 동시에 일기(一氣) 이외에는 그 어느 것도 없다. 즉 '단지 기(氣) 뿐이다.' 이는 불교의 유위법, 무위법과는 다른 사고방식이다. 불교에서는 유위법 이외에 혹은 유위법의 예외자로 무위법이란 것을 상정하고 있다. 그러나 도교에 의하면 '기'(氣) 이외에는 아무 것도 없으므로 모든 존재는 기란 측면에서 예외가 없다.

또한 도교에는 피안(彼岸)이 없다. 출세간은 원천적으로 불가능하다.

"통천하일기"(通天下一氣)이기 때문에 설령 기(氣)가 '괴로움[苦]'이라 해도 그 곳 이외의 곳도 없고 그곳에서 벗어날 탈출구도 찾을 수 없다. 더욱이 '기'(氣)는 '고'(苦)도 '악'(惡)도 아니다. 도교에서 보기에 피안은 없고 출세간은 불가능하며 오직 차안(此岸)만이 진실된 세계이다. 만약 차안이 '고'(苦)라면 어쩔 수 없이 '고'를 줄이는 방법밖에 없으며 만약 복락을 누린다면 바로 이곳에서 복락을 누려야 한다. 좀 더 적극적으로 말하면 우리는 차안(此岸)에서 복락을 추구해야 한다. 이것이 유일한 방법이다.

더 나아가 도교의 형신관(形神觀)을 살펴보자.

『老子』: 혼백을 싣고 있는 것이니 묶어 하나로 하여 서로 떨어지지 않게 할 수 있는가?(載營魄, 抱一, 能無離?)

河上公注 : 영백(營魄)은 혼백이다. 사람은 혼백의 위에 타야 살 수 있으니 마땅히 이것을 아끼고 길러야 한다. 기뻐하고 노하면 혼(魂)을 소모시키고 갑자기 놀라면 백(魄)을 손상시킨다. …… 그러므로 혼이 고요하면 도에 뜻을 두어 혼란스럽지 않고 백이 편안하면 장수할 수 있다. 사람이 (혼과 백을) 하나로 묶어 몸에서 떠나지 않게 한다면 영생할 수 있다는 의미이다(營魄, 魂魄也. 人載魂魄之上得以生, 當愛養之. 喜怒亡魂, 卒驚傷魄, …… 故魂靜志道不亂, 魄安得壽延年也. 言人能抱一, 使不離於身, 則長存 ……).

『老子』: 신을 기르면 죽지 않으니 이것을 현빈(玄牝)이라 한다(谷神不死, 是謂玄牝).

河上公注 : 곡(谷)은 '기른다'는 의미이다. 사람이 신을 기를 수 있다면 죽지 않는다. …… 오기는 청미하니 정신총명과 음성오성이 된다. 그 귀(鬼)를 혼(魂)이라 하는데 혼(魂)이란 양(陽)이다. 오미(五味)는 흐리고 유색이니 형해골육과 혈맥육정이 된다. 그 귀(鬼)를 백(魄)이라 하는데 백(魄)이란 음(陰)이다(谷, 養也. 人能養神則不死. …… 五氣淸微, 爲精神聰明, 音聲五性, 其鬼曰魂. 魂者雄也. …… 五味濁辱, 爲形骸骨肉, 血脈六情, 其鬼曰魄. 魄者雌也).

이것은 비록 초기 도교 경전의 일부이지만 그 기본이론은 전도교사(全道敎史)에 관통하고 있는 매요 중요한 내용이다. 위 인용문 중 혼백(魂魄)은 바로 '정신'과 '육체' 즉 심신 혹은 형신을 의미하며, 이 중 혼(魂)은 양(陽)으로써 신심(心神)을 지칭하고 백(魄)은 음(陰)으로써 신형(身形)을 말한다. 이 이론에 의하면, 우리가 '살아 있다'라고 하는 것은 혼백이 조화를 이루며 동거하는 것이며 '죽음'이란 혼백이 서로 결별함을 말한다. 뿐만 아니라 이 혼백이 얼마나 조화를 이루고 있느냐는 우리가 얼마나 건강한가의 척도이며, 만약 신(神)을[20] 길러 혼백이 끊임없이 조화를 유지하여 결별함이 없다면 이것이 바로 장생구시(長生久視)의 방법이며, 이것을 성공적으로 수행하면 신선이 될 수 있다. 반대로 혼백이 조화를 잃으면 병약해져서 부귀공명이 눈앞에 있어도 나와는 무관한 것이 되고 심하면 명명(冥冥)한 죽음의 세계로 들어간다.

그리고 다시 이 수련을 들여다보면, 도교 수련의 핵심은 바로 심신 즉 형신의 수련이다. 방법을 중심으로 말하면 약품을 사용하는 외단과 호흡 등의 수련인 내단이 있지만 모두 이 형신의 조화를 목적으로 한다. 그리고 그 결과는 '신체[身]'의 장존이다. 만약 수행의 방법이나 목적에서 '육체'를 완전히 배제한다면 그것은 이미 도교가 아니다. 남송 이후 도교에서 형신의 수련 중 어느 쪽이 우선인가 하는 문제로 장기간 논의가 있어 왔다. 심신(心神)의 수련을 '성공'(性功) 혹은 '성학'(性學)이라 하고 형신(形身)의 수련을 '명공'(命功)이라 하는데, 도교의 북종에 해당하는 전진교에서는 선성후명(先性後命)을 주장하고 남종은 선명후성(先命後性)을 강조한다.[21] 비록 선후경중을 이야기하지만 모두 '쌍수'(雙修)를 주장함으로써 '명공'(命功)을 부정하거나 배제하지는 않는다. 이로서 도교는 피안을 부정하고 차안만을 인정하는 세계관을 바탕으로 차안에서 생명을 충실하게 발현해보려고 하는 사상을 가지고 있음을 알 수 있다.

---

20) 구체적으로 오장신(五臟神)을 말한다.
21) 일부 교파를 제외한 대부분의 도교는 선명후성(先命後性)이라 볼 수 있다.

그럼 다시 처음으로 돌아가 도교의 본질적 특징이 무엇인지 재확인해 보자.

> 도란 허무의 지극히 참된 것이고, 술이란 변화(에 응변하는) 현묘한 방법이다. 도는 형상(形狀)이 없기 때문에 술(術)을 사용하여 사람을 구제하여야 하고 사람은 영기(靈氣)가 있기 때문에 수련(修練)을 통해 도(道)를 알 수 있다(道者, 虛無之至眞也. 術者, 變化之玄技也. 道無形, 因術以濟人. 人有靈, 因修而會道).

초기 도교에서는 도가의 도론을 그대로 받아들여 도를 '허무'(虛無)로 인식하지만 후대의 도교에서는 보다 직접적으로 도를 연단(煉丹)과 관련지어 이해한다.[22]

> 도는 바로 금단이고 금단이 바로 도이다(道卽金丹也, 金丹卽道也).[23]

여기에서 '금단'(金丹)이란 '장생구시'(長生久視)의 방법[24]을 말한다. 만약 이 도의 개념을 위에 대입한다면 도교의 특질을 전체적으로 이해할 수 있을 것이다. 이상의 논의를 총괄하면 도교란 '연년익수, 우화등선'이란 목적과 이 목적을 실현하는 방법을 총체적으로 가리킨다.

---

22) 후대에 오면 다분히 단도(丹道 : 煉丹의 비법)로 도를 이해한다. 그러나 일반적으로는 '허무'를 도로 인식하는 방법을 버리고 단도를 취했다기보다는 허무라는 바탕 위에 단도를 설명한다고 보는 것이 보다 타당할 것이다. 왜냐하면 대부분의 도교도들은 이 두 가지를 혼용하는 경향이 있기 때문이다. 단 후대로 오면 '허무'보다는 '단도'에 보다 중점을 두는 측면이 나타난다.
23) 陳楠, 『翠虛篇·丹基歸一論』.
24) 이 책은 내단을 중심으로 이루어져 있다.

4. 도교와 중국의 현대화

중국의 현대화 과정 속에서 도교의 이런 특징들은 어떻게 변화에 대응해 가고 있을까? 도교의 현상인 '술'을 중심으로 중국 현대화와의 관계를 살펴보면 도교가 중국 현대화의 걸림돌이라고 보기 쉽다.[25] 도교가 중국이 현대화되는데 순기능보다는 역기능이 많을 것이라는 추정이 가능하기 때문이다. 우선 첫째, 도교에서 자주 언급되는 여러 잡신이나 축귀(逐鬼)의식 등은 현대인들에게 받아들여지기 쉽지 않을 뿐 아니라, 문제를 이성적으로 생각하지 않고 비합리적으로 해결하려는 경향이 쉽게 발생한다. '재신'(財神)을 예로 들어보자. 중국인이 있는 곳에는 어디에나 재신이 있고 그곳에는 항상 향이 타고 있다. 자연과학 연구소에서조차 이런 재신을 발견할 수 있다. 이런 기복을 근거로 정당한 근로를 기피하고 재신에 대한 치성으로 치부할 수 있다고 여긴다면 분명 사회 발전에 저해가 될 것이다.

둘째, 도교의 중요한 '술' 중의 하나인 부적과 주문 등도 현대화에 역기능을 할 것이다.[26] 마찬가지로 혹세무민이란 평을 피하기 어렵고 개인의 능동성을 저하시키며 과학적 사고를 약화시키는 측면이 존재한다. 이와 같은 현상은 중국의 농촌에 아직까지도 만연되어 있으며[27] 이런 현상이 심각할 경우 사람들은 자기의 정당한 노력이나 합리적인 방법보다는 신비한 술에 의지하게 된다. 셋째, 도교의 윤리는 한대 유학의 윤리관을 계승하고 있으므

---

25) 물론 모든 '술'이 다 현대화의 걸림돌이 되는 것은 아니다.
26) 특히 남방의 모산파가 이런 신비적인 술을 강조한다. 교파에 따라 부적과 주술에 대한 중시도는 다르지만 도교 전교파에 보편적으로 존재하고 있다.
27) 중국에서는 사회주의 건설 이래 모든 봉건적 미신을 국가가 금지함으로써 이 부분이 상당히 줄어들었다. 대만 등 중국대륙 이외의 중국인이 사는 곳을 비교해 보면 쉽게 알 수 있다. 단 근래 정부의 통제가 줄어들고 종교의 자유가 부분적으로 보장되면서 이런 현상은 다시 발생하고 있다. 특히 부적은 중국 전역에 유행하고 있고 중국인의 부적에 대한 신뢰도는 한국과는 비교가 되지 않을 정도로 강하다.

로 가부장적인 체계로 이루어져 있고 충효(忠孝)를 근간으로 한다. 이와 같은 윤리체계도 현대사회의 형성에 부정적 역할을 할 수 있다.

이와 같은 분석은 도교의 현상을 중심으로 도교와 현대성과의 관계를 고찰한 것으로 이미 신중국 건설 이후 중국 정부에서 단호하게 봉건미신의 타파를 주장하며 여러 번 열거했던 내용들이다. 이 분석은 중국 학계[28]의 일반론적 현상이기도 하다.

이처럼 도교가 중국의 현대화에 장애가 될 수 있다는 주장은 일부 타당하기는 하지만 완벽하게 옳은 분석은 아니다. 그 이유는 크게 두 가지로 볼 수 있는데 첫째, 이상의 분석이 도교의 본질을 중심으로 분석하였다기보다는 술을 중심으로 분석하여 도교의 보다 중요한 핵심에 대한 규명이 제대로 되지 않았기 때문이다. 둘째, 도교는 청(淸) 이래 끊임없이 쇠퇴하였고 중국이 건립된 이후 대륙에서의 도교는 사실상 겨우 명맥을 유지하고 있는 수준으로 보아야 한다. 도사들에 의해 이루어지는 '술'은 이미 상당부분 줄었기 때문에 그것이 현대화가 되기에 커다란 장애가 될 정도는 아니며, 설령 그런 현상이 있다고 해도 어느 정도의 미신이 존재한다고 해서 현대화가 불가능하지는 않다.[29] 뿐만 아니라 현재 중국인에게 더욱 큰 영향을 미치고 있는 것은 술이 아니라 알게 모르게 의식 중에 자리잡고 있는 도교적 사유이기 때문이다.

본 논문은 이제 도교의 본질적 특징을 기반으로 도교와 중국 현대화의 관계에 대해 고찰해 보고자 한다. 현대화의 과정에서 도교가 대응할 수 있는 측면을 '민주', '과학', '시장'이라는 세 가지 영역으로 구분해 보았다.

---

28) 주로 전세대 학자들, 예를 들면 머오쭝졘도 도교의 장래를 이야기하면서 위에서 열거한 것과 비슷한 내용을 거론하며 도교의 개선을 주장하고 있다.
29) 만약 어느 정도의 미신이 존재하면 현대화가 불가능하다고 말한다면, 이미 현대화가 되었다고 여겨지는 국가에는 미신이 존재하지 않아야 한다. 그러나 어떤 선진국에도 어느 정도의 미신이 존재하고 있다. 그리고 중국 정부의 본래 주장에 의하면 모든 종교는 미신이다. 즉 중국 정부에서 도교만을 미신으로 보는 것은 아니다.

1) 도교와 민주

　도교는 일반적으로 정치의식이 약하다. 초기 도교는 상당한 정치의식을 가지고 "천지의 병을 고치고, 제왕의 근심을 풀어줌[療天地之病, 解帝王之愁苦]"30)을 지향하였으나,31) 그 핵심은 개체의 생명실현에 있기 때문에 모든 인민을 대상으로 한 관심은 상대적으로 낮다. 더욱이 후대의 도교는 이런 경향이 더욱 강하게 나타나는데 이는 아마도 유가와 달리 중국의 역대 왕조에서 정권을 잡아본 경험이 없다는 것이 원인 중 하나일 것이다.

　이런 의미에서 본다면 시민윤리를 기초로 하는 민주사회와 도교는 특별한 관계가 없다고 볼 수 있다. 뿐만 아니라 도교에서 표방하는 윤리는 한 대 유학적인 윤리로서 시민윤리와도 상당한 거리가 있다. 그러나 민주주의란 본래 신권(神權)에 반대하여 정치를 천상에서 지상으로 끌어내린 것이며, 그 기초는 개인들이다. 만약 강한 출세 의식이나 천국 의식이 있을 경우 민주주의는 성립되기 어렵고 민주주의가 성숙되기 위해서는 '개인'에 대한 긍정이 필요하다. 이 점에서 중국에 민주주의가 들어와 자리매김하는 데 유가나 불가에 비해 도교가 우호적인 정서를 가지고 있다고 볼 수 있다. 불교는 출세간을 지향하여 속세의 정치를 청정하지 않다고 보며, 유가는 왕도정치라는 특수한 정체를 선호함에 비해, 도교는 민주주의 원칙이 중시하는 개인중심 사상에 크게 위배되지는 않기 때문이다. 이를 부연설명 한다면 우선 도교의 문헌을 중심으로 볼 때 일반적으로 왕정을 지지하는 듯하지만 일부는 무정부주의[無君論]를 주장하기도 한다. 사실상 도교는 기본적으로 개인의 안심입명이 보장되기만 하면 정체(政體)에 크게 관심을 가지지 않는다. 또한 위에서 설명한 '윤리'는 분명 도교의 것이기는 하지만 도교의 핵심 부분은

---

30) 『太平經合校』, p. 697.
31) 뿐만 아니라 한대 황노(黃老) 계열에서는 강한 전체주의적 경향도 보인다.

아니다. 이점이 유가와 분명한 차이를 보이는 부분이다. 도교는 유교에 비해 윤리의식이 약할 뿐 아니라 그것은 바뀔 수 있는 '술'(術)의 위치가 있다. 결국, 도교의 차안(此岸)에 대한 인정은 민주주의의 세속성과도 일맥상통하며, 도교의 개체의식이 민주주의의 시민의식과는 차이가 있지만 개인의 개성 및 개인의 행복 추구를 긍정적으로 받아들이고 있는 점32)은 민주주의의 연착륙에 도움을 줄 요인을 지니고 있다고 말할 수 있다.

2) 도교와 과학

자고이래 도교는 최대한도로 그 시대의 과학기술적 성과를 받아들였을 뿐만 아니라 다른 종교와 달리 과학기술을 도교의 중요한 일부분으로 삼아 왔다. 많은 도사들이 화학, 광물학, 의학 등을 전문적으로 연구하거나 그 업에 종사하였고, 중국 역대의 과학자들 중 상당수가 도교와 밀접한 관계를 가지고 있었다. 그리고 도교의 역사에서 도교의 학파 성립이나 도교 교리의 변화에도 과학기술의 발전은 매우 중요하고 직접적인 역할을 했다. 이런 이유로 도교와 과학의 관계에 관해서는 동서양을 막론하고 많은 학자들이 관심을 가지고 연구하고 있다. 이는 동서양 학자들의 인용에 의해서도 증명된다.

나는 일찍이 중국과학기술대학에서 첸린자오(錢臨照) 원사(院士)와 리즈차오(李志超) 교수를 지도교수로 모시고 (중국)고대금속사를 공부하였는데 …… 이때 고대 야금(冶金)과 광물학에 관한 매우 많은 자료가 『도장』(道藏)에 보존되어있다는 것을 알게 되었다.33)

---

32) 이 점은 매우 중요하다고 생각된다. 중국의 주요사상 중에서 도교 이외에는 개인의 행복 추구에 대해 대체로 부정적인 태도를 가지고 있기 때문에 이 부분에서 도교의 이 역할이 상당히 중요하게 작용할 수 있다.
33) 金正曜, 『道敎與煉丹術論』(北京: 宗敎文化出版社, 2001).

중국 학자에 이어 서양의 조셉 니덤(Joseph Needam)도 다음과 같이
말하고 있다.

> 도교철학에는 비록 정치적 집단주의, 종교 신비주의 및 개인 수련성선(修
> 煉成仙)이라는 여러 요소가 있지만 그럼에도 도교는 과학발전에 가장 중요한
> 여러 특징을 가지고 있다. 그래서 중국 과학사에 있어 도교의 역할이 가장 중
> 요하다. 이 이외에도 도교는 자기들의 원리에 따라 수련하였기 때문에 동아시
> 아의 화학·광물학·식물학·동물학·의학·약학 등은 모두 도교에서 기원
> 하였다. …… 도교는 변화와 전이의 보편성을 심각하게 인식하고 있었는데 이
> 것은 그들의 과학에 대한 가장 깊은 통찰 중 하나이다.[34]

도교가 과학을 중시하는 이유는 명료하다. 사람이 '연년익수, 우화등선'
하기 위해서는 과학의 도움이 절대적으로 필요하기 때문이다. 뿐만 아니라
'연년익수'의 구체적인 내용인 '걸림없이 인간의 욕망을 충실하게 실현하는
삶'을 영위하기 위해서도 과학의 도움은 절실하게 필요하다. 아마도 지구상
에 존재하는 모든 종교 중에서 과학에 가장 민감하고 관대한 종교가 바로
도교일 것이다. 도교의 과거 행적으로 보나 그 기본정신으로 볼 때, 중국의
과학발전 혹은 서구과학의 중국 유입에 도교적 사유는 매우 적극적인 작용을
할 수 있다.[35] 이미 적지 않은 도교 연구자나 도사들은 선진과학을 흡수하여
도교의 이론을 연구하거나 기존의 수련이론을 보완 혹은 개선하려 하고 있다.
　　다만 도교가 과학을 중시하는 현상의 심층에는 중국의 기론을 바탕으로
한 신형관이 있다. 만약 도교의 이 기본 관념과 과학 사이에 심각한 충돌이

---

34) Joseph Needham, *Science and Civilization in China*, Vol. 2 (Cambridge University Press, 1956).
35) 역대 여러 도사들은 현대적 의미에서 보면 과학서적으로 분류될 수 있는 저서를 저술하거나
　　지녔고, 현대 중국의 도교 연구자 중 적지 않은 사람들이 자연과학 전공자들이다. 이미 중국의
　　과학출판사에서는 『중국도교과학기술사』라는 대형 서적을 출판했으며 그 이외에도 도교와 과학
　　에 대한 연구업적은 중국, 일본, 서양 여러 국가에서 적지 않게 보인다.

발생한다면 도교 내부에 상당한 갈등이 예상된다. 이것은 장기적으로 도교와 과학의 관계가 재정립될 수 있는 부분이라 생각한다. 다만 형신관계는 현대과학으로도 쉽게 결론을 내리기 어려운 주제이며, 이미 위축될 대로 위축되어 있는 도교의 사정상 도교에서 과학을 상대로 전면적인 논쟁을 벌일 가능성은 근기내(近期內)에 매우 희박하다. 그러므로 도교적인 의식은 당분간 중국이 과학을 적극적으로 수용하는데 매우 긍정적인 역할을 할 것이다.

3) 도교와 시장

시장경제의 확대는 중국 변화의 가장 현저한 현상이다. 현재 중국은 계획경제가 사라지고 전면적인 시장경제로 변화되어 있다. 시장경제와 계획경제를 여러 각도에서 살펴볼 수 있지만, '욕망'이란 관점에서 보면 계획경제는 절제를 시장경제는 욕망의 발현을 중시한다. 시장경제는 인간을 욕망체로 파악하고 출발하는 경제체제이며, 개인의 욕망 실현은 시장 활성화를 촉진시킨다. 이런 측면에서 볼 때, 기존의 절제 중심의 경제체제에서 시장경제로 진입하고 있는 중국의 상황에서 도교적 사유는 매우 긍정적인 역할을 할 수 있다.

도교는 이미 앞에서 살펴본 바와 같이 어떤 종교 사상보다도 '욕망'에 대해 긍정적이다.36) '인간생명'에 대한 욕망을 부정한다면 도교는 존재할 수 없다. 이런 관점에서 유교, 불교, 도교를 비교해 보면 보다 명료하게 도교

---

36) 도교는 본래 욕망에 대해 긍정적이다. 다만 후대의 도교는 상대적으로 절욕적인 특징을 가지고 있다. 단 '욕망' 본질에 대해 긍정적 태도를 가지고 있다는 점은 동일하다. 그것은 도교가 장생불사라는 욕망 위에 서 있다는 태생적 이유 때문이다. 후대 도교에 있어 '금욕적'인 현상은 대부분 '방법적 금욕'이라 보아야 한다. 즉, '대욕'(大欲 : 장생불사 혹은 건강)을 위한 소욕의 방기이며 '욕망' 자체를 적대시하는 것이 아니다.

와 시장의 관계를 이해할 수 있다. 불교는 출세간을 지향하며 욕망을 번뇌의
근본이라 여긴다. 즉 욕망을 적대시하여 없애야 할 대상으로 간주한다. 유학
은 중용의 도덕에 의해 절욕(節慾)을 주장한다. 유학의 대표적 학파인 정주
학에서는 인심(人心)과 인욕(人欲)의 구별을 기초로 '인욕을 막고 천리를
보존할 것[遏人欲存天理]'을 주장한다. 반면 도교의 '욕망' 긍정적 사고는
시장경제 발전에 촉매역할을 하게 된다.[37]

5. 맺음말

도교의 몇 가지 측면들은 중국의 현대화에 방해되는 요소로 작용하기도
하지만, 그 본질적 특징은 중국의 현대화에 순기능을 할 것으로 보여 진다.
즉, 도교와 중국의 현대화는 상호적인 관계를 맺으며 진행될 수 있다. 좀
더 구체적으로 '술'은 상당부분 '현대화'에 의해 변화되고, '도'(道)[38]는
현대화를 촉진시키는 역할을 하게 된다.

현대화가 먼저 이루어졌다고 하는 일본이나 유럽 등을 볼 때, 현대 사회
에는 '이성'(理性)만 존재하는 것이 아니라 사회 전체의 '이성'을 마비시키
지 않는 범위 내에서 다양한 '불합리'들이 의 형태로 변화되어 존재하고
있어, 어떤 경우에는 보다 세련된 '불합리'로 진화되기도 한다. 예를 들어

---

37) 물론 장기적으로 보아 '욕망실현'적 사유방식이 중국경제를 불건전한 방향으로 이끌 가능성을
    배제할 수 없다. 명대에는 도교를 숭상하였는데 명대의 자극적인 문화와 퇴폐 그리고 지나친 사
    치 등이 도교와 관련이 있다고 한다. 물론 '욕망'을 극단적으로 인정하는 도교 교파는 얼마 되지
    않으며, 현재 중국 도교의 세력으로 보아 이런 사태가 가까운 시일 내에 발생할 가능성은 없어
    보인다.
38) 도교의 본질적 특징으로서의 '도'를 말한다.

‘부적’이란 분명 ‘불합리’한 것이지만, 아직 현대화가 진행 중인 중국보다는 현대화가 이미 상당부분 진척되었다고 평가받는 홍콩이나 대만에서 더욱 성행한다. 이는 도교의 ‘술’(術)이 시장경제의 발전과 함께 일부 쇠락해지는 측면도 있지만, 역으로 더욱 세련된 형태로 거대해진 시장의 유통망을 타고 소비자를 유혹할 가능성이 있음을 의미한다.

그러나 도교 정신의 핵심을 한 마디로 요약한다면 “나의 생명은 나에게 달려있지 하늘에 달려있는 것이 아니다[我命在我不在天]”[39]라고 할 수 있다. 즉, 나의 생명은 내가 얼마나 잘 보양하느냐에 달려 있지 하늘에 달려 있지 않다는 것이다. 이는 생명에 대한 애착을 보여줄 뿐 아니라, 인간의 운명을 능동적으로 개척해나가려는 강한 의지도 보여준다. 이는 현대화가 도교의 구태에 엄숙한 도전으로 다가올 것 가능성도 있기는 하지만 도교가 가진 개척의지가 현대화 과정에서 도교에 새로운 기회를 제공할 수도 있다는 것을 말해 준다. 도교의 기본 정신은 새로운 사회의 도래에 긍정적 기여를 할 것이며, 현대화된 사회는 도교정신이 숨 쉴 수 있는 새로운 공간을 창출해 줄 것이다.[40] 장기간의 투쟁을 통해 천상에서 지상으로 권능을 끌어내려 이룩한 서구의 현대화가 지상(此岸)만을 인정하는 도교적 사유를 기반으로 한 중국 사회에서 과연 어떤 형상을 띤 현대화가 될 것인지는 앞으로 보다 세밀한 연구가 진행되어야 할 것으로 보인다.

---

39) 『抱朴子·黃白篇』.

40) 도교와 중국의 현대화는 분명 쌍방간의 상호영향일 것이다. 당분간은 욕망 중심적 사유가 중국의 발전에 긍정적인 기여를 할 것으로 보이며, 장기적으로는 보다 합리적이고 이성적인 욕망 발현을 중시하는 청수파 계열의 도교가 보다 활성화되어 안정화된 시장과 시민의식을 흡수하리라 예상된다.

제7장

중국의 종교인식과 통제정책

▌강준영

1. 문제의 제기

　　1970년대 말부터 시작된 중국의 개혁개방 정책이 중국의 각 분야에 공전의 변화를 가져왔음은 주지의 사실이다. 경제 발전이 주도해 온 지난 25년에 걸친 중국 사회의 변화는 이제 문화·사상적인 측면에까지 깊은 영향을 미치고 있다. 때문에 많은 사람들은 중국이 채택한 경제의 시장화가 문화·사상적 차원에까지 시장화의 길로 접어드는 게 아닌가하는 의구를 표시하고 있다. 특히 서방과는 다른 전통을 가지고 있는 중국의 종교문제는 이러한 추세의 중심에 서 있다고 해도 과언이 아닐 것이다.

　　중국사회주의와 종교 간에 존재하는 상호 적대성은 장기간에 걸쳐 중국 당국으로 하여금 종교는 소멸되어야 하며 당연히 소멸 될 대상으로 인식하게 만들었다. 중국 당국의 입장에서 종교의 소멸이란 인민들의 신앙을 모종의 강제적 역량으로 그 소멸의 속도를 더욱 가속화할 수 있거나 자연적으로 소멸되는 것을 가리킨다.

　　중국 사회주의 이데올로기의 입장에서 보면 장기적으로 종교와의 공존은 불가능하다. 그러나 중단기적으로 현재 중국사회에서 종교와의 공존은 피할 수 없는 현실이다. 이미 중국에는 표면적으로 5개의 종교단체가 법적·제도적 지위를 보장받고 있으며 신흥 종교의 색채를 띤 각종 종교가 활성화되고 있기 때문이다.[1) 결국 중국 당국이 여하히 종교와의 공존을 도모할 수 있을 것인가가 문제가 될 것이다. 다시 말해 공산당이 통치하는 사회주의 중국에서 종교와의 공존은 결국 중국 정권이 관리하는 종교, 즉 통제 하에서의 종교와 제한된 신앙의 자유라는 형태를 띠게 된다.

중국이 이와 같은 태도를 취하는 이유는 마르크스-레닌주의에 기초한 종교관과도 밀접한 관계가 있지만 더욱 근본적인 원인은 다양화된 형태로 지역성 세포형태를 띤 중국의 전통종교가 중국 사회에서 가장 효율적인 사회 통합 메커니즘으로서의 기능을 해 왔으며 중국 사회에 소위 '초안정 구조'(超穩定結構, ultra-stable system)를 제공했기 때문이다. 즉 중국 사회주의 정권은 자신들의 통치체제를 일원화하는 당국체제(party-state system)의 확립과 공고화를 위해 종교에 대한 전면적인 압박이 필요하였고 이를 '봉건적 미신'으로 치부하게 된다.2) 종교가 가지고 있던 민간 상징의 체계적 함의를 공산주의라는 유사 공동체로 재해석하고 대체하고자 했던 것이다.3) 따라서 중국에 있어서 종교의 존재는 바로 중국사회를 이끄는 중심 세력인 공산당에 대한 도전으로 간주되었기 때문에 종교에 대한 통제는 바로 사회의 안정과 밀접한 관계를 갖게 된 것이다.

그러나 개혁개방의 추진과 더불어 중국은 개혁개방의 순조로운 진행을 위하여 종교에 대한 관용정책을 취하기 시작했으며4), 동시에 정권의 합법성을 담보하기 위한 사회·경제 영역의 자주성 확대는 종교의 발전에 경제적 기초를 제공하였다.5) 이제 중국에는 사회주의의 통제 밖에서 기능 하려는

---

1) 중국의 종교 부활 추세에 관해서는 강준영, "중국 개혁개방과 종교의 부활," 『중국학연구』, 제24집(2003)을 참조.
2) 陳重成, "全球視野下的中國民間宗敎: 象徵體系的變遷與現代化進程," 『全球化與兩岸宗敎發展學術研討會論文集』(臺北: 政治大學東亞研究所, 2003), p. 3.
3) 유사 공동체로서의 공산주의와 종교의 대비는 유물변증법과 하나님, 마르크스와 메시아, 무산계급과 선민, 공산당과 교회, 혁명과 예수, 자본가에 대한 처벌과 지옥, 공산주의의 이상과 천당으로 대비해 볼 수 있다. 陸以哲, 『中共怎樣對待宗敎?』(香港: 友聯出版社, 1953), p. 5; 陸以哲, 『困乏多情: 中港敎會評論集』(香港: 建道神學院, 1997), p. 4 참조.
4) Helen Siu, "Recycling Rituals," Perry Link, Richard Madsen, Paul G. Pickowicz, *Unofficial China: popular culture and thought in the People's* (Boulder: Westview Press, 1989), pp. 121-137.

다양한 형태의 종교가 출현하였으며 또 출현하고 있다.

본 논문은 종교에 대한 관리와 통제가 중국 사회주의의 안정과 밀접한 관계가 있다는 중국 당국의 인식에 근거하여 중국의 종교에 대한 통제와 종교와의 충돌을 분석해 봄으로써 중국의 종교 인식을 규명하고 장기적으로 중국에서 사회 안정에 대한 종교 통제가 가능한지를 고찰해보고자 한다.

2. 중국의 대 종교 인식의 기본 원칙

1) 중국의 종교에 대한 기본 인식

중국의 종교에 대한 기본인식에 있어 가장 핵심적인 부분은 바로 마르크스주의적 종교관의 견지이다. 중국공산당과 정부는 마르크스주의적 종교관을 통해 종교를 이해하고 그런 이해를 견지해나가고 있다. 따라서 종교란 잘못된 세계관이며, 외부적 힘이 사람의 두뇌에서 생겨난 환상의 반영이라고 생각한다. 또 종교란 인류사회 발전에서 나타나는 일정 단계의 역사현상으로 발생과 발전 그리고 소멸의 과정이 있으며, 종교 신앙, 종교 감정 그리고 종교 신앙과 감정에 관련된 종교의식과 종교조직은 모두 사회적 역사적 산물로 간주하고 있다.

종교개념의 발생에 대해서도 마르크스주의적 종교관은 생산력 수준이 낙후된 상황 속에서 원시인의 자연현상에 대한 신비감에서 연유된다고 보고 있다.

---

5) Pitman B. Potter, "Belief in Control: Regulation of Religion in China," *The China Quarterly*, No. 174 (June 2003), pp. 317-337.

그러나 인류사회가 계급사회로 진입되면서 계급사회는 종교가 존재하고 발전하는 데 가장 심각한 사회적 근원이 되었다고 파악하고 있으며, 인류 사회가 사회주의 사회로 진입하면서 종교가 존재하는 계급적 근원이 기본적으로 사라지게 되었다고 본다. 그러나 사람들의 의식이 아직 진보되지 못하고 천재지변으로 인한 각종 고통, 일정하게 존재하는 계급투쟁과 복잡한 국제환경으로 사회주의 사회에서도 종교는 장기적으로 존재한다. 그러나 종교는 종국(終局)에 가서 소멸될 것이라고 확신한다. 종교는 사회주의, 공산주의 사회가 장기적으로 발전하고 모든 객관적인 환경이 조성되고, 종교존재의 인식적 근원과 사회적 근원이 없어질 때 자연적으로 소멸될 것으로 판단하고 있는 것이다.

이러한 관점의 연장선상에서 사회주의 종교관의 또 하나의 핵심은 통일전선적 가치에서 종교를 인식하고 있다는 점이다. 종교는 사회주의 시기의 중국에서 장기적으로 존재하는 문제임에는 모두들 동의하고 있다. 따라서 사회주의 중국 건국 이후의 역사적 경험에서 볼 때 종교를 단기간 내에 적극적으로 소멸하거나 종교적인 업무들을 행정적인 명령으로 처리해서는 안 된다는 것에는 의견의 일치를 보고 있다. 중국 당국은 현재의 사회주의시기에 있어 오히려 종교의 '통일전선(統一戰線)적 가치'를 인정하여 적극적으로 당과 국가의 사업에 동참시켜나가고 이끌어야 한다고 생각한다. '통일전선적 가치'에서 볼 때 종교는 사회주의 문명의 건설, 사회와 정치의 안정, 국가와 민족의 통일, 경제발전, 대외교류 나아가 사회주의 현대화 건설에 중요한 요소로 작용할 수 있다. 때문에 중국 공산당과 정부의 지도자들은 종교와 종교업무를 고도로 중시해야 한다고 주장하고 있는 것이다.[6]

그렇다면 각 종교에 대한 중국 당국의 인식은 어떻게 나타나고 있는가. 중국 당국은 전통종교로 분류되는 불교, 도교는 중국 정권과 국가 정치 그리

---

6) 葉永文, 『宗敎政治論』(臺北: 揚智文化圖書公司, 2000), pp. 107-108.

고 사회 안정에 위협적인 작용을 하지 않는다고 보고 있다. 왜냐하면 불교와 도교는 중국역사 속에 뿌리를 내린 지 오래되었고, 국교로서의 전통도 없었기 때문에 국가의 정치생활과 사회생활에 크게 간여하지 않아 왔기 때문이다. 약 1억 명에 달하는 중국의 종교 신도 중에 불교와 도교신도가 70% 이상을 차지한다. 따라서 불교와 도교 신도의 안정은 결국 전체 종교와 종교 신도의 안정에 매우 중요한 역할을 한다.

이슬람교는 분포 지역차가 매우 크기 때문에 지역마다 특징이 매우 다르다. 동부지역의 이슬람교 신도들은 적은 숫자로 인하여 일정한 세력을 형성하지 못하고 있어 현지의 정치와 사회 안정을 위협하는 요인들이 조성되지 않았다. 그러나 서부지역의 이슬람교는 신도가 많고 규모가 크며 세력도 강하다. 또한 민족 문제와 함께 분쟁을 일으키고 있어, 이미 서부지역 정치와 사회 안정에 커다란 영향을 끼치고 있다. 특히 티벳 불교 상황은 이슬람교와 공통점이 많은데 이 두 종교가 모두 국제 문제화되어 중국 정치와 사회생활에서 최대의 불안정한 요소를 이루고 있다. 다만 둘 사이의 차이점은 우선 티벳 불교는 지역적인 종교로 칭짱(靑藏)고원에 국한되어 있고, 국외 종교와의 관계도 많지 않으나 이슬람교는 세계 3대 종교 중 하나이며, 포교 범위가 광활하고, 각 국의 이슬람교와 종교적인 연관성이 많다는 것이다.

천주교는 비록 독립을 주장하는 분열세력이 존재하지 않지만, 천주교 내부의 애국세력과 지하세력의 투쟁은 이미 중국의 정치와 사회 안정에 현실적인 위협이 되고 있다. 중국 당국은 천주교 지하세력의 최종 목적이 중국의 천주교회 전체를 다시 바티칸의 통제 속으로 끌어 들여 중국에 대한 평화적 정권 전이를 기도하고 있다고 여긴다. 기독교는 전 세계적으로 약 2백여 개의 교파가 있고, 이미 70여 개가 중국에 유입되었다. 비록 기독교는 조직체제가 천주교만큼 엄밀하지는 않지만 교파가 많기 때문에 침투력이 더욱 강하다. 중국은 기독교의 교파가 많고, 지하에서 활동하는 특성 상 잠재적 위해성에 대해 상당한 경계심을 가지고 있다.

2) 사회주의 중국의 종교에 대한 기본 인식과 이해

중국공산당과 정부는 공식적으로 사회주의 시기의 중국의 종교가 다섯 가지의 성격을 지니고 있으며, 이 다섯 가지의 성격과 특성으로 종교를 인식하고 이해하고 있다. "종교의 다섯 가지 성격 설"(宗敎五性說)은 1950년대 당시 통일전선부 부장이었던 리웨이한(李維漢)이 제기하였고, 1960년 통일선전부 부부장인 장즈이(張執一)가 전국종교업무회의에서 종교의 다섯 가지 성격을 논 한데서 비롯되었다. 그 후 "종교의 다섯 성격 설"은 공공연하게 종교인식과 이해의 틀이 되고 있다.

중국 공산당과 정부가 제시한 종교의 다섯 가지 성격은 다음과 같다. 첫째는 장기성이다. 즉 종교가 소멸되기 위해서는 장기적인 시간과 여러 조건들이 구비되어 져야 한다는 주장이다. 현재 중국은 사회주의 초급단계에 처해 있으므로 종교가 소멸될 때까지는 장기적인 시간이 필요하며, 현재 중국의 역사 단계에서 종교는 장기적으로 존재할 수밖에 없다는 것이다. 따라서 종교가 사회주의와 잘 적응 될 수 있도록 해야 한다는 입장이다. 둘째는 군중적 성격을 들 수 있다. 공식통계에 따르면 현재 중국의 종교 신자는 약 1억 명이 된다. 비록 전체 중국인구의 10%도 되지 않으나 종교는 중국인 속에서 확실히 많은 군중을 확보하고 있다. 만약 종교 신도들을 적대시하고 신도군중과 비신도 군중 사이에 긴장과 갈등을 조성하게 된다면 중국이 추진하는 사회주의 현대화에 부정적인 영향을 미칠 수 있다. 종교는 군중적 성격을 지니고 있기 때문에 사회 정치적 힘이 될 수 있으며, 따라서 종교가 공산주의 이념과 다르다고 무분별하게 또는 일방적으로 반대하는 것을 삼가해야 한다는 것이다.

세 번째로는 민족적 성격을 들 수 있다. 중국에서 불교와 이슬람교는 이미 많은 소수민족들 속에서 광범위하게 퍼져 있는 종교이다. 따라서 이들 종교에 대한 부적절한 태도와 정책은 민족적 감정을 자극시켜 국가와 사회의 적대적 세력으로 등장할 수 있다. 그렇게 되면 사회주의 중국의 민족 단결에 부정적 영향을 미치게 된다는 것이다. 현재 중국에서는 회족, 위구르족, 장족, 몽고족, 티벳족 등이 민족단위로 종교를 신봉하고 있다. 네 번째로 국제성을 들 수 있다. 이미 종교를 신봉하는 것은 국제적 현상으로 전 세계의 종교 신도는 약 25억 명에 달해 전 세계인구의 60%를 차지하고 있다. 불교, 이슬람교, 천주교, 기독교 등은 세계적인 종교이다. 종교의 국제성은 같은 종교를 신봉하는 사람들, 집단 그리고 국가와의 우호왕래, 세계평화 증진, 경제 및 기술, 문화교류에 중요한 통로가 되기 때문에 종교가 지니고 있는 국제성을 간과해서는 안 된다는 것이다.

마지막으로 복잡성을 들 수 있는데 종교는 종교 신앙뿐만 아니라 종교 감정, 종교조직 등이 복합적으로 포함되어 있다. 뿐만 아니라 각 종교는 나름 대로의 다양한 교파와 복잡한 국제관계를 지니고 있기 때문에 종교와 종교 업무는 반드시 신중하게 다루어야 한다고 본다. 따라서 제도적인 정책과 법률 관리가 필요하며, 감정적으로 또 인위적으로 종교업무를 처리해서는 안 된다는 인식과 이해를 가지고 있다.

3) 종교문제와 업무 처리에 대한 기본 인식과 원칙

종국적으로는 종교 소멸론을 주장하는 중국 공산당과 정부도 현재 상태에서는 종교의 불가피한 존재성과 그 영향력을 인정할 수밖에 없다. 이러한 관점에서 종교문제 인식과 처리에 대해 서샤오원(攝小文)은 '세 가지 관점'(三個觀點)을 제시하였고, 장쩌민(江澤民)은 종교 업무 처리에 있어 '세 마디 말'(三句話)을 원칙론으로 강조하고 있다.7) 종교문제를 인식하고 처리하

---

7) "세 마디 말"(三句話)이란 1993년 11월 당시 중국 공산당의 총서기였던 장쩌민이 전국통전업무회의(全國統戰工作會議)에서 행한 종교 문제에 대한 지침으로 현재 중국의 대 종교 문제 처리에 있어 최고의 지도 원칙으로 볼 수 있다.

는 세 가지 관점으로는 정치적·군중적·정책적 관점을 들 수 있다. 우선 정치적 관점이란 '종교가 중국의 개혁개방, 사회발전, 정국(政局)안정이라는 대세(大勢)에 긍정적으로 작용해야 하는 것이며, 또 국가의 장기적 통치와 안정에 유리하게 작용해야 한다'라는 관점에서 종교문제를 인식하고 처리해나가는 것을 의미한다. 즉 종교가 사회질서와 안정을 혼란시키거나 경제건설에 방해가 되어서는 안 된다는 것이다. 군중적 관점이란 종교문제를 인식하고 처리하는 데 있어 중국에 1억 명 이상의 종교 신봉자가 있음을 명심하여 상호존중하며, 종교 신도·군중을 적대세력으로 간주해서는 안 된다는 것이다. 즉 항상 종교 신도의 단결과 종교 신도와 비 종교 신도 사이의 단결을 중요 시 해야 하며, 종교 신도와 군중의 감정을 격동시키지 않도록 유의해야 한다는 점을 강조한다. 정책적 관점이라는 것은 종교문제를 인식하고 처리하는 데 있어 항상 마르크스주의적 종교관과 당의 기본적 종교정책을 지켜나가야 한다는 것이다.

장쩌민의 종교업무 처리 세 마디 말 역시 이 범주를 벗어나지 않는 원칙론적 설명이다. 즉 종교업무를 처리하는 과정에서 기본적 원칙을 밝혀야 할 때는 항상 마르크스주의적 종교관과 당의 종교정책을 가지고 판단해야하며, 종교업무를 처리하고 관리하는 과정에서는 항상 법에 입각해서 보호하고, 통제하고, 제재하고, 금지 해나가야 한다는 것이다. 마지막으로 종교업무를 처리하는 데 있어 구체적으로 구현되어야 할 목표를 강조할 때 종교와 사회주의 사이의 상호적 응을 논해야 한다고 주장한다. 종교와 사회주의 사이의 상호적응은 두 측면이 있는데 첫째는 당과 국가에서는 종교 신앙의 자유를 보장하는 것이며, 둘째는 종교와 종교조직, 종교 신자들은 국가를 사랑하고 헌법과 법률들을 준수하며, 국가와 사회 안정에 도움이 되며, 사회주의 건설에 동참하는 것을 전제로 한다는 관점이다.[8]

3. 중국의 종교 인식 변천

중국의 종교에 대한 인식은 1949년 사회주의 중국 수립 이후 시기적·
내용적으로 세 단계의 인식 변화를 거쳐왔다.

1) '아편론'(鴉片論)으로서의 종교 인식 : 중국 건국 초~1970년대 말

이 시기에 있어 중국 공산당과 정부의 종교관은 종교가 한 마디로 아편
이라는 관점이었다. 마르크스가 종교는 아편이라고 설파했을 때의 아편은
단순한 마취라는 의미를 가지고 있었으나 중국어로 번역된 후에는 단순한
마취의 정도를 넘어 사람의 마음을 독화(毒化)시키는 제국주의 침탈의 도구
로 해석되었다. 즉, 당시 중국 당국의 인식 속에서의 종교는 '낙후되고 잘못
된 것'이었다. 다만 이시기 중국이 주창한 '종교 신앙의 자유'는 종교가
무해하지 않다는 것이 아니라 중국 내, 특히 소수민족들이 신봉하는 종교의
존재를 일방적인 압제로만 해결할 수 없었기 때문이다. 이러한 인식으로 인
해 도교, 불교 및 중국 이슬람교 같은 토착 종교는 단결의 수단으로 강조되게
되지만, 기독교, 천주교 등은 외래 종교로 분류되어 투쟁의 대상이 된다.[9]
그 후 한국전 참전으로 미국과의 대결이 불가피해지자 중국 내 기독교
단체들의 미국 지원을 우려해 기독교에 대한 강력한 압제 정책을 시행하였
고, 대약진시기 및 문화대혁명 시기에는 토착 종교도 반동적인 사상·문화
로 간주, 철저한 탄압을 가하였다. 한 마디로 이 시기 중국의 종교인식은

---

8) 사실 이러한 원칙들은 당대 중국 종교 정책의 근간이 되는 "關于我國社會主義時期宗敎問題的基
本觀點和基本政策的通知"(1982年 3月 31日)에 잘 나타나 있다. 中國國務院宗敎事務局,『新時期
宗敎工作文獻選編』(北京: 宗敎文化出版社, 1995), p. 53.
9) 羅竹風,『中國社會主義時期的宗敎問題』(上海: 上海社會科學院出版社, 1987), p. 169.

종교를 소멸되어야 할 탄압의 대상으로 여겼다고 할 수 있다.

2) '협조론'으로서의 종교 인식 : 1970년대 말～1990년대 초

이 시기는 중국이 사회주의와 종교 간의 협조관계를 강조한 시기로 볼 수 있다. 중국 당국의 표현을 빌리자면 '무신론을 신봉하는 사회주의 공산당은 세계관이나 인식론적인 측면에서 종교와 협조하는 것은 불가능하다. 그러나 인민과 사회를 위해 봉사하는 공산당의 정치적 임무를 생각해보면 협조가 가능하다'는 것이다.[10] 중국 당국이 말하는 협조는 크게 네 가지 측면으로 살펴 볼 수 있다. 우선 정치적 측면으로는 신자와 비신자가 애국주의에 기초해 단결할 수 있다는 것이며, 사회적으로도 신자와 비신자 공히 인민과 사회를 위한 봉사에 협조할 수 있다는 것이다. 또 학술 연구와 국제교류 등에 있어서도 신자와 비신자의 구분 없이 우의 증진과 세계 평화에 기여할 수 있으며, 당과 국가는 인민들의 종교 신앙의 자유를 보호한다는 견해다. 즉 애국주의와 사회주의를 기초로 더 이상 종교의 소멸과 발양, 발전이라는 이분법적 논리가 아니라 있는 그대로 협조체제의 구축이 가능하다고 인식한 시기라고 할 수 있다.

중국 당국은 문화대혁명이 막 종료된 이 시기 초부터 확실히 중국 내 종교의 장기적 공존성을 인식하기 시작했으며 종교에 대한 일방적 탄압이 아닌 종교를 이용하는 기능적 접근을 시작했다고 볼 수 있다. 중국 당국의 인식이 개혁개방 시기와 맞물리면서 기본적으로 그 현실성을 인정하면서 유화적으로 바뀌기 시작한 것이다.

---

10) 羅竹風, 『中國社會主義時期的宗敎問題』, pp. 99-100.

3) '적응론'으로서의 종교 인식 : 1990년대 이후~ 현재

적응론이란 '종교와 사회주의 사회가 서로 조응해야 한다'는 것이다. 중국 당국은 '종교 단체와 조직 그리고 성직자와 신도는 사회주의의 정치제도, 경제제도, 법률제도와 서로 조응할 수 있는 기초가 이미 이루어졌다'고 주장한다. 이 양자가 서로 적응할 수 있는 것은 우선 중국의 종교가 중국 공산당의 영도 아래 이미 중국화(中國化)되었기 때문'이며, 사회주의의 영도 하에 중국의 정치, 경제, 사회상황이 변화하여 종교와 사회주의 간의 모순이 완화되었고, 중국의 헌법・법률이 종교의 자유를 보장하고 있기 때문이다. 또 정교분리의 원칙이 잘 이루어지고 있으며, 애국주의의 기치 아래 종교계 인사도 국가의 주인이 되었기 때문에 사회주의와 종교 간에는 모순보다는 국가발전, 조국통일, 세계평화를 위한 필연적인 상호 적응 기초가 확립되어 있다는 것이다.[11]

이상에서 알 수 있듯이 중국의 대 종교 인식변화는 확실히 종교의 소멸을 염두에 둔 '아편론'으로부터 '협조론'을 거쳐 '적응론'까지 이어지고 있음을 알 수 있다. 물론 종교에 대한 근본적인 인식의 변화가 동반되었는지는 차치하더라도 현실적인 변화에 따라 종교에 대한 인식과 정책 변화가 수반되고 있음은 분명하다. 중국의 종교 인식에 근거 중국의 종교관을 귀납해 보면 종교 이념과 사회주의 이념의 근본적 차이, 즉 유신론과 무신론의 모순에 대해서는 타협의 여지가 없으나 사회주의가 강조하는 인간의 해방이라는 차원에서는 상호 조응이 가능하다는 것이다. 중국이 강조하는 종교의 존재는 인정하나 종교의 가치나 기능은 더 이상 논하지 않는다는 정책 역시 이러한 인식의 산물이라고 할 수 있다.[12]

---

11) 중국 당국이 말하는 중국 종교의 '중국화'란 중국의 종교가 외국 종교의 지배를 받지 않고 있으며, 종교가 착취계급으로부터 해방되었다는 것을 뜻한다. "中國的宗敎信仰自由狀況白皮書," http://www.cathlinks.org/wp.htm.
12) 夏志前, "從中國宗敎的人文傳統看'相適應'," 『中國宗敎』, 2003年 第8期, 中國西藏新息中心,

4. 당대 중국의 종교 통제 정책

중국 당국이 비록 종교와 신앙의 자유를 인정한다하더라도 그 이면에 도사린 많은 전제는 중국 종교 정책의 통제성을 잘 나타내주고 있다. 예를 들어, 중국 종교법에서 말하는 '종교를 믿을 권리와 믿지 않을 권리'는 일반인들에 대한 표면적 선언에 불과하며, 공산당원들에게는 여전히 무신론이 강조되고 있고 어떠한 종교활동에도 참여할 수 없게 제한되어 있다. 이는 당연히 당원은 당의 기본 임무에 복종해야 하며, 종교와 국가기관의 분리 원칙을 견지해야하고 종교 문제에 있어 좌, 우 착오에 대한 논의를 할 수 없다는 원칙에 근거한 것이다.[13]

앞에서 살펴본 중국의 종교 인식 변화과정에서도 나타났듯이 중국 당국은 종교문제를 정치문제로 파악하고 있다. 즉, 중국의 종교에 대한 태도는 결국 전 중국의 종교 신도와 비신도가 연합하여 현대화된 사회주의 강국 건설에 매진해야 한다는 것이다.[14] 결국 중국 당국에게 종교 문제는 '사회주의 강국 건설'의 도구로 인식되고 있음을 알 수 있다. 따라서 종교 관리 정책 역시 사회주의 현대화 건설에 위배되는 행위를 제어하는 통제형 관리 체제를 기본으로 하고 있으며 발전을 위한 사회 안정 확보에 그 초점이 맞추어져 있다.

중국은 1982년 헌법에 신앙의 자유를 명확하게 규정한 바 있다. 그러나 실질적인 종교 정책은 상당한 통제성을 띠고 있으며 이는 1982년 3월 중국 공산당에 의해 제정된 19호 문서, 즉 "중국 사회주의 시기 종교 문제의 기본 관점과 기본 정책에 관한 통지"(關于我國社會主義時期宗敎問題的基本觀點

---

http://www.tibetinfor.com.cn/zt/zt200200392484036.htm.
13) 朱越利 主編, 『今日中國宗敎』(北京: 今日中國出版社, 1994).
14) "關于我國社會主義時期宗敎問題的基本觀點和基本政策的通知."

和基本政策的通知)와 1991년 공포된 6호 문서로 불리는 "종교 업무를 가일
층 잘 처리하기 위한 약간의 문제에 관한 통지"(關於進一步做好宗敎工作若
干問題通知) 및 1994년에 반포된 "종교활동 장소 관리조례"(宗敎活動場所
管理條例)에 잘 나타나있다.

1) 19호 문서

약 20만 자에 달하는 소위 19호 문서는 중국의 종교관과 중국 종교의
성질, 당의 종교 업무에 대한 반성 및 종교 정책에 관한 내용 등 12개항의
종교 사무를 규정하고 있다. 여기서 일반적인 종교 신앙의 자유 및 법률적
보호에 관한 내용을 제외하고 통제적 성격을 띤 주요 내용을 살펴보면 다음
과 같다.

첫째, 애국 종교 조직의 통일전선 작용을 발휘하여 국가와 민족의 단결
을 유지 보호한다.

둘째, 종교 신앙의 자유를 제한하여 종교활동이 사회주의 제도 반대, 민
족 단결 파괴, 사회 치안을 위해하게 해서는 안 되며, 동시에 합법적인 종교
로는 불교, 도교, 이슬람교, 기독교와 천주교 등 다섯 가지 종교만을 허용한
다.

셋째, 종교활동 장소는 반드시 당국이 허가한 장소에서만 종교활동이 가
능하도록 한정하고 반드시 종교 성직자가 활동을 주재하도록 한다.

넷째, 국외의 종교 조직이 중국의 종교 사무에 간여하는 것을 금지하며,
국외의 세력이 중국에서 '평화적 정권 전이'(和平演變)를 도모하는 것을
방지하기 위하여 중국 공산당은 어떤 국외의 교회나 종교 인사가 중국의
종교 사무에 간여하는 것을 결연히 거절한다. 동시에 외국의 종교 조직이
어떠한 방식이든 중국에서 선교를 하거나 종교 선전 자료를 대량으로 도입,
배포하는 행위를 절대 허가하지 않는다. 모든 국외의 종교조직 또는 종교계

인사는 성급 또는 국무원 종교 사무국의 비준을 받아야 만 중국을 방문할 수 있다.[15]

이상의 내용을 살펴보면 중국 당국의 종교에 대한 태도가 확실히 정치적 고려로 경사되어 있으며, 종교에 대한 적대 정책이 크게 변화되지 않았음을 알 수 있다.

2) 6호 문서

1991년 공포된 6호 문서는 기본적으로 19호 문서의 내용과 정신을 그대로 답습하고 있으나 '법에 따른 종교 사무 처리'와 '종교와 사회주의 사회의 조응을 위한 적극적 인도' 등의 관점이 새롭게 추가되었다.[16]

우선 '법에 따른 종교 사무 처리' 부분에 있어서는 주로 종교와 관련된 입법 업무를 강화해 종교 관련 법률과 법규를 정비하여 종교 정책을 사회 규범화함으로써 종교에 대한 효과적인 감독, 관리를 통해 중국 종교의 발전을 추진한다는 내용이다. 이후 중국의 종교 정책은 법제화를 통해 종교 사무 관리가 강화되었다.

'종교와 사회주의 사회의 조응을 위한 적극적 인도' 부분은 당과 국가가 종교 발전을 인도하는 과정에 있어서의 정치적 영도 역할을 강조하고 있다. 특히 사회주의 체제와 종교간의 주종 관계를 규정 '사회주의 체제하의 종교'를 명문화했으며, 그 최종 목표가 중국적 특색을 지닌 사회주의 사회의 건설에 있음을 밝히고 있다.

---

15) 中華民國行政院大陸委員會, 『大陸宗教槪況(1996-2001)』(臺北: 中華民國行政院大陸委員會, 2002), pp. 12-14.
16) 王作安, "宗敎理論和政策發展中的重要里程碑," 『中國宗敎』, 2001年 第2期, pp. 12-13.

3) 종교활동 장소 관리 조례 (국무원 154호 문서)

1994년 1월에 반포된 이 조례는 종교활동 장소의 규범화를 통한 관리 방식의 규정에 그 주요 목적을 두고 있다.[17]

우선 종교 장소에 대한 등록제를 채택하고 있는데, 종교 장소란 종교활동을 전개하는 불교, 도교 사원, 이슬람 사원 및 교회 등의 고정 장소를 가리킨다. 여기서 종교 장소는 반드시 행정 단위의 감독을 받게 되어 있으며, 특히 해외 종교 조직의 지원이나 개인의 헌금 등에 대해서 국가 관련 법규의 제한을 받도록 규정하고 있다. 종교 장소의 사용에 있어서도 엄격한 규정을 적용하고 있으며 현급 인민정부가 이 조례의 지도, 감독 기구임을 명시하고 있다.

중국이 종교에 관해 이처럼 세밀한 규정을 만든 것은 종교의 복잡성에 대해 철저한 인식을 하고 있기 때문이며 '종교 문제는 작은 일이 없다'는 역사적 경험에 대한 인식 때문이다. 따라서 중국 당국은 중앙에서 지방 기층까지 각종 메커니즘을 설정, 당과 국가 그리고 종교의 관계를 조절하고 있다. 이러한 조절 메커니즘에는 법률과 법규의 제정을 통한 종교 단체의 활동 통제 및 정치 협상의 방식으로 진행되는 당, 정부와 종교 단체 간의 의견 교환이나 비정기적인 정교 간 대화가 포함된다. 물론 이러한 행정적 지도나 관리 메커니즘의 운영에는 각 종교 단체가 반드시 당과 정부의 영도를 받는다는 전제가 필수적이다. 그렇지 않으면 중국 당국에 의해 타도의 대상이 되기 때문이다.[18]

이상의 정책문서를 살펴보면 결국 중국 당국이 종교의 가치와 존재를

---

17) 이 조례에 관한 상세한 내용은 葉永文, 『宗教政治論』(臺北: 揚智文化圖書公司, 2000)의 부록을 참조할 것.
18) 關秉寅·楊開煌, 『九十年代大陸基督教發展現況研究』(臺北: 中華民國行政院大陸委員會, 2000), pp. 83-84.

용인하는 것은 종교계가 반드시 정치적으로 사회주의와의 일치성을 유지해야 한다는 즉 사회주의 제도, 당의 영도, 사회 안정, 민족 단결과 조국통일을 옹호해야 한다는 대 전제가 따른다. 종교와 종교단체의 합법적 존재는 중국 정부의 정책에 협조하고, 중국 정부의 영도를 받아들일 수 있느냐에 달려 있다고 해도 과언이 아니다. 이는 결국 중국 당국이 종교나 종교 단체의 권력을 장악하고 있다는 의미가 되는 것이기도 하다.

5. 중국 종교의 소생과 통제의 충돌

중국이 1978년부터 추진한 개혁개방 정책의 실시는 현대화 과정으로의 진입을 의미하며 이는 또한 일원적 종교나 이데올로기의 세속화과정을 의미하는 것이기도 하다. 경제발전이 국가의 목표가 되면서 이 목표의 실현을 위해서 필요한 여러 분야의 제도적 정비 및 개선 그리고 새로운 정책의 추진이라는 전반적 틀의 전환 속에서 종교정책도 개혁개방 이전의 탄압일변도 정책에서 신앙의 자유를 허용하는 정책으로 바뀌었다. 이러한 정책전환의 배경에는 최대 선결 과제인 경제발전을 이룩하기 위한 통일전선·전술적 고려와 개혁개방 이전 시기 종교 탄압 정책에 대한 반성 그리고 삼신위기를 들 수 있다.[19]

이러한 중국의 종교정책 변화는 각 종교의 소생을 가져 왔다. 20여 년에 걸친 중국 종교의 소생이 비록 위로부터의 정책전환에 따른 것이기는 하지

---

19) 개혁개방 이후 중국 종교의 소생을 불러온 배경에 관해서는 "Breakthroughs in Religious Research," *Beijing Review*, March 20~26 (1989); 劉勝驥, "中國大陸宗敎政策和工作的新局面," 『共黨問題硏究』, 2002年 第1期 第28卷; 전성흥, "중국의 개혁과 종교: 국가의 종교정책, 민간의 종교 활동, 지방의 종교 통제"를 참조할 것.

만 법적 신앙 자유의 회복과 각 종교협회의 조직 회복, 그리고 각 종교활동의 활성화를 통해 종교 사원 및 신도수가 증가하게 되어 2001년 현재 중국 5대 종교의 신자 수가 이미 1억 명을 돌파했으며, 30여 만 명의 성직자, 전국 3천여 개의 종교 단체와 십여만 개의 종교활동 장소 및 74개의 종교 관련 학교의 존재로 표출되고 있다.[20]

그러나 앞에서 살펴본 바와 같이 중국의 종교관이 근본적으로 바뀌었다는 근거는 찾기가 어렵다. 따라서 중국 당국의 정책적 고려 속에서 부활한 종교와 그 틀을 벗어나서 움직이고자 하는 종교는 분명히 정책 관리 측면에서 차이가 난다. 이러한 관점에 기초하여 중국 당국과 중국 종교의 소생간에 내재하는 문제점을 살펴보고자 한다.

1) 일방적 정교분리의 문제

중국은 적어도 표면적으로는 서방의 근대 계몽운동 이후 확립된 종교의 국정, 사법 사무, 학교 교육, 사회 공공 교육 등에 대한 간여를 허용하고 있지 않는 정교분리(政敎分離)적 문화법칙을 계승하고 있다. 그러나 이미 앞에서 살펴본 바와 같이 중국 당국은 국가의 정치 이익 수호와 정상적인 종교활동을 보호한다는 명목 하에 통제적 성격의 종교 관리 체제를 운영하고 있다. 이러한 점에서 중국의 정교분리는 사실상 반쪽짜리 정교분리일 수밖에 없으며 이는 정교분리의 근본정신에 위배되는 것이기도 하다.

중국 당국이 주장하는 종교 신앙의 자유는 소위 5대 종교의 합법적 단체에 국한되어 있다. 물론 이 5대 종교도 중국 당국은 불교와 도교는 전통종교

---

20) 개혁개방 이후 중국 종교의 전반적인 소생 추세에 관해서는 강준영, "중국 개혁개방과 종교의 부활"을 참조할 것.

로, 기독교, 천주교, 이슬람교는 외래 종교의 범주로 분류하고 있다. 특히 전통종교에 대해서는 미신이라는 편견을 갖고 미신적 요소의 타파에 주력해 왔다. 기독교, 천주교, 이슬람교에 대해서는 소위 삼자정신(三自精神)을 요구해 왔는데 삼자정신이란 자치(自治), 자양(自養: 독립 발전), 자전(自傳: 독립 전도)을 뜻하는 것으로 외부 세력, 즉 해외의 종교 조직이나 단체와의 연계를 단절시키려는 의도를 가지고 있다. 따라서 삼자정책을 따르지 않는 종교 조직이나 단체는 결국 지하 종교 단체가 될 수밖에 없다. 지하종교 단체가 되면 사교(邪敎)로 간주되어 철저한 탄압의 대상이 되는 것은 주지의 사실이다.

문제는 중국이 개혁개방을 지속적으로 추진하고 세계화가 진행되는 국제적 현실 속에서 중국 역시 다원화된 세계문화의 충격을 피할 수 없다는 것이다. 특히 종교와 관련해서는 해외 기독교와의 교류가 빈번해 지고 있으며 이는 중국 당국에게 두통거리를 제공하고 있다. 또 개혁개방 이후 해외로 유학을 떠난 많은 지식인들이 신자가 되어 귀국, 가정교회를 설립하기도 하는데 이들은 대부분 해외 종교 조직과 양호한 관계를 유지하고 있는 것이 특징이다. 중국 당국은 이러한 추세에 대응하기 위하여 조직을 갖춘 교회가 등록을 하지 않으면 사교로 간주하여 조직을 해체시키거나 벌금 부과 및 노동개조 등의 강경책을 쓰고 있다.21) 이는 해외 기독교 조직의 활동이 중국을 서구화 또는 분화시킬 수 있다는 경계심에서 나온 조치들이다.

결국 중국 당국은 자신들이 합법적 종교로 규정한 중국 내 5대 종교에 대한 관리정책은 기존대로 유지할 의지를 가지고 있지만, 교류 증가에 따라

---

21) 趙天恩, "大陸基督敎發展現況," 『大陸宗敎槪況(1996~2001)』(臺北: 中華民國行政院大陸委員會, 2002), p. 62. 이와 관련 중국은 1999년 제9차 전국인민대표대회 제12차 상무위원회에서 "사교 조직 해체와 사교 활동의 방지와 처벌에 관한 결정"(關於取締邪敎組織, 防犯和懲治邪敎活動的 決定)을 제정, 동년 10월 "반 사교 법률"(反邪敎法律)을 공포하여 외국인의 중국 내 선교활동 및 종교 선전물의 배포를 위법 행위로 규정하였다.

불가피하게 나타날 수밖에 없는 해외 종교의 중국 유입과 확산에 대해서는 이중적 정책을 쓸 것으로 보인다. 이는 중국이 종교를 정치의 부속물로 보고 있는 반증이기도 하다. 중국은 분명히 종교에 대한 정치 역량 강화를 통해 중국식 사회주의 건설로의 응집력 확보에 초점을 맞추고 있다.[22] 이러한 중국의 종교관과 자아 갱신이라는 내재적인 가치 기능의 확대를 추구하는 종교 본연의 속성과의 충돌은 불가피하다고 볼 수 있다.

2) 신흥 종교 문제

개혁개방의 효율성 제고와 이를 위한 과거보다는 상대적으로 관용적인 종교 정책에 따라 중국에서는 각양각색의 신흥 종교 및 종교적 색채를 지닌 조직이 출현하기 시작하였다. 물론 중국 당국은 그 합법적 지위를 보장한 5대 종교 이외의 종교는 비록 원류가 5대 종교의 범주에 속한다 하더라도 모두 사교로 간주하고 있다. 당연히 해외 신흥 종교의 중국 유입도 금지하고 있으며 중국 신흥 종교의 해외 확산도 허락하고 있지 않다. 중국 당국의 파룬궁(法輪功)에 대한 통제 역시 이러한 인식에 근거한다.

중국의 파룬궁에 대한 조치는 실제로 각종 신흥 종교나 종교 색채를 띤 조직에 대한 중국 당국의 입장을 철저히 반영하고 있다. 중국은 사교는 더 이상 종교가 아닐 뿐 아니라 불법 범죄조직이라고 주장하고 있다. 사교에 대해 중국은 '종교, 기공 또는 기타의 이름을 사칭하여 지도자를 신격화하며, 미신이나 사설(邪說)을 통해 사람들을 속일 뿐 아니라 조직원들을 통제함으로써 사회에 해악을 끼쳐 결국 사회질서를 동요시키는 불법 조직'으로

---

22) 馮今源, "試論新時期宗敎在中華民族騰飛中的作用," 『宗敎文化與民族發展兩岸學術硏討會大陸學者論文集』(昆明: 雲南大學出版社, 2002), p. 9.

정의하고 있다.[23]

　사실상 현대화를 추구하는 사회에서 인간의 공허한 정신세계를 만족시켜 줄 수 있는 신흥 종교의 출현은 어쩌면 불가피한 일인지도 모른다. 그럼에도 불구하고 중국 당국이 주목하고 있는 것은 신흥 종교의 확산에 따른 잠재적 위협에 대한 인식 때문 일 것이다. 물론 신흥 종교에 대한 견해는 중국 내에서도 의견이 분분하다. 일부 중국 학자들은 신흥 종교는 대부분 공업화, 현대화된 자본주의 사회에서 특이한 기능을 표방하면서 출현하여 반 전통적인 경향을 갖고 있을 뿐 아니라 반 인성(人性)적이기 때문에 절대로 받아들여서는 안 된다는 주장을 하기도 한다.[24] 반면 신흥 종교를 사교와 동일시해서는 안 되며 형법에 의한 엄정한 처리를 통해 혹세무민하는 사교의 출현은 억제할 수 있다는 비교적 신흥 종교를 옹호하는 주장을 하는 학자들도 있다.[25]

　그러나 중국 당국에게 중요한 것은 자신들의 통제 범위를 벗어나는 종교단체나 조직 자체의 존재가 문제가 되는 것이다. 특히 내부적인 신흥 종교의 출현은 일정 부분 통제가 가능하다 하더라도 해외에서 유입되는 지하 교회 형태의 조직과 단체들에 대한 통제는 실제로 골칫거리가 아닐 수 없다. 사실 중국 당국은 그 동안 중국 내에서 파룬궁 같이 기공단체의 명의를 가지고 출현한 '후한파이'(呼喊派), '먼투후이'(門徒會), '링링쟈오'(靈靈敎), '취판웨이쟈오후이'(全範圍敎會), '필립왕'(被立王), '주선쟈오'(主神敎), '선바선마'(神爸神媽) 등의 조직을 정리한 바 있다. 그러나 해외에서 유입된 신흥 종교에 대해서는 효과적인 통제를 가하고 있지 못하다. 이들 대부분

---

23) 『大陸宗敎槪況(1996~2001)』, p. 133.
24) 대표적인 책으로 陳麟書, 袁業愚 主編, 『宗敎社會學通論』(成都: 四川大學出版社, 1992)와 陳麟書 主編, 『宗敎觀的歷史, 理論, 現實』(成都: 四川大學出版社, 1996)을 참조할 것.
25) 戴康生 主編, 『當代新興宗敎』(北京: 東方出版社, 1999), p. 20.

이 지하 교회 형태로 활동하고 있기 때문에 정확한 자료를 구할 수는 없지만, 현재 중국에는 서방 기독교 운동의 영향을 받은 '둥팡산녠'(東方閃電), '싼반푸런'(三班僕人), '러우선청다오'(肉身成道) 등의 단체가 형성되어 있으며,26) 홍콩과 대만의 기독교회를 통해 '예수지두세수이링촨베이푸인퇀'(耶蘇基督血水靈全備福音團) 등이 이미 중국 각지에 일 천 여 개의 거점을 구축, 활동하고 있는 것으로 알려지고 있다.27)

이러한 상황으로 볼 때 향후 중국에서 중국 당국의 통제 가능한 종교에 대한 정책과 사교로 규정된 신흥 종교에 대한 처리는 이원적이 될 수밖에 없으며, 특히 해외에서 유입된 신흥 종교 문제 처리는 국제 사회의 견제 속에서 상당한 곡절을 겪게 될 것으로 보인다.

3) 종교발전의 문제

정치적 색채를 앞세운 중국의 종교 관리 정책은 종교 본연의 신성적(神聖的) 본질과 충돌이 불가피하다. 종교 자체의 발전과 깊게 연관되어 있는 이 문제는 크게 네 가지로 나누어 설명이 가능하다.

첫째로, 세속화와 신성화의 충돌을 들 수 있다. 중국 당국은 종교 단체들이 세속화된 현대 사회에 적응할 수 있기를 바란다. 그러나 종교 단체들이 추구하는 진정한 목표는 중국 당국이 원하는 세속화된 종교가 아니라 자신들의 교리를 널리 알리는 신성한 공간이 회복되기를 바라고 있다. 일부 학자들은 종교의 현대화 과정에 있어 세속화는 피할 수 없는 문화현상이라고 주장한다. 종교사회와 세속사회 간에는 분명 상당히 중첩되는 부분이 있는

---

26) 趙天恩, "大陸基督敎發展現況," p.62.

27) 繆家福, 張慶和 主編, 『世界之交的民族宗敎: 雲南少數民族宗敎形態與社會文化變遷』(昆明: 雲南大學出版社, 1999), pp. 230-232.

것도 사실이다. 종교는 사람을 중심으로 한 세속화의 수요를 신의 신성성을 통해 달성한다. 그럼에도 불구하고 중국 당국은 종교 단체가 신성(神性)과 신도(神道)의 추구에 관심을 가질 것이 아니라 중국의 현실적 정치·경제 수요에 발맞추어 세속화의 과정이 강화되어야 한다는 인식을 가지고 있다.28) 이러한 종교 본연의 가치정신 추구와 중국 당국이 요구하는 종교 단체의 세속화간에는 명확한 한계가 존재하며 이는 결국 또 다른 충돌을 불러올 소지를 가지고 있는 것이다.

둘째, 중국이 추진하는 현대화와 종교의 이에 대한 적응 능력의 충돌을 들 수 있다. 중국은 종교의 현대화도 강력히 주창하고 있다. 중국은 개혁개방 정책의 채택 이후 '현대화'를 일종의 만병통치약으로 보는 경향이 있다. 그러나 물질만을 추구하는 현대화의 병폐를 많은 국가들이 이미 충분히 경험하고 있다. 오히려 종교는 이러한 현대화의 부정적 조류를 보완하는 역할을 할 수 있는 것이다.

문제는 또한 종교가 그 속성상 반드시 현대화의 과정을 거칠 필요가 없다는데 있다. 중국 당국은 종교도 현대화되어야 소위 현대화의 조류에 보조를 맞출 수 있다고 주장한다. 그러나 현대화된 과학문명과 종교 문명의 정신세계가 반드시 충돌한다고 볼 수는 없다.29) 오히려 중국의 종교- 특히 합법성을 인정받고 있는 5대 종교는 중국 당국의 이러한 요구에 따라 신성 영역이 점차 위축되고 있으며 결국 세속화의 길을 걷고 있다고 해도 과언이 아니다. 이런 상황에서 중국의 5대 합법 종교에도 일련의 변화가 일어나고 있다. 중국 당국의 정치적 통제 하에 있는 5대 종교의 신도 성분에 변화가 나타나고 있는 것이다. 즉, 노년층과 부녀자, 농민 등 신도들의 낮은 교육 수준이

---

28) 陳麟書, "現代宗教世俗化趨勢的革新意義," 『1996年佛學硏究論文集: 當代宗教的發展趨勢』(臺北: 佛光出版社, 1996), p. 230.
29) 程世平, 『文明之源: 論廣泛意義上的宗教』(成都: 四川人民出版社, 1994), p. 257.

과거 신도들의 특징이었다면 현재는 점차 청·장년층 남자, 도시 근로자 및 화이트 칼러와 지식인들 그리고 생활이 비교적 윤택한 계층의 신도들이 늘고 있는 것이다.[30] 이러한 추세는 결국 중국 당국이 과거와 같은 방식으로 종교 문제를 관리하게 된다면 반드시 새로운 종교 충돌을 불러일으키게 될 소지를 제공하고 있다.

셋째로는 토착화와 공동화간의 충돌을 들 수 있다. 중국 당국의 종교에 대한 애매한 태도는 앞에서 살펴 본대로 이다. 표면적으로는 종교의 신앙 기능과 가치를 인정하고 있으나 실제로는 종교의 정신적 영역에까지 세속화를 요구하고 있을 뿐 아니라 종교의 공동화는 물론이고 당국이 원하는 관방 구호식의 정책을 수용하기를 강제하고 있다. 중국의 합법적 종교는 이러한 허구적 논리 위에 구축되어 있는 것이다. 중국의 종교는 실질적인 종교 실천을 추구할 수 없으며 민중에 뿌리를 내릴 수 있는 어떠한 행위도 할 수 없게 되어 있다. 한마디로 종교의 타락이라고 볼 수 있는 이러한 공동화 현상의 심화는 종교의 자주성과 대중 흡인력에 근본적인 문제를 던져 주고 있다. 그러나 중국의 세계화 추세, 국제적 종교 교류의 진전 속에서 종교 본연의 기능과 가치 추구 정신이 언제까지나 정치의 시녀 노릇을 하지는 않을 것이므로 장기적으로는 중국 당국과의 충돌이 불가피하다고 할 수 있다.[31]

마지막으로 본토화(本土化: 현지화)와 세계화의 충돌을 들 수 있다. 중국은 세계화 된 종교가 중국에 유입되는 것을 반대할 뿐만 아니라 국내 종교의 본토화도 반기지 않는다. 민간신앙에 대한 미신적 관점 및 소수민족 종교에 대한 이중정책 등을 살펴보면 적극적인 관리를 통해 소수민족의 대 종교

---

30) 馮今源, "試論新時期宗敎在中華民族騰飛中的作用," p.6
31) 종교는 인간의 심령을 정화하고 사회와 문화의 각종 폐단을 혁신해 사회문제에 관심을 갖게 하고 현실생활과 심령 간의 균형을 잡아준다는 명제를 강조한다. 현대 사회에 있어서의 종교의 역할과 기능에 대해서는 卓新平, 『宗敎理解』(北京: 社會科學文獻出版社, 1999)와 陳兵, 鄧子美, 『二十世紀中國佛敎』(北京: 民族出版社, 2000)를 참고할 것.

의존도를 감소시키려 하고 있음을 알 수 있다.[32] 당연히 각 종교 단체는
자신들의 종교를 널리 알려 국제화하고자 하는 희망을 갖고 있기 때문에
장기적으로 양자 간의 공존은 쉽지 않은 일로 보인다. 이상과 같이 중국의
종교 정책과 종교 간의 충돌은 현재 중국이 시행하고 있는 일방적 정교분리
추세와 통일전선적 인식이 지속되는 한, 종교의 사회교화 기능과의 충돌을
피하기는 어려울 것이다.[33]

사회의 질서와 안정의 도모라는 측면에서 종교문제는 종교 본연의 기능
과 역할과도 연계되어 있으나 중국의 19호 문건이 규정한 대로 민족 통일에
까지 영향을 미치는 민감한 문제이다. 현재 중국에서는 종교가 민족 갈등의
해소를 통한 사회안정과 통합에 매우 중요한 정치적 문제로 자리 잡아가고
있기 때문이다.

결국 중요한 것은 종교가 결코 소멸되어야 할 대상이거나, 현대화에 방
해가 되는 전근대성을 갖고 있다거나 또는 미신으로 치부하는 중국 당국의
근원적 종교 인식이 바뀌지 않고 있다는 점이다. 중국이 사회주의 체제를
유지하면서 사회 안정을 꾀하려고 한다면 중국 사회주의가 주창하는 시대에
따라 전진한다는 '위스쥐진'(與時俱進: 시대와 함께 전진한다는 의미)의 정
신에 따라 종교의 기능과 역할을 인정하는 것이 오히려 사회의 안정과 질서
를 유지하는 방법일지도 모른다.

---

32) 繆家福, 張慶和 主編, 『世界之交的民族宗敎: 雲南少數民族宗敎形態與社會文化變遷』, p. 10.
33) 吳梓明, "五十年來中國宗敎政策的回顧與展望,"『二十一世紀的宗敎展望』(香港: 中文大學崇基
   學院宗敎與中國社會研究中心, 2001), p. 22.

세계화와 서구사상의 수용 제3부

제8장

서구사상의 중국적 수용에 대한 연구 :

중체서용 논의를 중심으로

■ 황재호

1. 서론

중국의 현대화 과정에 있어서 서구의 문물과 사상은 어떤 영향을 끼쳤고 어떤 역할을 해 왔을까? 1978년 개혁개방 이후 중국의 눈부신 발전은 중체서용의 결과였는가 아니면 전면서화의 결과였는가? 아니면 이 둘의 조화를 통해 가능했는가? 중국 고유의 전통과 서구사상의 상이한 두 문화는 청말부터 전면적인 충돌과 융합을 시작한 이래 각 시기 중국의 특정한 역사 상황과 조응해 굴절하여 왔으며, 지금도 여전히 진행 중에 있다. 근대 이래로 중국에서는 체제 유지와 현실문제 해결의 긴장관계 속에서 서구사상의 올바른 수용에 관해 다양한 논쟁들이 있어 왔으며, 서학과 중학을 어떻게 이해해야 하며, 그 중 무엇이 주된 것이고 부차적인 것인지는 중국 연구자들에게 있어 여전히 어려운 문제라고 할 수 있다.[1]

---

1) 이와 관련된 논의로는 리쩌허우 저, 손세제 역, 『중국현대 사상사론』(서울; 교보문고, 1991); 장이화 저, 김승욱 역, "근대성의 추구와 당대 중국사상의 재구성," 『동아시아역사연구』 제7, 8집 (2002), pp. 159-175; 『李澤厚集: 思想, 哲學, 美學, 人』(黑龍江敎育出版社, 1988); 龔書鋒 主編, 『近代中國與近代文化』(湖南人民出版社, 1988); 中國人民大學淸史硏究所 編, 『中國近代史論文集』 上册(北京: 中華書局, 1979); 景海峰 編, 『儒家思想與現代化』(北京: 中國廣電視出版社, 1992); 錢穆, 『從中國歷史來看中國民族性及中國文化』(香港: 中文大壑出版社, 1979); Gilbert Rozman ed., *The Modernisation of China* (New York: The Free Press, 1981)를 참조.

왜냐하면 이는 중국의 외부로부터 오는 충격에 대한 내성(耐性)과 향후 중국이 당면하고 있는 국내외 장애요인들을 극복할 수 있는 능력을 가늠해 볼 수 있는 중요한 척도가 되기 때문이다. 즉 20여 년에 걸친 개혁개방의 결과로 인한 문화적 충격과 정체성 혼란을 경험하고 있는 중국이 새로운 정체성 탐색이라는 시대적 상황에서, 근대화 이후 밀어닥친 서구 사상을 중국이 어떻게 수용해 왔는지를 역사적인 맥락을 통해 그 배경과 입장을 이해하는 것은 매우 중요한 의의를 가진다.

본 논문은 중체서용에 대한 기존 관점의 비교 검토와 더불어, 중국 엘리트 지도층의 중체서용 논의를 청말부터 중화인민공화국 건국 이후 현재에 이르기까지의 시대별 고찰을 통해 서구사상을 중국이 어떻게 수용해 왔는지를 분석하는 데 그 목적이 있다. 중국은 오랫동안 전면서화와 중체서용 사이에서 선택의 혼란을 거듭해 왔다. 청조 말기는 여전히 중체서용론이 주류였고, 민국시기에는 중체서용론에 반대하는 가운데 전면서화론이 우세하였다. 1949년 공산당이 중국대륙을 장악함으로써 중국에는 이전에는 없었던 새로운 정치체제가 등장하였고 이들은 사회주의를 국가의 근본으로 삼는 서화 노력을 기울였지만, 1978년 덩샤오핑(鄧小平)의 집권 후 사회주의의 한계를 인식하고 중체서용과 전면서화의 장점을 모두 수용하려는 태도를 보였다. 중국은 대체로 중체서용의 기조에서 중체서용과 전면서화의 양자 사이의 균형을 이루려는 노력을 전개해 왔다고 할 수 있다. 이러한 논지에서 이 논문은 또한 최근 서방과의 교류에서 직간접적으로 중국 공산당 정권을 위협하는 주요한 요인으로 작용하고 있는 세계화와 민주화의 흐름에 대해 중국이 어떻게 대응하는지 살펴봄으로써 서구사상의 중국적 수용의 현재적 모습을 고찰하고자 한다.

2. 기존 관점의 비교

중체서용(中體西用)은 유교경학과 그것에 기초한 봉건 예교를 가리키는 중학을 본체로 삼는다는 중학위체(中學爲體)와 과학기술-정치제도-사상의 식의 서학을 선별적으로 수용, 발전시킨다는 서학위용(西學爲用)의 줄임말이다. 서방국가들과의 정치, 경제, 사회, 문화 교류에 있어서 서양의 정신적·물질적 문화를 부분적으로 수용하려는 중국인들의 외래문화의 수용논리라고 할 수 있다.[2] 그러나 이러한 중체서용 논리에 대한 시각은 크게 양분되어 있다.[3]

먼저 중체서용의 부정적 측면을 강조하는 측에서는 중체서용론이 중국의 전통 가치를 유지하기 위한 근본적인 제도 개혁이 아니라 서양의 자연과학 기술만을 받아들이려하는 모방적인 성격이 강한 것으로 이해한다. 이러한 중체서용론의 전통 중시는 중국으로 하여금 외부문물 유입에 소극적으로 대응하게 할 뿐만 아니라 결국 중국 현대화의 노력이 실패하는 데 결정적인 역할을 했다고 본다. 그나마 중국이 현대화의 대열에 들어설 수 있게 되었던 것은 서양문물과 사상이 매우 중요한 역할을 했기 때문이다. 이들은 중국의 전통은 현대화와 상충되는 성격이 강하며, 중국이 전면서화해야만 진정한

---

2) 임춘성·마소조, "양무파와 유신파의 중체서용,"『중국학보』(2002), pp. 176-177.
3) 신승하,『근대중국의 서양인식』(서울: 고려원, 1985); 신승하·유장근·장의식,『19세기 중국사회: 서양의 충격과 대응』(서울: 신서원, 2000); 5·4운동의 의미에 대한 서방국가들과 중국 학계의 시각의 차이가 다름을 분석한 논문으로는 Hung-Yok Ip, Tze-Ki Hon, Chiu-Chun Lee, "The Plurality of Chinese Modernity: A Review of Recent Scholarship on the May Fourth Movement," *Modern China*, Vol. 29, No. 4 (2003), pp. 490-509; Liping Feng, "Democracy and Elitism: The May Fourth Ideal of Literature," *Modern China*, Vol. 22, No. 2 (1996), pp. 170-196; Philip C. C. Huang, "Theory and the Study of Modern Chinese History: Four Traps and a Question," *Modern China*, Vol. 24, No. 2 (1998), pp. 183-208; William T. Rowe, "The Problem of 'Civil Society' in Late Imperial China," *Modern China*, Vol. 19, NO. 2 (1993), pp. 139-157; Thomas Radice, "A Return to the Warring States: Hu Shih and Intellectual Freedom in Modern China," *American Asian Review*, Vol. 18, No. 3 (2000), pp. 97-110.

현대화를 이룰 수 있다고 본다.[4]

그러나 중체서용의 긍정적인 면을 강조하는 측에서는 중체서용과 전면 서화는 모순적인 성격을 가지고 있기는 하지만, 당시의 시대적 맥락에서는 중서(中西)의 개념은 서로 대립하는 것이 아니라 조화적인 입장에 있다고 주장한다. 또한 서학의 범위를 어디까지로 인정할 것인가 하는 점은 중체서용을 이해하는데 가장 어려운 문제라고 할 수 있는데 실제로 중국적인 것과 서구적인 것의 경계는 매우 모호하며, 서구문물과 중국본위를 칼로 베듯 이분법으로 접근하는 것은 매우 모험적이라고 할 수 있다. 때문에 중학은 체, 서학은 용으로서 기능상 각각 중요하며,[5] 체와 용 모두 선후(先後), 주보(主補), 심지어 양(量)의 다소(多少) 의미만 있을 뿐이라고 본다.[6]

이런 두 가지 상반된 시각을 비교해 볼 때 중체서용의 문제는 "보편과 특수의 철학적 기본문제"라고 할 수 있다. 동아시아적 특수성을 강조할 경우 보편성을 간과할 수 있고, 특수성을 무시할 경우 주체적 대응을 간과할 수 있다.[7] 그렇다면 중국은 서구사상이나 문물의 유입에 대해 피상적으로 혹 수동적으로만 대처했던 것일까? 조경란의 설명처럼 사전적 의미에서 유입은 '흘러 들어온다는 것'(inflow)으로 수동적인 뜻을 가지고 있는 데 반해 수용은 '받아서 담는다'(reception 또는 accommodation)는 뜻으로 능동적인 의미를 갖는다고 할 수 있다.[8] 그 나름대로 서구사상의 수용과정에서 '유입'과 '수용'의 측면 모두를 가지고 있었다고 보는 것이 더 정확하다. 비록 중학을 보완하기 위한 종속적인 변수로 서학을 인식하고 양자간은 융합하기

---

4) 장의식, "청말 장지동(1837~1909)의 중체서용론과 교육사상: 권학편을 중심으로,"『역사학보』(1995), p. 168.
5) 장의식, "청말 장지동(1837~1909)의 중체서용론과 교육사상: 권학편을 중심으로," p. 153.
6) 임춘성·마소조, "양무파와 유신파의 중체서용," p. 185.
7) 박상환, "청대 근대화이론에 대한 이론적·실천적 반성: 중체서용론적 논리구조 분석을 중심으로,"『한독사회과학논총』(1998), p. 240.
8) 조경란, "중국과 일본의 서양철학 수용,"『철학사상』, Vol. 4 (1994), p. 151.

어려운 모순적 관계라고 보기도 하지만,9) 중체서용은 서학을 전면적으로 부정하지는 않는다. 오히려 중체서용은 각각의 장점을 취하는 절충주의라고 할 수 있다.10)

3. 중국의 서구사상 수용의 이중성: 중체서용과 전면서화

1) 청말시기

서구의 선진 문물과 문화가 자국의 문물과 문화에 절대적인 영향을 미치는 상황에서 서구의 정치경제제도나 군사분야에서의 필요한 부분만을 받아들일 것인지, 아니면 전면적인 수용을 할 것인지에 대해서는 상대국가의 압도적인 국력앞에 자국의 생존을 지켜내야 하는 국가에게는 절대 생존의 지상과제로 여겨진다. 1840년 아편전쟁 이후부터 중국의 지도층은 청조정부의 통치력을 강화하기 위해11) '서양의 장점을 배워 서양을 제압한다'(師夷之長以制夷)는 입장에서 서학에 접근하고자 하였다. 양무파는 중국의 정신문명의 우월성을 여전히 확신하였으며, 대포와 총 같은 무기나 경제건설에 필요한 기차와 함선 같은 물질 부분만을 받아들여 중국의 약점을 보완하고자 하였다. 그러다 중국의 청일전쟁(1894~1895)에서의 패배로 중국은 아편전쟁에서 영국에게 패배한 것 이상으로 큰 심리적인 타격을 입게 된다. 이후 서구문화의

---

9) 조병한, "19세기 중국 개혁운동에서의 '중체서용'," 『동아시아역사연구』(1997), pp. 146-48.
10) 박상환, "청대 근대화이론에 대한 이론적·실천적 반성," p. 240.
11) 웨이위안(魏源)은 기술을 중시하는 데 비해, 쯩궈판(曾國藩), 리훙장(李鴻章)은 기술 이외에도 과학을 중시하였다. 쉬푸청(薛福成), 마젠쭝(馬建忠)은 기술, 과학 이외에도 경제제도를 중시하였다 劉靑峰 編, 『民族主義與中國現代化』(香港: 中文大鑿出版社, 1994), p. 113.

우수성을 군사무기 같은 하드웨어(hardware)에서 찾은 양무파는 제국주의의 현실 앞에 효과적으로 대응하기에는 한계가 있다는 인식 속에 적극적으로 서학을 도입하고자 했다.12) 량치차오(梁啓超)와 캉유웨이(康有爲) 등은 변법유신을 통해 과학기술의 진흥과 근대공업의 설립뿐만 아니라 정치상에서도 서방의 의원내각제도로의 전환 같은 정치개혁을 실행하고자 하였다.

그러나 이 시기동안 서구문물과 사상을 받아들이려는 노력은 적지 않았지만 중국 지도층은 중국 전통과 서구사상의 관계 정립에 있어 혼란을 거듭하였고, 서구문물을 단지 중체서용화를 위한 기술적인 부분을 도입하는 데 더 치중했으며, 중학과 서학의 관계 설정에 대한 근본적인 문제에는 무관심했다. 양무파나 변법파도 중학과 서학의 관계 설정의 중요성을 인식하기는 했지만 '수단'으로 치부한 경향이 더 컸다고 할 수 있다.13) 곽덕환은 이 시기를 한마디로 "중국 문화의 본질에는 문제가 없다는 인식으로 자기반성보다는 자기 긍정에 더 무게를 두고"14) 있었던 시기라고 평가하였다.

그럼에도 불구하고 결과는 실패했을지라도 이들 중체서용파가 개혁사상을 어느 정도 실천했던 점은 나름대로 평가되어야 할 것이다.15) 비슷한 역사적 상황에 처했던 일본과 비교한다면,16) 서도동기(西道東器)가 큰 역할을 했던 것은 부인할 수 없는 사실이지만 동도서기(東道西器)가 꼭 전통만을

---

12) 熊野正平, 第四章, "中國思想的近代展開," 宇野精一 主編, 洪順隆 譯,『中國思想』(臺北: 幼獅文化事業公司, 1994), p. 211.
13) 리쩌허우 저, 손세제 역,『중국현대 사상사론』, p. 167.
14) 곽덕환, "문화재건의 관점으로 본 중국현대화,"『중국연구』, Vol. 21, No. 1 (1998), p. 276.
15) 폴 A. 코헨 저, 이남희 역,『학문의 제국주의: 오리엔탈리즘과 중국사』(서울: 산해, 2003), pp. 98, 102.
16) 예를 들면 19세기 말 일본은 자국의 전통을 고수하는 동도서기보다는 서도동기를 선택함으로써 일본의 현대화에 기여했기 때문이라고 주장한다. 배성동, "서구민주주의사상의 동양적 수용: 명치초기 일본의 경우,"『제2회 합동학술대회 논문집』(1977), pp. 84-85. 같은 시기 일본의 서구 사상 수용에 관한 내용은 다음을 참조. 한단석, "근대일본에 있어서의 서구사상의 수용과 그 토착화에 관한 연구: 계몽철학을 중심으로,"『인문논총』, Vol. 12(1983), pp. 1-23.

고집하고 반서구적이었던 것은 아니며, 나름대로 서양문물을 일본의 전통과 결합시켜 일본의 현대화를 추진시키고자 한 것이라고 할 수 있다. 서구문화의 재해석을 통해 그 문물을 수용하고자 하였고, 기존 질서의 근본적 변혁이 아닌 점진적 적응 노력을 통해 서도동기의 성공에 일정한 균형추의 역할도 했다고 할 수 있다. 이와 비교할 때 중국의 양무운동과 변법운동은 접근방법에서는 큰 차이가 없음에도 불구하고, 두 운동이 실패했기 때문에 중국의 중체서용론은 다른 평가를 받게 되었다고 할 수 있다.[17] 이런 시각에서 서방의 장점을 극대화하여 중국의 현대화에 기여시키고자 이 시기 중국 지도부가 기울인 노력은 일정 정도 인정되어야 할 것이다.

2) 민국시기

민국시기 서구사상의 수용에 중국의 반응은 어떠했는가? 1911년 신해혁명 이후 중국의 정치, 경제, 사회, 문화 모든 영역에서의 혼란 속에서 중국의 지식인들은 중국 자체에 근본적인 변화를 가져오기 위해서는 먼저 사상과 정신세계의 변혁이 필요하다는 인식을 하게 되었다. 청조의 전통적인 질서와 규범은 이미 기능을 상실하였기 때문에, 5·4 신문화 운동을 또 다른 기폭제로 중국 고유의 전통과 민족문화의 가치를 재평가하며 중국을 발전시키기 위해서 서구문화를 수용하려는 태도를 보이게 된다.[18] 당시의 중국 지식인들은 서방의 장점은 단순히 그들의 군사무기에 있는 것이 아니라 제도

---

17) 민두기, "중체서용고," 『동방학지』(1978), pp. 168, 206-207.
18) 張立文, 『中國近代新學的展開』(臺北: 滄海叢刊, 1991), pp. 261-262; 5·4운동의 역사적 성격에 관해서는 조셉 T. 첸, "5·4운동의 성격," 민두기 편, 『중국현대사의 구조』(서울: 청람, 1999), pp. 83-101을 참조. 5·4운동을 전후한 지식인 계층의 논의에 대해서는 Benjamin I. Schwartz, "Themes in Intellectual History: May Fourth and After," Merle Goldman an dLeo Ou-Fan Lee eds., An Intellectual History of Modern China(Cambridge University Press, 2002), pp. 97-141.

와 사상 등 기본적인 가치관에서 나온다고 인식하고 있었다.

그 중 대표격인 후스(胡適)는 『기독교연람』(基督教年鑑, *Christian Yearbook*)에서 "중국금일의 문화충돌"(中國今日的文化衝突, The Cultural Conflict in China)이라는 문장을 통해 대규모의 '서방화'(Wholesale westernization)와 '현대화'(Wholehearted modernization)를 역설하였다.[19] 그는 당면한 중국의 많은 다양한 문제점들이 전통문화의 수구성에 기인했기 때문에 전통문화와의 즉각적인 단절과 더 적극적인 서양문물의 수용을 주장하게 된다.[20] 동시에 중국사회의 문제에 대한 철저한 검증과 분석만이 근본적인 해결책이 될 것이라고 강조했다.

또한 과현논전(科弦論戰) 이후 천두슈(陳獨秀)를 중심으로 하는 사회주의 신봉세력은 마르크스주의를 과학(賽先生)으로 인식하고 수용하였다. 천두슈 등은 충과 효 등의 구유교적 가치에 반대함과 동시에 적극적으로 서구의 민주와 과학을 학습할 것을 주장했다.[21] 마르크스주의가 봉건적 유교문화와 서양의 자본주의의 문제점을 극복하고 중국 전통의 긍정적인 부분을 발전, 계승할 수 있을 것으로 인식되었기 때문에 마르크스주의는 중국에서 적극적인 호응을 얻게 되었다.

하지만 전면서화가 가장 강하게 제기되었던 이 시기조차도 중국의 엘리트 지도층은 중국의 문화와 사상이 서양의 것으로 단순 전환될 것으로는 생각하지 않았다. 그들이 인지하고 인식한 서구사상과 문화는 매우 제한적이었으며, 이나마도 접촉과정에서 변질되어 갔다. 이들은 수용과정에서 중

---

19) 胡適, "充分世界化與全般西化," 項維新·劉福增 主編, 『中國哲學思想論集』, pp. 107-110.

20) 보수파의 시각과 입장에 대해서는 공상철, "5·4시기 문화 보수주의의 담론구조 고찰," 『중국어문논총』, Vol. 18(2001), pp. 439-64를 참조.

21) 천두슈를 비롯한 급진세력의 마르크스주의 같은 서구사상의 수용에 관한 노력은 벤자민 I. 슈워쯔, "중국에서의 마르크스-레닌주의의 수용," 민두기 편, 『중국현대사의 구조』, pp. 103-125; 서진영, 『중국혁명사』(서울: 한울, 1992), 특히 제3장과 4장을 참조.

국적인 것을 서구사상과 문물로 바꾸고자 하였지만, 전면서화의 거두 후스 조차도 중국이 서양의 과학과 민주주의는 받아들이되, 기독교 같은 서구 종교의 전면적인 수용은 배제되어야 한다고 역설한 바 있다.[22]

한편, 량치차오, 량수밍(梁漱溟), 장쥔마이(張君勵) 등으로 대표되는 중체서용파는 양무운동이나 변법유신을 통해 서양의 문물을 모방하는 데는 근본적으로 한계가 있으며, 그 중 가장 심각한 문제는 중국과 서방의 윤리사상과 인생철학의 차이라고 보았다. 이들 중체서용파는 중국의 독자적인 정체성에서 모든 문제의 해결이 시작되어야 한다고 강조했지만 반서구주의나 민족주의를 추구한 것은 아니었다. 서양이 동양을 압도하고 있는 상황에서 중국이 스스로 세계문화의 중심이 되기 위해서는 국가발전에 긍정적으로 작용할 수 있는 서구의 장점은 이용해야 한다고 주장한 것이다.[23]

3) 중화인민공화국 시기

중화인민공화국 건국 이후 중국은 사회주의적 근대화 노선을 걷고자 하였다.[24] 건국 직후 공산당은 급진적인 사회주의 노선으로 정치, 경제, 사회, 문화 전반에 걸쳐 전통적 성격을 일소하고자 하였는데, 특히 사상분야에서 1951년부터 사상개조가 시작되었다. 1954년부터 55년까지는 후스의 실용주의와 량수밍의 향촌건설이론 등이, 그리고 1957년부터는 명방운동, 반우파투쟁 및 소련과의 중소논쟁 과정에서 전통사상에 대한 비판이 계속되었다.[25]

하지만 이러한 전반서화적 사회주의 노선으로 인해 중국사회의 엄청난

---

22) 코헨, 『학문의 제국주의』, pp. 74-75.
23) 권용옥, "양수명 동서문화관의 현대적 의의," 『중국학연구』, Vol. 21(2001), pp. 233-49.
24) 박상환, "청대 근대화이론에 대한 이론적·실천적 반성," p. 235.
25) 熊野正平, "中國思想的近代展開," pp. 260-261.

혼란을 직시해야 했던 중국 지도층은 문화대혁명이 끝난 직후 국가를 재건하기 위해 가장 먼저 공업, 농업, 과학기술, 국방 분야에서의 현대화를 국가정책의 중점으로 선정하고 사회 전반에 걸쳐 개혁을 추진하고자 하였다. 마오 이후의 지도자들은 가능한 현대화를 달성하기 위해 중국의 고유전통과 서구문물을 조화시키고자 했다. 중국이 내건 '중국적 특색의 사회주의 건설'이라는 구호에서 보듯 중국적인 가치를 체(体)로 삼고 서양의 제도나 기술의 결합(用)을 통해 중국의 발전을 계속 도모하고자 한 것이다.

덩샤오핑(鄧小平)은 중국인민들을 현대화 건설에 적극적으로 이끌어 내기위해 경직된 마오 사상에서 사회주의 상품경제론, 사회주의 초급단계론 및 사회주의 시장경제론 같은 이론들을 만들어냈으며,[26] 대외개방과 사회주의 노선 사이에서 발생할 수 있는 갈등을 최소화하기 위해 4개 현대화와 '중국적 특색을 가진 사회주의'의 건설을 목표로 내세웠다. 장쩌민(江澤民)은 이어서 정권의 정통성을 확보하기 위해 3개대표론(중국 공산당의 최고의 선진 문화, 선진 생산력 그리고 광범한 인민의 이익을 대표)으로 이를 뒷받침하게 된다. 개혁개방 정책의 성공을 위해 중국 지도부는 무엇보다도 경제적 기여가 가능한 서구문물의 유입을 수용하고자 하였지만, 정치적으로는 공산당 일당체제를 위협할 수 있는 부분에 대해서는 금지하였다.[27] 중국 정부의 이러한 대응에서 사회주의 노선, 인민민주독재, 공산당 영도, 마르크스-레닌주의, 마오쩌둥(毛澤東)사상의 견지라는 4항 원칙을 중체, 시장경제를 서용으로 해석할 수 있다.

---

26) 최익만, "중국 특색의 사회주의 시장경제연구," 『중국연구』, 제3권 1호(1995), pp. 188-210.
27) 양순창, "중국 개혁개방이래 사회주의 정신문명 건설의 경과와 한계," 『대한정치학회보』, 10집 1호(2002), pp. 91-112.

4. 개혁개방 이후 서구사상 수용의 딜레마: 세계화와 민주화

1) 세계화

개혁개방 이후 중국은 서방 각국들과의 접촉을 강화하고, 서방의 자금, 기술과 지식을 이용하여 세계와의 교류를 전면적으로 확대하였다. 그리고 현재 서구문화와의 교류는 더욱 밀접해지고 있다.[28] 지난 20여 년의 기간 동안 정치, 경제 분야에서 중국의 국제적 지위는 점점 높아지고 있고 세계화에도 공헌하고 있다.[29] 중국이 국가목표로 설정한 중국식 사회주의의 실현은 세계화 흐름과 연동되어 있으며 개혁개방 정책을 통해 서구국가의 자금과 기술을 지속적으로 흡수하고자 한다. 이로 인해 폐쇄적인 정책은 중국의 현대화를 완성하는 데 도움이 되지 않는다.[30] 그러나 바로 이 점에서 중국의 딜레마는 시작된다. 어떻게 중국적 상황과 서구적 장점을 결부시켜 오랜 염원인 현대화를 완성시키고 국익을 극대화시킬 것인가는 여전히 어려운 문제이다.

장쩌민도 1991년 7월 당 창립 70주년 기념식에서 "중국 사회주의 건설의 과정은 곧 마르크스주의의 보편적 원리와 중국의 특수한 상황을 결합하는 것이며 이를 위해서는 실사구시의 사상노선을 실천해야 한다"고 강조하였다.[31] 하물며 전면적인 사회주의의 서화를 시도했던 마오쩌둥도 아래와 같이 지적하고 있다.

---

28) 胡元榜 主編, 『全球化與中國』(北京: 中央編譯出版社, 1998), pp. 16-18.
29) 楊雪冬·王列, "關于全球化與中國研究的對話," 胡元榜·薛曉源 主編, 『全球化與中國』(北京: 中央編譯出版社, 1998), pp. 16-21.
30) 세계화는 타국, 타민족과 교류함에 있어서 국제통례상의 관념과 행위방식을 원활하게 할 수 있어야 한다. 리우잉제, "21세기 중국 사회의 문화가치관," 루쉐에이 편저, 김성희 역, 『21세기 중국사회의 전망』(서울: 주류성, 1999), p. 387.
31) 양순창, "중국 개혁개방이래 사회주의 정신문명," pp. 4-5.

"우리들은 마르크스주의의 역사주의자이다. 우리들은 역사를 떼어버릴 수
없다. 공부자(孔夫子)에서 손중산에 이르기까지 우리들은 당연히 총결하여 귀
중한 유산을 계승해야 한다. 그 민주성의 정화를 계승하고 그 봉건적 독소를
제거하는 것이다. 동시에 서양의 진보적 문화를 흡수한다. 단순하게 의거하지
않고 나를 위주로 하며 나를 위해 이용하는 것이다. 즉 마르크스주의 또한 반
드시 중국의 구체적 특징과 결합하고 아울러 일정한 민족적 형식을 통과한 이
후에야 비로소 실현가능한 것이다."32)

굳이 마오쩌둥의 발언을 빌리지 않더라도 중체서용론이나 전반서화론은
모두 나름대로의 강점과 약점을 가지고 있다. 중국의 지난 발전과정은 중국
적인 것이나 서구적인 것만으로 이룰 수 있는 것이 아니었다. 물론 대외개방
의 과정에서 발생하는 서구문물과 사상과의 충돌과 마찰은 피하기 쉽지 않
다.33) 국가의 발전을 위해서는 더 나은 외래문화의 수용이 필요하며 이것
없이는 자국의 발전을 기대할 수 없다. 중체서용론과 전반서화론 각각의 장
점을 취하는 것만이 중국의 미래를 좀 더 긍정적으로 볼 수 있게 한다. 서방
의 과학과 민주가 중국의 발전을 저해하거나 위협하는 것이 아니라 오히려
강화시킬 수 있음을 인식해야 할 것이다. 현대화가 순조롭게 진행되기 위해
서는 전통문화의 장점과 현대문화의 장점을 결합시키는 것이 필요하다.34)
또 세계적 보편성과 중국적 특수성35)의 상호작용을 통해 두 이질적 문화
각각의 장점이 극대화될 때, 중국의 국가적 목표는 세계화라는 시대적 흐름

---

32) 『毛澤東選集』 제2권(人民出版社, 1952), p. 522; 리스핑 저, 최윤수 · 조현숙 역, 『중국현대정치
　　사상사』(서울: 한길사, 1989), pp. 95-96에서 재인용.
33) 인터넷과 같은 1990년대의 새로운 시대의 흐름은 중국의 내부통제능력에 위협요소가 되고 있다.
　　Chap. 7. "The Imagination of Modernity and Pre-Modernity in the 1990s," in He Ping, *China's
　　Search for Modernity: Cultural Discourse in the Late 20th Century* (Palgrave, 2002), 145-153.
34) 리우잉졔, "21세기 중국 사회의 문화가치관," pp. 355-397.
35) 중국문화의 특수성에 관한 논의로는 Andrew J. Nathan, "Is Chinese Culture Distinctive?" *China's
　　Transition* (Columbia University Press: New York, 1997), pp. 136-151.

속에서 달성될 수 있다. 이런 이유에서 21세기 세계화가 시대적 흐름인 가운데 중국은 어떤 식으로든 새로운 변화와 수용에 대해 대처해야 한다.[36]

2) 민주화

중국의 서구문화 수용에 있어서 또 다른 딜레마는 민주화문제이다. 중국 지도부는 갈수록 약화되는 공산당의 정통성을 경제성장을 통해 국민들의 생활수준을 향상시킴으로써 확보하고자 한다. 그러나 당 지도부의 지속적인 사회주의 사상학습의 강조에도 불구하고 경제만의 사회주의 건설에는 한계가 있다. 당 지도부도 국가와 사회 전반에 걸친 문제들을 해결하기 위해서 중국내부의 정치개혁의 필요성을 이미 오래 전부터 인식하였다.[37] 이러한 정치개혁과 경제개혁의 상호불가분의 관계는 리쩌허우의 아래의 주장에서도 잘 나타나 있다.

> 사회는 유기체적 구조와 체계를 가지고 있기 때문에 구조의 변화는 그것의 제 요소들의 상호작용에 의해 조성되는 바에 의존한다. 특히 중국에서는 정치적인 지식인 계층이 중심이 되어 구축되고 기초된 사회의 문화심리에 종속되고 의존하기 때문에 이미 그것이 사회의 동향이나 경제행위를 제약하는 강력하고도 유력한 요소로 성립되어 있다. 이 때문에 이러한 사회구조의 유기체적 변화에 서양의 과학기술과 산업 진흥 등을 모조리 끌어들이는 것은 성공

---

36) 이와 관련된 연구로는 成中英, 『中國哲學的現代化與世界化』(臺北: 聯經, 1994), pp. 25-33을 참조.
37) 덩샤오핑은 1986년 9월 일본 공명당 위원당 다케이리 요시가츠를 접견하면서, "경제체제개혁이 한걸음 나아갈 때마다 정치체제개혁의 필요성을 더 깊이 느끼게 됩니다. 정치체제를 개혁하지 않으면 경제체제개혁의 성과를 보장할 수 없으며 경제체제개혁이 계속 전진할 수 없습니다. 그리고 생산력 발전을 저해하게 되며 네 가지 현대화의 실현을 저해하게 됩니다"라고 발언하였음을 미루어 이미 오래 전부터 정치개혁의 중요성을 인식하고 있었다고 할 수 있다. "정치체제개혁 문제에 관하여," 김승일 역, 『등소평문선(상)』(서울: 범우사, 1994), p. 246.

할 수 없는 것이다. 곧 경제개혁만으로는 그 주요한 효과를 얻을 수가 없다는 말이다. 무엇보다도 정치체제(상부구조)와 관념문화(의식형태) 상의 개혁이 진행되고, 또한 그들이 서로 보완되어야만 현대화는 비로소 가능해질 것이다. 경제와 정치, 문화라는 세 영역의 개혁에서 요구되는 것들에 대한 착종과 중첩이 바로 오늘날의 상황발전을 위한 관건이 된다.[38]

리쩌허우의 이 같은 시각에서 볼 때, 중국의 현대화 과정에서는 경제분야의 발전과 더불어 정치분야에서의 개혁도 요구된다. 현재 중국사회에는 사상 및 이념적 문제들이 지속적으로 나타나고 있다. 세계 여느 국가의 현대화 과정, 특히 한국이나 대만 같은 국가들의 사례에서처럼 정치개혁이 없는 경제개혁만 하기는 쉽지 않으며, 국민의 생활수준이 향상되는 등 경제발전이 일정한 수준에 도달할 때 민주화의 요구가 분출됨을 피할 수 없다. 때문에 중국 지도부의 고민은 지속적인 현대화를 위해 더 능률적인 정치체제의 개혁이 필요하다는 현실적 인식 속에서 현재 정치개혁과 경제개혁의 상관관계를 어떻게 규정지어야 할 것인가 고민하고 있다.[39]

중국의 엘리트들은 경제와 정치는 상호간 분리되어 있는 것이 아니라 상호간 연계되어 있음을 인식하고 있고, 제한적이나마 개혁의 노력을 기울여 왔다. 그러나 그것은 전면서화가 아닌 중체서용적이어야 했다. 청말의 시기를 되돌아본다면, 청일전쟁 이후 양무파와 변법파 모두 서학의 정체 원리를 도입하여 중국의 정치체제를 개혁하고자 하였다.[40] 비록 내부적 군신질서와 대외적 화이질서관을 유지하고자 하였지만, 개혁파는 의회제 같은 서양의 정치제도나 그 원리의 수용은 인정했고 그 방법과 시기는 점진적이

---

38) 리쩌허우,『중국현대 사상사론』, pp. 200-201; 이와 더불어 야오쩐원(姚振文)와 왕쉬슈(王緒秀)는 현대화 개념을 정치경제문화의 세 영역에서의 개혁과 함께 공업화, 민주화 등의 중요성도 강조한다. 姚振文·王緒秀, "如何全面理解'現代化'," 『歷史學習』, 2002年, pp. 3-4.
39) 王紹光, "有效的政府與民主," 『戰略與管理』, 2002年 第6期, pp. 89-101.
40) 조병한, "19세기 중국 개혁운동에서의 '중체서용'," pp. 169-175.

어야 한다고 생각했다.[41] 중화인민공화국 이후의 중국 지도자들 역시 정치
개혁의 필요성은 인정하였지만 그 방법은 역시 중체서용적이어야 한다고 생
각했다. 4개 현대화정책과 4개 기본원칙에서 보듯, 중국의 개혁개방 정책은
정경분리의 원칙에 의거하여 경제분야에서는 서구의 자유경쟁을 원리로 한
시장경제를 도입하고 있지만, 정치분야에서는 공산당의 일당통치를 저해하
지 않는 범위 내에서의 개혁을 추진하고 있다.

이제 덩샤오핑과 장쩌민의 노선을 계승하여 후진타오 신지도부는 현대화
건설에 박차를 가하고 있다. 그러나 경제발전과 이로 인한 사회의 다원화는
이후 국민들의 정치민주화를 포함한 전면적인 정치개혁에 대한 요구를 야기
할 수 있다.[42] 만약 다원적인 정치체제를 도입할 경우 정권의 존립기반인 일
당체제의 붕괴를 가져올 수 있지만, 그렇다고 현 체제를 고집한다면 이 역시
정권의 정통성을 유지하기가 쉽지 않을 것으로 보인다. 전면적인 개혁은 아니
더라도 부분적인 개혁을 해야만 체제에 대한 위협을 감소시킬 수 있다. 유입된
서구사상을 중국지도부가 중체화하려고 해도 경제적 발전과 이로 인한 사회
의 다원화에서 기인하는 정치개혁의 요구 가능성은 항상 중국 내부에 긴장을
조성할 수밖에 없다.[43] 후진타오 또한 이를 완전히 해소할 수 있는 대안을
아직 제시하지 못하고 있지만,[44] 가능한 기존 체제를 유지하면서 부분적인
개혁을 통해 문제를 점진적으로 해결하는 길을 모색할 것이다.[45]

---

41) 민두기, "중체서용론고," 『동방학지』(1978), p. 205.
42) 중국사회계층의 분화과정에 대한 이론과 사례연구로는 李明堃·李江濤 編, 『中國社會分層: 改
    革中的巨變』(香港: 商務印刷館, 1993).
43) 1989년 천안문사태는 중국 공산당지도부의 이러한 우려를 확신시키는 계기가 되었다. 더욱이
    중국사회가 당면한 많은 문제점, 즉 농업, 농촌, 농민의 삼농(三農)문제, 금융부문과 국유기업 개
    혁 등의 산적한 문제를 해결하기 위해서라도 중국 지도부는 능률적인 행정개혁, 더 나아가서는
    이렇게 분출된 다양한 가치와 이익을 반영할 수 있는 메커니즘의 개발이 필요하다. 江濡山, "中國
    2005年以前面臨的改革難題," 『戰略與管理』, 2002年 第6期, pp. 1-6.
44) 중국도 여전히 체제와 발전방안에 있어 지속적으로 모색의 과정에 있음을 강조한 연구로는 마
    홍 저, 신태환 역, 『중국현대화의 야망』(서울: 한국경제신문사, 1992).

5. 결론

본 연구는 근대화 이후 밀어닥친 서구 사상을 중국 스스로가 어떻게 대면하고, 저항하고, 타협하고, 융합했는지의 과정에 대한 고찰을 통해 중국이 어떠한 배경과 입장으로 서구사상을 주체적으로 혹은 강제적으로 수용하게 되는지를 살펴보고자 하였다. 이 연구를 통해 중국은 고유전통이 여전히 크게 자리하고 있으면서도 한편으로는 세계화의 흐름에 역행할 수 없는 현실에 놓여 있음을 알 수 있었다. 중국은 1840년 아편전쟁 이래로 세계질서에 편입되었고 현대화에 매진해 왔다. 때문에 중국의 현대화라는 국가목표와 이런 국가적 목표를 달성하기 위한 서구문물의 수용 및 이용 노력은 계속될 것이다.

중국의 현대화 과정은 사회주의 실현이나 자본주의화가 아닌 중국적 특색의 현대화과정이라고 할 수 있다. "중국의 현대화는 단순한 서방화의 작업이 아닌 전통과 현대화의 교합으로써 이루어 가는 그들 나름대로의 생존전략을 모색해 가는 과정이라 볼 수 있으며, 그 방향은 과거 전통문화에 대한 부정을 통한 남의 것의 단순한 모방이 아닌 전통문화의 계승과 부흥의 역점을 두고 있다"라는 곽덕환[46]의 설명은 이 점에서 설득력이 있다. 물론 현대화 달성을 위한 방법론에서는 여전히 많은 의문이 남지만 현대화라는 국가적 목표아래 중용이든 서용이든 중국민족의 생존과 번영을 이루기 위해서는 그 어떤 방법론도 합리화할 수 있는 것이 아마도 가장 중국적인 특색인지도 모른다.[47]

---

45) 민주화를 이룩하는 데는 각 국가의 문화와 국가적 차이를 인정해야 한다는 량수밍의 주장에 대한 연구로는 Hung-Yok Ip, "Liang Shuming and the Idea of Democracy in Modern China," *Modern China*, Vol. 17, No. 4 (1991), pp. 469-508.

46) 곽덕환, "문화재건의 관점으로 본 중국현대화," p. 282.

47) 중국의 현대화 노력에 있어 민족주의의 역할에 대해서는 劉靑峰 編, 『民族主義與中國現代化』

앞으로도 중국은 많은 어려운 문제에 직면할 것이며, 특히 세계화로 인한 서구사상의 지속적인 유입으로 발생하는 중국의 정체성의 혼란과 또 정권에 가장 큰 도전으로 간주되는 민주화와 세계화의 문제는 사회주의 중국에 심각한 도전이 될 것이다. 그러나 중국의 아킬레스건으로 여겨지는 '민주'도 이제 더 이상 서방세계만의 사상이나 전유물로 치부할 수가 없으며, 세계화 흐름의 한 부분이라고 할 수 있다. 현대화를 위해서는 전통문화를 포기해야 한다든지, 전통문화를 위해서는 현대화를 포기해야 한다는 이분법적 사고는 국가의 지속적인 발전에 도움이 되지 않는다.48)

이런 이유에서 중국은 중체서용과 전면서화라는 두 축의 갈등구조 속에서 스스로의 생존에 대한 본능적 대응으로 제도의 혁신과 경제발전의 매진뿐만 아니라, 사상분야에서도 정체성을 확립해야만 한다. 중체와 서용 양자 간의 보완적인 관계를 통해 중국에게 가장 이로울 수 있는 길을 찾는 것이 중국의 과제일 것이다. 서구 사상과의 교류 속에서 핵심적 과제는 어떻게 중국 전통문화와 서방의 문화를 접목하고, 또 어떻게 중국전통과 사회주의 문화가 결합된 중국적 신문화를 만들어내서 서구 문화와의 원만한 공존을 이룰 것인가에 있다. 외래문화의 유입 없이는 중국의 현대화를 달성하기 어렵고 전반서화론이나 중체서용론의 한 쪽만을 강조하는 것은 매우 편협한 접근이라고 볼 때, 양자의 장점을 어떻게 수용하여 이상적인 현대화를 이루어 낼 것인지에 대한 지속적인 고민과 노력이 중국에 계속 요구된다.

(香港: 中文大學出版社, 1994)를 참조.
48) 景海峰 編, 『儒家思想與現代化』(北京: 中國廣電視出版社, 1992), p. 206.

제9장

세계화에 대한 중국의 인식과 대응

▌박정동

1. 서론

　　세계화(globalization)라는 말은 1990년대의 중심언어가 되었다. 세계화란 나라간의 재화, 서비스, 그리고 생산요소의 이동이 자유스럽게 되어 국가들간의 통합이 이루어지는 것을 말한다. 상품, 투자, 금융자본의 이동이 증가함에 따라 국가들간의 통합은 분명 지속적으로 강화되어 가고 있으며 따라서 세계화는 거역할 수 없는 대세로 받아들여지고 있다. 세계화는 1993년말에 타결된 UR협상과 1995년에 출범한 WTO에 의해 더욱 강화되어 왔다. 소비자들은 더 많은 외제상품을 소비하고 있으며 수많은 기업들은 국경을 넘나들면서 사업을 하고 있고 금융투자자들은 이전보다 더 많이 국내보다 국외에서 투자를 하고 있다. 세계 주요기업들의 해외시장 진출경쟁이 심화되면서 해외 직접투자가 경쟁적으로 추구되고, 한편 기업들의 이러한 노력을 뒷받침하기 위해 무역과 국제 투자를 촉진하고 자유화하기 위한 정부차원의 노력이 다각적으로 전개되고 있다. 각국 정부는 자국경제의 경쟁력 제고를 위해 외국인 직접투자를 위시한 해외자본을 경쟁적으로 유치해 왔으며, 이를 위해 국내시장의 개방과 규제 완화 등 여러 가지 시장경제의 지향적 개혁을 통한 기업환경의 개선을 경제정책의 핵심적 과제로 삼아 추진해오고 있다. 이러한 추세는 당분간은 지속될 것으로 보인다.

　　세계화의 진전과 함께 자본과 기술, 상품과 정보가 국경을 넘어 자유로이 교류되고 있으며, 국민국가의 절대적 권한으로 간주되었던 영역들에 대

해서도 개인이나 시민단체, 그리고 다양한 초국가기구들의 영향력이 크게
증대되고 있지만, 세계화가 미치는 영향력의 정도는 각 국가가 처한 세계체
제상의 위상에 따라 다르다. 자본력이나 기술력, 정보력 등에서 우월한 위치
를 점하는 사회와 상대적으로 낮은 위치에 놓여있는 사회에 미치는 세계화
의 영향력은 다르며, 그에 따라 세계화도 다양한 평가를 받게 된다. 이는
중국에서도 예외가 아니다. 세계화에 관한 중국의 논의들은 세계화가 세계
경제발전에 원동력을 제공하지만, 이러한 혜택이 모든 국가에 동등한 정도
로 제공되지는 않을 것으로 본다. 오히려 이들은 세계화가 국가간(그리고
국내적으로도) 불평등과 빈부격차를 심화시킴으로써 국민국가들간의 이익
을 둘러싼 경쟁을 더욱 가열시킬 것으로 간주한다.[1] 따라서 중국은 세계화
과정에 참여하면서 세계화가 자국의 이익에 끼칠 부정적인 영향을 경계하기
위해 국민국가라는 틀을 통해 세계화의 길을 모색하고 있다.

본고에서는 우선 세계화의 최근 특징을 서술하여 중국이 인식하는 세계
화와 어떻게 대비되는지 살펴보고, 세계화가 중국에 끼치는 위기나 영향,
세계화에 대한 중국의 인식과 대응 등을 검토할 것이다.

2. 세계화의 개념과 세계화의 특징

세계화에 대해서는 현재 다양한 개념정의가 존재하며 명확한 정의를 찾
기는 쉽지 않다. 한편에서는 세계화란 국제화, 곧 국가들간의 국경을 가로지
르는 무역 및 자본의 교류, 인적교류 등의 증대를 지칭하는 것이라고 주장하

---

1) 伍貽康·黃燁菁, "經濟全球化和世界多極化,"『世界經濟與政治』, 1998年 12期, pp. 6-7. 김재철,
  "세계화와 국가주권: 공존을 향한 중국의 탐색,"『국제정치논총』, 40집 3호(2000)에서 재인용.

고, 또 다른 한편에서는 세계화는 자유화, 곧 개방된 또는 국경 없는 세계경제를 창출하기 위해 국가간의 물적·인적 요소의 이동을 제약하는 정부의 규제 — 무역이나 투자 장벽, 외환 규제, 자본 통제, 비자 등 — 가 제거되는 과정을 지칭한다. 이러한 자유화는 세계경제의 통합을 가속화시키는 것으로 파악된다. 또한 세계화를 미국식의 서구화로 정의하는 시각도 있다. 즉 세계화는 (특히 미국식의) 서구화 또는 근대화의 의미로, 이전에 존재하던 문화나 지방적 자율성을 파괴하면서 근대적 사회구조 — 자본주의, 합리주의, 산업주의, 관료제 등 — 가 전 세계로 확산되는 과정으로 이해된다. 이런 의미에서 세계화는 맥도널드, 할리우드, 씨엔엔(CNN) 등으로 상징되는 문화 제국주의를 지칭하기도 한다. 마지막으로, 세계화는 탈영토화, 즉 사회 공간이더 이상 영토적 장소 — 영토적 거리, 영토적 경계 — 의 관점에서 파악되지 않고 지리의 재편성이 일어나는 과정을 지칭한다는 주장도 있다.[2]

20세기 후반과 21세기 초반에 들어서면서, 세계화의 개념에 다음과 같은 특징들이 추가되고 있다. 첫째, 20세기 말에 진행되고 있는 경제활동의 세계화 현상을 들 수 있다. 두 번째가 1980년대를 기점으로 하여 시작된 영국의 대처리즘(Thacherism)과 미국의 레이거노믹스(Reagnomics)로 대표되는 신자유주의적 개혁과 글로벌 스탠다드(Global Standard), 그리고 이것들의 전세계적 전파이다. 마지막으로 다양한 측면에서의 세계화를 용이하게 만들어주는 기술적인 조건이기도 하면서 정치·경제·사회의 조직 방식과 운용 논리를 근본적으로 변화시키고 있는 정보화의 진전을 들 수 있다.

세 변수 사이의 관계를 설정하면 다음과 같다. 경제활동의 세계화는 초국적 기업과 초국적 자본의 활동을 가져와 세계화의 물질적·금전적 토대를 형성하여 주고 있으며, 신자유주의와 글로벌 스탠다드의 확산은 정책적 차원

---

2) 강정인, "정보화, 세계화 시대 서구중심주의와 동아시아," 『정보화, 세계화와 동아문명』(서울: 서강대학교 사회과학연구소, 2002), p. 5.

에서 세계화를 강화시켜주는 변수로 작동하고 있고, 정보화는 세계화를 도구
적으로 용이하게 만들어줌과 동시에 세계경제의 동조화(synchronization)를
부추기는 변수가 된다. 이러한 초국적 기업과 자본, 그리고 신자유주의는 모
두 국가의 약화를 특징으로 하고 있다. 이는 세계화를 바라보는 중국의 시각
과 완전히 배치되는 내용들이다. 본 장에서는 이러한 세계화의 새로운 성격을
항목별로 살펴보기로 하고, 특히 세계화의 제 특징 중에서 국가(주권)를 약화
시키는 요인들에 대해 중점을 두기로 한다.

1) 경제활동의 세계화 : 초국적 기업과 초국적 자본

20세기 말, 세계에서 생산·분배·유통·투자 등에서 세계화가 급속하게
심화되고 있다. 이러한 초국적 연계를 가능하게 한 것은 바로 다국적 기업과
초국적 자본의 발달이다. 다국적 기업들은 생산원가를 낮추기 위해 더 적합
한 생산지를 찾아 생산설비를 계속해서 이동시키고 있고, 나아가 하나의 제
품을 생산하는 데 필요한 여러 생산단계를 다양한 국가에 배치시킴으로써
초국적 생산 네트워크를 형성하고 있다.

수많은 기업들이 국경을 넘나들면서 사업을 함에 따라, 금융투자자들도
이전보다 더 많이 국내보다 국외에서 투자를 하고 있다. 초국적 자본의 경우,
금융자유화와 규제완화, 정보통신 기술의 발달 등으로 금융의 세계적 통합
이 급속도로 이루어져 등장하게 되었다. 예컨대, 1990년대 국제투자자금으
로서 외국인 직접투자가 핵심적인 역할을 하면서 형성되기 시작하였다.
1980년 FDI가 총 국내투자에서 차지하는 비율이 2.3%에 불과하였지만 1998
년에는 11.1%로 급증하였고 개도국은 총투자의 36.7%를 외국인 직접투자로
충당되었다.

국제금융의 영향력은 다양한 방식을 통하여 국가주권을 제약할 수 있다.
일국적인 차원에서의 경제 정책들이 국제금융의 기대수준에 미치지 못할 경

우에 국제금융은 '철수'(exit) 혹은 '철수의 위협'(threat of exit)을 통하여 자신들이 원하는 방향으로의 정책선회를 끌어낼 수 있게 된다.[3] 이는 전통적인 산업자본과는 달리 철수에 따르는 비용이 거의 들지 않기 때문이다. 국제금융의 위력이 증대되면서 일국 차원에서의 주권은 무능력과 한계가 증대되고 있다. 금융이나 통화 투기세력에 대한 국가의 통제권이 없는 상황에서 안정적 환율의 운용을 위해서는 이들이 선호하는 정책을 채택할 수밖에 없게 된다. 따라서 한 나라의 거시경제 정책의 자율성이 훼손될 수밖에 없는 결과를 가져오게 된다. 즉 국가 차원에서 결정할 수 있었던 경제적 영역의 사안들이 더 이상 국내적 필요성의 고려에 의하여 결정되는 것이 아니라, 국제적 자본의 정책선호도에 따라 결정되는 빈도와 정도가 심화되었다는 뜻이다. 국가 정책의 국내적 신뢰도보다 국제적인 신뢰도가 보다 중요시되는 시대가 된 것이다.

2) 글로벌 스탠다드와 신자유주의의 등장

세계화는 단순히 재화, 서비스, 생산요소가 자유로이 이동하여 각 나라의 시장이 통합되는 것만을 의미하는 것은 아니다. 이러한 자유로운 이동과 더불어 각종 경제제도 및 관습의 변화가 있어야 한다. 세계가 한 울타리에서 활동하기 위해서는 어느 나라의 누가 보더라도 분명한 경영과 정책의 투명성, 투명한 회계제도와 법률 등이 보장되어야 한다. 그래야 확실하게 현상을 알고 자기책임 하에 투자나 경영을 할 수 있는 것이다. 또 모든 제도는 시장의 통합과 더불어 동질화, 표준화되어 가는 경향이 있으며 한 국가의 조치만

---

3) 유석진, "세계화, 정보화와 동아시아: 세계적 변화와 지역적 대응의 모색," 『정보화, 세계화와 동아문명』, p. 57.

으로 원하는 정책효과가 나오지 않기 때문에 정책의 국제적 협조가 점점 더 필요해 지고 있다. 즉 세계화는 세계 모든 지역에서의 경제활동이 국제적인 제도, 정책, 그리고 규칙에 의해 작동되는 것을 의미하며 이러한 국제적인 제도, 정책, 규칙이 바로 글로벌 스탠다드라고 할 수 있다. 무역·조세·투자 등에 관한 규정이 WTO나 G8과 같은 다자기구를 통해 점차 동질화되고 있다는 것이 좋은 예이다.

신자유주의는 규제완화와 민영화 그리고 시장에서의 국가 통제력 약화라는 내용을 담고 있으며, 신자유주의에서의 시장의 역할 증대는 신자유주의의 세계화로 인하여 일국적인 차원에 머무르는 것이 아니라 세계적인 차원에서 관철되고 있다. 민영화와 규제완화가 일국적인 차원에서만이 아니라 국경을 넘어 이루어지고 있는 것이다. 그 결과, 일국적인 차원에서 수행할 수 있었던 다양한 거시경제정책이 무력화되고 있다. 이렇듯, 신자유주의의 새로운 질서하에서 국민국가는 자신이 선호하는 정책을 형성하고 추구할 수 있는 능력을 크게 상실하게 되는 것이다.

초국적인 생산방식의 도입, 세계화한 금융, 글로벌 스탠다드의 확립, 그리고 신자유주의적 질서의 세계적 관철 등으로 인하여, 국제적 자본과 기업의 영향력이 증대하기 시작하였고, 이는 곧바로 국가의 영향력 약화 그리고 국가주권을 약화시키면서 개별국가의 자율성을 침해하고 있는 것이다.

3) 정보화의 진전과 결과

1990년대 후반부터 본격화되고 있는 정보기술혁명은 세계화를 위한 기술적 기반을 제공하는 것으로 이해될 수 있다. 일부학자들은 오늘날 세계화는 국제전화 및 통신위성을 통한 원격통신이 가능하게 된 1960년대부터 시작된 것으로 해석하기도 한다. 하지만 1990년대 초부터 세계화 추세는 정보화와 결합되면서 단순히 경제영역을 넘어 구체적인 모습을 갖추기 시작했다.

즉 1990년대 초반 정보화로 인해 과거 국경을 중심으로 통제되었던 다양한 정보, 재화, 서비스, 자본, 기술, 가치 및 문화 등이 전자적 정보양식을 통해 국경을 무시하고 넘나들고 있다.

정보화의 진전은 세계화되고 있는 금융과 신자유주의를 더욱더 전 지구적인 것으로 만들고 있다. 정보화로 인해 통신 및 정보처리 비용이 크게 감소함에 따라 각국의 시장을 격리시켜 왔던 시간과 공간의 장벽이 소멸되었다. 전 세계 외환시장과 금융시장은 정보화를 수단으로 하여 통합이 가속화되고 있다. 또한 정보통신기술의 발전은 운송기술의 발전과 함께 통신과 운송비용을 감소시킴으로써 기업의 자원배치 최적화 전략을 현실적으로 가능하게 만들었다.

특히 인터넷이라는 정보통신의 혁명을 통해 지속되고 있는 정보화는 경제의 세계화뿐만 아니라 또 다른 세계화를 촉진시켰다. 국제위성네트워크, 인터넷 그리고 씨엔엔 같은 전 세계적인 통신매체들은 지구상의 모든 사람들이 지구 도처에서 일어나는 중요한 사건들을 실시간으로 접할 수 있게 만들었다. 이러한 통신매체의 혁명적 발달은 전 세계의 인구가 유사한 관심, 기초, 문화를 공유할 수 있게 하는 기반을 제공하게 된다. 이제 지구적 차원의 문화적 공감대가 형성될 수 있는 문화의 세계화가 추진되고 있는 것이다. 지구인들은 코카콜라, 빅맥 등의 같은 음식을 즐기고, 나이키, 폴로 등의 같은 상품을 소비하며, 비슷한 가치관을 갖게 된 것이다. 문제는 이러한 문화의 세계화가 미국과 같은 강대국의 주도로 이루어지면서 문화 제국주의로 불리는 문화의 종속현상으로 나타난다는 것이다. 문화의 세계화는 콘텐츠를 생산하는 강대국의 영향력을 강화시키며 강대국의 가치관, 규범, 기준들이 문화적 약소국에 강요되는 부작용을 가져오고 있다.

인터넷이라는 정보통신 혁명을 통해 정보화가 진행될수록 전세계적 차원의 글로벌 경제화를 촉진시켜 지구촌이 하나가 되는 국경을 초월한 세계화가 더욱 가속화될 것이다. 초강대국 미국이 주도하는 정보화와 세계화의 급격한 조류에 편승하지 못한 지역과 국가 및 집단은 심각한 경제적 침체, 정치적 불안정, 그리고 문화적 소외감에 직면하게 될 것이다. 또한 정보화의 혜택을 누리고 있는 개인의 관점에서, 정보화의 진전은 세계화를 더욱 가속화시킬 것으로 예상된다.

3. 세계화에 대한 중국의 인식

1) 세계화에 대한 중국의 개념규정

1990년대 초부터 서방에서 핫이슈가 된 세계화에 대한 논의는 중국에서도 1990년 초 일부 학자들을 중심으로 논의가 되다가 1990년대 중반부터 학계의 핫이슈가 되고 있다. 1990년대 초 세계화에 관한 논의가 서방 학계의 핫이슈로 등장하자, 중국의 일부 학자들은 세계화에 대한 서방학자들의 논의를 소개하면서 세계화에 대한 연구의 필요성을 중국 내 학자들에게 제기하였다. 이처럼 세계화에 대한 논의가 중국에 등장하게 된 하나의 중요한 계기는 1993년 중국 공산당 중앙위원회 편역국(編譯局)이 초청한 미국 듀크대학의 드리크(Arif Dirlik) 교수가 서방의 세계화에 대한 이론을 소개한 강연이었다. 이 강연에서 드리크 교수는 세계는 이미 세계경제시대로 접어들었고, 현대 자본주의에 대한 분석은 반드시 경제의 세계화에 기반하여 분석되어야 한다고 지적하였다. 이러한 연설 내용은 중국 내 학자들의 많은 반향을 불러 일으켰고, 그 후 1994년 원래 중국의 사회과학원 부원장이었던 리선즈(李愼之) 교수가 세계화에 대한 연구를 진행할 것을 제창하기도 하였다.[4]

하지만 이 시기 세계화의 의미는 지금과 다르게 이해되었다. 1990년대 초반 중국에서 세계화란 정보혁명과 기술발전에 따른 경제활동의 국제화를 의미했고,5) 세계화론자들이 강조하는 탈영토화나 경제활동에 관한 제도와 규칙의 전세계적 동질화라는 인식은 결여되어 있었다. 중국에서 세계화가 경제일체화(經濟一體化)라는 서구식 의미로 이해되기 시작한 것은 동아시아 국가들에서 경제위기가 연쇄적으로 발생한 1997년 이후였다.6) 이는 경제의 세계화, 신자유주의의 세계화, 그리고 정보화의 발전이 동아시아에 미친 영향을 극명하게 보여준 충격이었기 때문이다. 1997년 동아시아 금융위기 속에서도 중국은 어렵게 위기를 피할 수는 있었지만, 당시 WTO가입을 추진 중이었던 중국은 경제의 세계화가 가져올 국내 부문의 취약성에 대해 지도자들과 학자들 모두 높은 경각심을 가질 수밖에 없었고7) 세계화에 대한 연구는 중국 학계의 초미의 관심사가 되었다.

1999년 말 중국의 WTO가입을 위한 미국과의 쌍무적 협상이 완료되고, 2001년 11월 WTO에 가입한 이후 중국 내의 세계화에 대한 논의는 세계화라는 불가피한 역사적 추세에 어떻게 대응해 갈 것인가 라는 보다 구체적이고 현실적인 논의가 주를 이루고 있다. 즉, 중국은 세계화를 이제 피할 수 없는 추세로 간주하여 세계화에 적극적으로 참여하고 있는 것이다.

그렇다면 중국 내에서 논의되는 세계화의 개념은 무엇일까. 중국 내 학자들이 내리고 있는 세계화에 대한 정의는 대략 다음 4가지로 요약할 수

---

4) 俞可平, "全球化研究的中國視角," 『戰略与管理』, 1999年 第4期. http://wiapp.myetang.com /iapp/acpapers/a24.html(검색일: 2003년 12월 29일).
5) 『國際形勢年鑑(1993)』(上海: 中國大百科全書出版社上海分社, 1994), p. 21 참조.
6) 동아시아 경제위기는 '중국으로 하여금 세계화가 발전도상국에 끼친 충격을 더 직접적으로 느끼게 한' 계기로 간주된다. 房寧·王小東·宋强, 『全球化陰影下的中國之路』(北京: 中國社會科學出版社, 1999), pp. 334-335.
7) 1998년 3월 9일 장쩌민(江澤民) 국가 주석은 제9기 전국인민대표대회 홍콩대표단 토론회에서 "경제의 세계화에 대한 문제를 반드시 정확하게 인식하고 대처해야 한다. 경제의 세계화는 세계 경제발전의 객관적인 추세로 그 어느 나라도 피할 수 없으며, 모두 참여하여 나아갈 수밖에 없다. 문제의 핵심은 이 같은 세계화의 추세를 변증법적으로 대처하여 세계화로 인해 초래될 수 있는 이익과 문제점을 동시에 보도록 해야 한다는 점이다. 이것은 중국과 같은 개발도상에 처해 있는 국가들에게는 특히 중요하다"고 지적하였다.

있다.8)

첫째, 세계화란 인류 생활의 통합과정이고, 지역 특히 민족국가의 주권을 초월하여 이루어지는 전 세계의 정체성(整體性)의 발전 추세, 혹은 인류 사회생활이 국가와 지역의 경계를 뛰어 넘어 전 세계적 규모로 진행되는 전방위적 교류 및 상호영향이라는 객관적인 역사적 추세로 간주하는 시각이다.9) 즉, 교통과 통신이 발전함에 따라 전 세계가 더욱 긴밀하게 연결되고 국가와 지역간의 관계는 상호의존적이 되어 세계 각 국은 갈수록 전 세계가 직면하고 있는, 다시 말하면 인류가 공통적으로 직면하고 있는 여러 가지 문제에 관심을 기울이고, 협조와 협력의 정신을 통하여 이런 문제들을 해결하고자 한다고 주장한다.10)

둘째, 세계화를 자본주의화, 자본주의의 일종의 새로운 형식 혹은 발전단계로 간주하는 시각이다. 이 시각에 따르면 "세계화는 자본주의 발전의 필연적 산물이고 자본주의 생산방식의 보편화이다. 오늘날 경제의 세계화는 실제로 자본주의의 주도 하에 이루어지고 있는 세계화로, 세계화의 문제 역시 현대 자본주의 특히 선진 자본주의의 문제"이다.11) "세계화의 과정이 비록 사회생활의 모든 주요한 측면에서 나타나고 있지만, 그 동력의 메커니즘과 현실적인 기초를 볼 때, 세계화 진행 과정의 역사적 필연성은 자본주의적 생산방식으로부터 찾아야 하고, 시장경제의 비밀로부터 찾아야한다."12) 따라서 이 시각에 근거하면 세계화는 바로 현대 자본주의의 또 다른 형식이고, 자본주의의 일종의 별칭이다. 그것은 또한 후기 자본주의, 발달된 자본주의, 비조직적 자본주의, 다국적 자본주의, 세계적 자본주의 등으로 칭해질 수 있다.13)

---

8) 俞可平, "全球化硏究的中國視角."
9) 蔡拓, "全球化與當代國際關系," 俞可平 主編, 『全球化的悖論』(北京: 中共編澤出版社, 1998).
10) 譚君久, "關于全球化的思考與討論," 俞可平 主編, 『全球化的悖論』(北京: 中共編澤出版社, 1998).
11) 紀玉祥, "全球化與當代資本主義的新變化," 『馬克思主義與現實』, 1998年 第4期.
12) 楊朝仁·韓志偉, "全球化, 制度開放與民族復興," 『馬克思主義與現實』, 1998年 第4期.

셋째, 세계화를 서방화 혹은 미국화로 간주하는 시각이다. 이 시각은 "세계화는 인류 가치의 동질화와 보편화로 표현되고, 서방국가 특히 미국의 가치가 인류의 공통가치로 대변되고 있다. 그리하여 세계화는 바로 서방화 혹은 미국화"라고 주장한다.[14] 그리하여 어떤 학자들은 "중국어권에서 자유주의 학자들이 세계사조, 보편가치와 같은 말을 사용하여 세계화를 설명하고 있지만, 이러한 설명은 서방 혹은 미국의 정치, 경제, 문화를 인류의 궁극적인 공통 가치로 변화시키는 것에 불과한 것이다. 따라서 세계화는 서방화 혹은 미국화로 한정되어 이해되어야 한다"고 지적하고 있다.[15]

넷째, 상술한 3가지 시각을 비판적으로 고찰하면서 세계화를 모순의 통일체로 간주하는 시각이다. 즉 이 시각은 상술한 3가지 관점은 단지 세계화의 본질적 속성 가운데 특정 특성만을 설명하고 있을 뿐이라고 비판하면서, 세계화 과정을 내재적으로 모순이 충만한 과정이고, 모순의 통일체로 간주한다. 구체적으로 이 시각은 다음 3가지 점을 통하여 세계화의 성격을 규정짓고 있다. 첫째, 세계화의 내재적 모순은 객관적 사실이지만, 이러한 모순은 합리적인 것이다. 즉, 세계화는 통합과 분열의 추세를 동시에 포함하고 있으며, 단일화와 다양화를 동시에 포함하고 있다. 또한 세계화는 집중화이고 분산화이며, 국제화이고 본토화이다. 따라서 세계화는 하나의 모순의 통일체이고, 서로 대립적이면서도 서로 보완적인 과정이며, 하나의 상충되는 논리이다. 그러나 이것은 합리적 충돌이다. 둘째, 세계화의 내재적 모순은 필연적이다. 세계화의 배경 하에서 개방의 정도가 가장 높은 국가 역시 자기 민족의 민족적 뿌리와 색채가 완전히 없을 수 없다. 반대로 가장 보수적인(혹은

---

13) 王逢振, "全球化, 文化認同和民族主義," 王寧 等 主編, 『全球化與后殖民批評』(北京: 中共編澤出版社, 1998).
14) "全球化背景下的國家利益改變了?" 『環球時報』, 2000年 9月 22日.
15) 張武, "全球化: 亞洲危機中的反思," 王寧 等 主編, 『全球化與后殖民批評』(中共編澤出版社, 1998).

폐쇄적인) 민족도 세계화의 흔적이 완전히 없을 수 없다. 셋째, 세계화의 모순은 인류 사회의 진보에 유리하며, 사회는 원래 다양성의 통일이고, 다원적인 것의 통합화 과정이든, 일원적인 것의 다원화 과정이든, 이들 모두는 인류 발전의 진리이다.[16]

　　세계화는 경제, 정치, 문화적인 면을 모두 포함하고 있음에도 불구하고 중국 내 학자들이 말하는 세계화는 대부분 경제의 세계화이다. 이는 세계화에 대한 중국 내 논의가 동아시아 위기 및 중국의 WTO 가입 전후로 활발해진 탓도 있지만, 정치의 세계화나 문화의 세계화를 언급하는 것은 중국의 근본적인 정치적 가치와 시스템을 포기하는 것을 의미하는 것이기 때문이기도 하다. 하지만 최근 인터넷 보급의 확대로 중국은 서구의 문화, 정치적으로 민감한 새로운 이슈나 여론이 가상공간을 통해 유통됨에 따라 그 정치·사회적 파급효과는 중국 정부에게 상당한 부담으로 작용할 수 있음에 주목하고 있다.

2) 세계화에 대한 중국의 인식

　　세계화의 영향은 어느 나라에서나 긍정적·부정적 영향으로 나뉠 것이다. 긍정적 영향으로 자원의 효율적 배치, 국제적 협력의 증대, 과학기술의 공유, 전세계적 문제에 대한 공동 대응 등을 들 수 있고, 부정적인 영향은 경제 및 정치 분야에서의 미국 헤게모니, 국제금융의 위협, 남북문제의 심화 등을 들 수 있다. 중국 내에서도 세계화에 대한 개념규정이 어떻게 내려지든, 중국에 있어서 세계화는 기회와 위협을 동시에 지닌 양날의 칼로 간주되고 있다.[17] 중국 역시 세계화의 긍정적·부정적인 측면을 모두 경험하고 있는

---

16) 俞可平, "全球化硏究的中國視角."
17) 王文章, 『經濟全球化与中國的對策略," http://wiapp.myetang.com/iapp/spapers/wangwz01.html (검색일: 2003년 12월 29일).

것이다.

우선, 세계화가 주는 대표적인 기회요인은 바로 중국의 경제발전에 유리한 기회를 제공한다는 것이다. 중국은 사회 안정을 위해 매년 7~8%대의 경제발전은 필수적이며 따라서 경제개방과 경제의 세계화는 추진될 수밖에 없는 상황이다. 세계화는 중국으로 하여금 외자의 유치, 선진 국가의 선진적인 과학기술과 관리 경험 및 제도적인 배치를 배우고, 중국의 상품이 세계로 진출하는 데 유리한 영향을 미치며, 각종 형식의 국제적인 협력에 참여하는 데 유리하게 작용하고 있다. 예컨대 개혁개방 이래 가장 획기적인 사건으로 평가받는 중국의 WTO 가입은 세계화가 가속되고 있는 환경에 대한 대응책인 동시에 외부의 압력을 통한 국내 경제의 개혁을 선택한 것이라 할 수 있다. 중국 공산당 역시 세계화의 혜택을 누리고 있다. 왜냐하면 천안문 사건 이외에 별다른 혼란 없이 경제의 빠른 성장으로 중국 인민의 생활수준, 특히 동부 연해 지방의 생활수준이 향상되어 인민의 신뢰감을 얻고 있기 때문이다.

하지만 다른 한편으로 세계화가 중국 발전에 끼치는 부정적인 측면도 적지 않다. 특히 동아시아 금융위기의 폭발과 함께 세계화가 초래할 수 있는 부정적인 측면이 강조되고 있다. 세계화의 부정적인 영향은 내용에 따라 크게 다음의 두 가지로 나뉜다.

우선 경제의 대외의존도 확대에 따른 중국의 경제 안전의 위협이다. 외국자본의 국내 경제에 대한 통제 강화와 기술독점이 중국의 산업구조조정과 고도화에 위협 요인으로 작용할 수 있으며, 또한 외채가 일정 한도를 초월했을 때 큰 위험요인으로 작용할 수 있다. 무역과 자본의 대외 의존도가 증가됨으로써 중국경제가 세계경제의 흐름에 크게 영향을 주고받을 수밖에 없으며, 대규모의 금융시장 개방이 금융 위기를 증가시킬 수 있다.[18) 또한 경제 개방

---

18) 王文章, "經濟全球化与中國的應對策略."

으로 인해 국유기업과 노동인력의 경우 경쟁이 격화되고 있지만 변화에 적응할 수 있는 사회 경제적 시스템이 마련되어 있지 않은 상태여서 국유기업 개혁과 실업문제는 심각한 사회문제로 발전할 가능성이 크다. 중국은 FDI 유입을 통해 빠른 경제성장을 이루긴 했지만 고용 창출을 통한 사회 안정에는 크게 기여하고 있지 못하다.[19] 게다가 대다수 비용 추구형 투자를 하고 있는 제조업체의 경우, 도시 실업자보다는 민공을 선호하고 있어 도시 실업률을 낮추는 데 기여하고 있지 못한 실정이다. 실업문제의 악화를 막기 위해 중국 정부는 M&A를 통한 국유기업 개혁에 외국기업들의 투자를 희망하고 있지만, 외국기업들은 고용된 노동자 중 1/3~1/2 정도가 잉여노동력이라고 생각하는 것으로 조사되기도 했다.[20]

다음으로, 국가 주권의 약화이다. 세계화에 참여하는 기본적인 조건 중의 하나는 이미 존재하는 국제적인 관례, 국제적인 공약, 관련 협정을 준수하는 것이다. 그리고 이러한 대부분의 국제적인 계약은 선진국가의 이익과 기준에 근거하여 제정된 것으로, 서방 선진 국가의 제도적 배치를 그대로 구현한 것이다. 따라서 개발 도상국가는 경제의 세계화가 가져온 이익을 획득하기 위하여 부득이 하게 일부 통제 권한을 양보할 수밖에 없게 되고, 그 결과 국가의 주권은 일정 정도 약화될 수밖에 없다는 것이다.[21]

여기에서 국가간 가치나 제도가 비슷해진다는 관점에서 세계화의 문화적 · 정치적인 효과도 간과할 수 없을 것이다. 실제 일부 중국 학자들은 정치, 제도, 문화의 세계화에 반응을 보이기 시작하고 있다. 개혁개방 이후 중

---

19) 1998년 통계에 의하면 외자기업들은 하강 노동자의 12.4% 정도를 흡수하고 있는데, 이는 기타 비국유 분야의 흡수정도 보다 낮은 수치이다.

20) Yu Keping, "From the Discourse of 'Sino-west' to 'Globalization': Chinese Perspectives on Globalization," http://globalization.about.com/gi/dynamic/offsite.htm?zi=1/XJ&sdn=globalization&zu =http%3A%2F%2Fwww.humanities.mcmaster.ca%2F%7Eglobal%2Fwps%2FKeping.pdf(검색일: 2004 년 1월 10일).

21) 俞可平, "全球化硏究的中國視角."

국으로 유입되는 서구의 음악, 패션, 서적, 라이프 스타일에 대한 방어체제가 점점 무너지고 있고, 최근에는 동부 연안지역을 중심으로 인터넷이 확산되면서 사회 · 정치적 문제에 대한 사고방식 및 문화적 취향의 변화를 가져오고 있다. 중국인터넷정보중심(CNNIC)에 의하면, 2003년 말 현재 전체 13억 인구 중 인터넷 사용자가 7,590만 명이라는 수치는 높은 비율은 아니지만, 약 90%가 40세 이하의 젊은 층이고, 정치적으로 민감한 대도시 거주자, 고학력, 고소득층에 속한 사람들이라는 점에서 주목할 만하다. 이들은 인터넷을 통해 중국 국내외의 모든 온라인 정보에 접근할 수 있으며 더 나아가 개인이 자신의 정치적 의견을 대중에게 보다 자유롭게 전달할 수 있다. 인터넷의 확산은 생활방식과 소비패턴의 변화 외에도 정치적 · 사회적으로 민감한 새로운 이슈나 여론을 가상공간을 통해 유통시킬 수 있어 그 정치 · 사회적 파급효과에 대해 중국 정부도 상당한 부담을 안고 있다고 할 수 있다.

4. 세계화에 대한 중국의 대응

세계화에 참여할 필요성에 대해서 중국 내의 이견은 크지 않다. 중국의 현대화를 위해 세계화는 불가피 하다는 시각이 지배적이다. 하지만 3절에서 밝혔듯, 세계화를 칼날의 양면과 같은 것으로 인식하고 있기 때문에 세계화가 제공하는 이익을 추구하면서 동시에 그에 내재된 폐해를 피할 것을 강조하고 있다. 즉 중국은 세계화에 적극적으로 참여하여 세계화가 제공하는 혜택을 누려야 한다고 강조하면서도 다른 한편으로 세계화라는 흐름에 압도당하지 않고 국가의 경제안보를 보호하기 위해서 국가주권을 유지해야 한다고 강조한다.

중국이 이처럼 세계화의 특징 — 국가주권의 약화 — 과 배치되게 경제

안보의 보호와 국가주권의 유지를 강조하는 것은 1990년대 이후 중국을 둘러싼 국제환경의 변화인 탈냉전과 세계화에 대한 인식과 관련된다. 1990년대 초반, 탈냉전과 세계화의 추세는 물론 중국만이 당면한 문제는 아니었다. 거의 모든 나라들에게 기존의 국내외적 정책의 변화를 강요하는 세기적·구조적 변화였다. 그러나 중국의 입장에서 동구와 소련 등 사회주의권의 붕괴와 냉전구조의 해체는 1980년대와는 전혀 다른 대외환경을 조성했다. 즉, 탈냉전이란 역사적 변혁의 물결은 안으로 중국적 사회주의에 대한 위기감을 심화시킬 수 있는 폭발적인 잠재력을 가지고 있었고, 밖으로는 중국경계론이 확산될 수 있는 여건을 조성하였다. 특히, 천안문사건과 탈냉전이라는 충격적인 변화는 미국을 비롯한 서방세계에서 중국적 사회주의와 부강한 신중국의 등장에 대한 비판적인 여론이 등장하는 계기를 마련했다.[22]

천안문사건의 충격으로 미국과 서방세계에서는 중국사회에서 그동안 숨겨져 있었던 권위주의적 통치의 어두운 측면, 이를테면 자유와 민주주의, 그리고 인권 등과 같이 인류가 보편적으로 추구해야 할 가치와 제도의 문제에 대한 비판적인 여론이 확산되었다. 더구나 냉전체제의 해체로 말미암아 중국의 전략적 가치가 상실되면서 중국은 협력의 대상이기도 하지만 경계의 대상이 되었다. 특히, 경제적인 고도성장을 바탕으로 지역 강대국으로 부상하고, 중국의 영향력을 확대하려는 부강한 신중국의 등장은 미국과 일본, 그리고 주변 아시아 국가들에게 중대한 위협 요인으로 인식되면서 중국에 대한 경계와 견제심리가 확산되고 있다.

중국은 이러한 중국을 견제하고 중국의 변화를 강요하는 미국을 비롯한 서방세계의 국제적 압력에 대응하여 중국의 주권과 독자성을 확보하면서도

---

22) 서진영, "새로운 동북아 국제질서와 중국: 강택민시대 중국의 대외정책과 한반도문제를 중심으로," 『중국의 대외관계: 동북아 신질서와 중국』(서울: 고려대학교 아세아문제연구소, 2000), pp. 11-12.

이들 서방국가들과의 지속적인 협력관계를 유지해야 했다. 중국식 사회주의가 생존하기 위해서는 개혁과 개방을 지속적으로 추진해야 하고, 개혁과 개방을 통해서 중국경제가 계속 발전하기 위해서는 미국 등 국제사회의 협력이 필수적이기 때문에 중국은 일정한 범위 안에서 국제사회의 요구와 압력을 수용하지 않을 수 없었다. 더구나 중국경제의 개방화로 말미암아 세계경제에 대한 의존도가 날로 증대되고 있으며, 세계화가 진행되면서 중국도 국제적 규범과 제도에 순응하지 않고서는 지속적인 경제성장을 기대할 수 없기 때문에 여러 가지 위험성이 있음에도 불구하고, 구조조정을 단행하지 않을 수 없고, 시장개방을 확대하고 자본주의적 시장경제에 수반되는 제도개혁을 단행하지 않을 수 없는 입장이었다. 그러나 지나치게 서방세계에 유화적인 모습을 보이거나, 서방세계의 요구를 대폭 수용하여 중국의 가치와 제도를 너무 급격하게 변화시키려고 하면, 중국적 시장경제와 중국적 사회주의 정치체제가 위협받을 위험성이 그만큼 더 증대되기 때문에 중국으로서는 서방세계와의 관계에 있어서, 한편으로는 중국적 특수성을 주장하면서 독자성과 자주성의 영역을 확보하려고 하면서, 다른 한편으로는 미국을 비롯한 서방세계와의 상호 협력을 적절히 조화시키는 노력을 해나가고 있다 하겠다.

WTO 가입을 통한 중국 국내경제 개혁촉진에서 알 수 있듯이 중국은 세계화에 적극 참여하고 있다. 하지만 중국 내부에서는 세계화를 세계경제체제와의 일체화 또는 세계경제규칙의 전면적 수용을 상정하지 않는다. 오히려 '국가주권의 유지'가 세계화의 기회를 활용하기 위한 전제조건이며, 국가주권 추구를 위한 '국가의 역할'을 강조한다.23)

중국은 외국과의 경제교류가 점차 심화됨에 따라 경제정책 결정도 점차 대외경제관계에 의해서 영향을 받게 될 것이기 때문에 독자적으로 대외경제

---

23) 李琪, "經濟全球化与中國前景産業導向," 『經濟學家』, 2003年 第4期. http://www.gjmy.com/
list.asp?articleid=1650 (검색일: 2003년 12월 29일).

정책과 개입조치를 결정할 권한은 약화될 수밖에 없다고 본다. 또한 중국 경제가 개방되면 될수록 외부의 충격에 더욱 노출되기 때문에 중국의 경제 안보가 심각하게 침해된다고 본다. 따라서 대외개방이 가속화 될수록 경제 안보를 수호하기 위한 국가의 역할을 강조하는 것이고, 국가주권의 추구를 통해 국가의 역할을 다할 수 있다고 주장한다. 세계화에 대응한 이러한 중국의 국가주권 추구는 중국의 대외정책 목표와도 관계가 깊다. 중국은 1990년 대 말 국제정세를 전반적으로 평화와 발전, 그리고 다극화를 지향하는 추세라고 진단하면서 세계대전의 위험성은 약화되고, 국가간의 협력과 교류가 확산되고 있다고 평가하였다. 그러나 이런 긍정적인 측면과 동시에 탈냉전과 세계화시대의 국제관계에서 부정적이고 갈등적인 측면도 간과해서는 안된다고 경고하였다. 당시 장쩌민을 비롯한 중국의 지도층은 세계에서 아직도 냉전적 사고가 여전히 존재하며, 패권주의와 강권정치가 평화와 안정을 위협하고 있다고 보았다. 또한 불공정하고 불합리한 낡은 국제경제 질서는 아직도 발전 도상국가들의 이익을 해치고 있고, 일부 강대국들이 '인권' 등을 표방하면서 내정간섭을 하려는 현상도 벌어지고 있다고 지적하였다.[24] 이에 중국은 영토의 보존과 주권의 상호 존중, 상호 불가침, 상호 내정 불간섭, 호혜평등, 평화공존을 선언한 이른바 평화공존 5원칙을 준수하면서 독립자주의 외교노선을 변함없이 추구해야 한다고 선언하기도 했다.

그렇다면 세계화 과정에서 중국은 구체적으로 어떻게 대응해 나가고 있을까?

먼저, 종합국력을 강화시켜 경제안보를 보호해 나가고 있다.[25] 종합국력

---

24) 江澤民, "高擧鄧小平理論偉大旗幟, 把建設有中國特色社會主義事業全面推向二十一世紀―在中國共産黨第十五次全國代表大會上的報告,"『人民日報』, 1997年 9月 21日 참조. 서진영, "새로운 동북아 국제질서와 중국: 강택민시대 중국의 대외정책과 한반도문제를 중심으로," p. 22에서 재인용.

25) 王文章, "簡論經濟全球化与中國的應對策略."

이란 단순히 정치·군사력을 의미하는 것이 아니다. 장기적으로 국가 자신의 발전을 강화하여 종합국력과 국제경쟁력을 제고해야만 국가의 경제안보를 지킬 수 있다는 시각이다.

둘째, 중국경제에 대한 외국의 견제가 심해지면서 중국은 국가의 전략산업과 기업을 육성해 나가고 있다. 개혁개방 이후, 특히 WTO 가입 이후 중국의 국제분업 참여도가 심화됨에 따라 정부는 전망 있는 산업을 발전시켜 국제경쟁력을 강화시키고 있으며, 산업구조의 고도화를 적극 추진하고 있다.26) 중국은 전통제조업은 물론 IT 등 첨단산업에서도 다국적 기업들을 적극적으로 유치하여 중국 기업들의 기술향상을 바탕으로 외국기업이 장악하고 있던 국내시장 점유율을 확대해 나가고 있다. 또한 1990년대 후반 이후 지역간 중복투자 문제가 심각했지만 최근 들어 지역별로 산업을 특화해 나가고 있다. 예컨대 장강델타는 중국 최대의 경제권으로 제조업 및 금융의 중심지로, 주강델타는 IT 제조업의 세계적 집적지로, 다국적 기업의 R&D 센터가 밀집한 북경은 지식기반산업의 중심지로 육성해나가고 있다. 세계의 공장으로 부상함에 따라 또한 세계화 시대의 국가간 경쟁은 기업간의 기술혁신 경쟁으로 나타나고 있으므로 기업경쟁력이 중국의 국제경쟁력 제고의 관건으로 보고 국가가 적극적으로 세계적인 중국 기업을 육성해 나가고 있다.27) 실제로 중국은 WTO 가입 시 약속했던 서비스 분야의 시장개방 일자가 다가옴에 따라 소매유통업, 금융업 등에서 향후 5~10년 내에 세계적인 중국기업을 육성할 방침이며, 중복투자·분산투자가 만연한 산업의 경우 대형 기업 위주로 기업의 수를 줄여나가고 있다.

셋째, 세계화 가속에 따라 중국 내 경제발전과정에서 나타난 제 문제들 ― 국유기업 개혁과 실업문제, 빈부격차, 도농간 격차, 부정부패 등 ― 이

---

26) 李琪, "經濟全球化与中國前景産業導向."
27) 王文章, "簡論經濟全球化与中國的應對策略."

그대로 노출되고 있으므로 세계화의 가속화에 발맞춰 국내 경제의 구조개혁에 나서고 있다.[28] 특히 후진타오(胡錦濤)를 비롯한 신임 지도부는 20여 년간 추진된 개혁개방으로 야기된 문제들을 해결해 균형적 발전을 추구해야 한다고 인식하고 있다.[29] 중국은 안정적인 경제성장을 달성하기 위해 민영기업 발전을 제한하는 각종 제약들을 철폐하고 사유재산권 보호를 강화하고 있으며, 국유기업들에 대한 합병 및 도산을 확대하여 국유기업 개혁을 진행하는 한편 민영화를 촉진하고 있다. 또한 빈부격차와 사회적 갈등을 해소하기 위해 분배와 실업문제 해결도 추진하고 있다.

넷째, 세계화 확대로 국가간, 지역간 상호의존이 심화됨에 따라 전지구적 문제 해결을 위한 선진국 및 개발 도상국가들의 공동참여가 확대되고 국제적 규칙의 중요성이 강화된다고 보고 중국은 WTO 이외에 지역 경제 공동체와 FTA에 적극 참여하고 있다. 특히 중국의 정치 및 경제안보에 중요한 의의를 가진 화교경제권 및 동아시아 경제와의 협력을 강화하고 있다.

다섯째, 서구 문명과 정치적으로 민감한 새로운 이슈나 여론의 유통경로인 인터넷에 대한 규제를 하고 있다. 중국의 인터넷 규제의 쟁점은 정치적·사회적으로 민감한 내용을 통제하는 컨텐츠 규제이다. 중국 정부는 인터넷의 경제적 효과를 활용하기 위해 인터넷 확산을 적극 추진하는 반면, 사회·

---

28)　遲福林, "經濟全球化与中國經濟改革的下一步," 中國(海南)改革發展研究院　http://www. chinareform.org.cn/cgi-bin/zhj/Zgy-ZJ-Art-Read.asp?text_id=14 (검색일: 2003년 12월 29일).

29) 2003년 3월 진행된 제10기 중국인민대표대회에서는 '개혁개방의 확대와 안정적 성장 하의 구조조정 시행'을 차기 정부의 경제정책 기본 방침으로 정하고, 신임 국무원 총리 원쟈바오(溫家寶)가 거시경제정책의 기본방침으로 "1234계획(計劃)"을 제시하였다. 1은 한 가지 목표로 지속적인 경제성장을 말하고, 2는 두 가지 전략방향으로 경제구조조정과 개혁개방의 견지를 가리킨다. 3은 세 가지 문제해결로 취업확대와 사회보장체계 확립, 재정수입의 확대와 세수관리 강화, 그리고 공평경쟁의 시장질서 확립을 말하며, 마지막으로 4는 네 가지 개혁으로 농촌개혁, 기업개혁, 금융개혁, 정부기구개혁을 말한다. 이상의 내용과 같이 향후 중국 정부는 안정적 성장 하에서의 개혁개방 정책을 추진할 것으로 예상된다. 유진석,『제10기 전국인민대표대회와 중국의 변화』(서울: 삼성경제연구소, 2003), p. 6.

정치적 위험을 최소화하기 위해 인터넷 컨텐츠를 규제해 오고 있다. 기층 수준에서, 공안부는 인터넷 사용자들의 정보흐름을 감시할 법적 권한을 가지고 있어 인터넷 사용자는 각급 지방 공안기관에 안전표를 제출해야 하고, 공안기관에 협조하여 컨텐츠 통제에 관한 규칙을 따라야 한다. 한편, 기술적 차원에서 인터넷 통제방법은 정치적으로 민감한 웹사이트(해외뉴스, 인권단체 등) 차단, 채팅룸 및 온라인 내용 모니터링, 선별적인 체포와 단속, 자기검열 강화, 인터넷 카페 단속 등을 실시하고 있다.[30]

마지막으로 세계화가 국제적 자본의 유동을 가속화시키고 있다는 데 주목, 초국적 자본에 대한 방어기제의 마련에 국가가 적극 나서야 한다고 주장한다.[31] 특히 투기성 단기자본에 대한 방어와 외채의 통일적 관리를 강조하고 있다. 정부의 주식시장 통제, QFII(Qualified Financial Institutional Investor), QDII(Qualified Domestic Institutional Investor) 정책, 외국계 은행의 달러화 대출한도 제한 등의 정책이 이에 속한다.

5. 결론

1990년대에 들어서면서 탈냉전으로 인해 체제간의 장벽이 무너지고 급속한 정보통신 혁명과 전 지구를 실시간으로 연결하는 기술의 발전으로 생산, 무역, 금융 등에서 급격한 세계화가 이루어졌다. 중국의 경우도 개혁개방 이후 점차 시장경제체제로 이행해 왔지만 특히 1990년대 이후 세계경제에서 주목할 경제대국으로 부상했다. 중국의 무역수지는 1990년대 이후 지속적으

---

30) 이민자, "중국의 정보화와 정보통제,"『정보화, 세계화와 동아문명』, p. 115에서 재인용.
31) 王文章, "簡論經濟全球化与中國的應對策略."

로 흑자규모의 급신장을 보여 2003년에는 세계 4대 무역대국으로 성장하였고 세계 제1위의 FDI 유치국으로 성장하였다. 지난 십여 년간 중국경제는 매년 고도성장을 지속해 왔는데 이러한 추세라면 조만간 미국의 경제력과 맞먹는 세계 최대의 경제대국이 될 것으로 예측되고 있다. 중국경제의 이러한 급성장은 전 세계의 자본과 기술, 상품과 정보의 유통을 가속화하는 세계화의 추동력으로 작용하고 있다.

중국은 세계화에 참여하기 위해 국가 내부에서 개혁이란 이름으로 국가주도의 다양한 제도변화들을 추진, 전반적으로 시장효율을 증대시키려는 방향으로 개혁이 진행되고 있다. 신자유주의적 개혁의 움직임이 강하게 나타나고 있고 WTO 가입을 계기로 그 추세가 더욱 강화되고 있다. 하지만 세계화에 대해 중국은 '국가주권'을 강조하고 있다. 이는 최근 세계화의 주요 특징인 국가주권의 약화와는 상반된 모습이다. 중국은 동아시아의 다른 국가들과 마찬가지로 경제발전과정에서 국가의 적극적인 개입을 통해 놀랄만한 경제성장을 이루어 왔고, 사회주의 시장경제는 세계화에 대응하는 국가의 능력을 중시하고 있으며 국가주의적인 틀을 강하게 갖추고 있을 뿐만 아니라 경제발전을 최대과제로 삼고 있는 지금의 상황에서 이러한 중국적인 모습은 더욱 강화될 가능성이 높다.

2003년 중국경제의 대외의존도가 60%를 넘어서고, 중국의 경제발전이 동아시아 지역 국가들의 수출향상에 기여하고 있으며, 최근 세계적인 원자재 수급 비상에 의한 중국 내 부품 및 완제품 가격의 상승은 곧바로 미국 등 다른 나라의 물가에 직접적인 영향을 주고 있다. 이러한 예시에서 알 수 있듯 중국과 세계는 서로의 발전을 필요로 하고 있으며, 이러한 동반자적 관계는 앞으로 더욱 심화되어 갈 것이다. 과연 중국 스스로 세계화를 어떻게 받아들이고 얼마나 적절히 대응하느냐의 문제는 중국의 지속적 발전과 직결된 중요한 사안이라고 할 수 있다.

편집후기

동아시아 연구자 60여 명과 연구조교 40여 명으로 이루어진 대형 과제는 시작부터 쉽지 않은 여정을 예상하게 했다. 2년 동안 과제가 진행되는 과정에서 여러 가지 어려움이 있었지만 다시는 오기 힘들 그 기회를 충분히 만끽하지 못한 것이 못내 후회가 되기도 한다. 2002년 3월부터 5월까지 연구진을 구성하고 주제를 정하고 연구계획서를 써나가면서 공동작업의 재미와 성취감을 느낄 수 있었던 것이 초기의 수확이었다고나 할까. 중국만이 아닌 지역연구로서 일본이나 동남아 지역 연구자들과 교류를 할 수 있었던 것도 배움의 기회가 되었다. 더불어 학제간으로 구성된 중국분과에서 서로 다른 전공의 중국연구에 혜안을 갖게 된 것도 빼놓을 수 없다.

본서는 1차년도에 이어 2차년도 주제의 연구결과가 논문으로 엮여져 나온 것이다. 1차년도가 어느 정도 주제에 맞춰 연구진을 구성했다면 2차년도는 연구자에 맞춰져 주제가 정해진 측면이 있다. 이로 인해 연구과정에 어려움을 겪은 연구자도 있었을 것이다. 그러나 과제가 진행되면서 중국분과로 구성된 연구자들과 조교들이 월례발표회나 학술세미나, 워크숍, 현지조사를 함께 함으로써 공동의 의견을 좁혀 나갈 수 있었다. 이를 통한 경험들이 본 연구에 모두 녹아 있는 것임을 밝히며 다수의 협조 하에 순조롭게 결과가 나오게 된 것에 대해 모든 분들께 감사한다. 특히 공동연구의 참된 모습을 보여주신 서강대 신윤환 선생님과 중국분과의 핵심 역할을 해 주셨던 서강대 전성흥 선생님, 가톨릭대 김재철 선생님께 고마운 마음을 전한다. 작은 시작이었지만 한국사회에서 중국연구 더 나아가 동아시아 연구가 자리매김하는 좋은 기회가 되었기를 바란다.

1차년도 총서와 마찬가지로 본서에 수록된 논문들 중 몇 편 또한 이미 국내 학술지에 게재된 바 있다. 연구과제 초기부터 학술지 게재에 대한 문제가 제기되었는데 저서의 논문보다 학술지 게재논문을 인정해 주는 한국의 학술풍토에 어쩔 수 없이 따를 수밖에 없었다. 다만 될 수 있는 대로 학술지 게재를 피한다는 전제하에 연구업적 때문에 학술지 게재를 해야 하는 경우 전국규모 학술지에 한해서만 사전게재를 인정하기로 했다. 그래서 본 서가 출판되기 이전 게재된 학술지에 대해 허용하고 그 출처를 밝히는 것으로 독자들에게 양해를 구하려고 한다. 해당 집필자와 논문제목, 게재 학술지를 아래와 같이 밝힌다.

이희옥. 2005. "중국의 체제전환과 새로운 이데올로기의 모색." 『국제정치논총』 제45집 1호.
이욱연. 2004. "개혁 개방 이후 전통문화의 재평가와 변용: 전통에 대한 인식 변화와 관련하여." 『중국현대문학』 제31호.
서대원. 2005. "도교와 중국의 현대화." 『도교문화연구』 제22집.
강준영. 2004. "중국의 종교통제와 사회 안정." 『중국연구』 제34권.

필자소개

집필순

이희옥 한국외국어대학교 중국어과를 졸업했으며, 동대학원 국제관계학과에서 "현대중
국의 이데올로기 수정연구"(1993)라는 논문으로 정치학 박사학위를 취득했다.
전공분야는 중국의 정치사상과 정치변동이며, 현재 한신대학교 중국지역학과 교
수로 재직 중이다. 주요 연구로는『중국의 새로운 사회주의 모색』(2004),『동북
아공동체를 향하여』(공저, 2004) 등이 있고 "한반도 문제와 중국역할"(2004),
"3개대표론과 중국 사회주의의 전환"(2003), "중국적 길과 사회주의의 그늘"
(2003) 등이 있다.

김　근 서울대학교 중어중문학과를 졸업했으며, 동 대학원에서 "漢儒의 經典解釋에
있어서의 言語觀 硏究"(1990)라는 논문으로 문학 박사학위를 취득했다. 전공분
야는 중국 문화연구이며, 현재 서강대학교 중국문화전공 교수로 재직 중이다.
주요 연구로는『한자는 중국을 어떻게 지배했는가』(1998),『욕망하는 千字文』
(2003), "文言文으로의 회귀 속에 감춰진 욕망"(2001), "텍스트의 길들임: 중국
시의 경우"(2001) 등이 있다.

이욱연 고려대학교 중문과를 졸업했으며, 베이징 사범대학 중문과 고급진수과정을 수료
하고 고려대 대학원 중문과에서 "궈뭐뤄(郭沫若)과 쉬즈뭐(徐志摩) 문학의 근대
의식 비교 연구"(1995)라는 논문으로 문학 박사학위를 받았다. 전공분야는 중국
현대문학, 중국현대문화 등이며, 현재 서강대학교 중국문화전공 부교수로 재직
중이다. 주요 연구로는 "중국 지식인 사회의 새로운 동향"(1999), "소설 속의
문화대혁명"(2001), "루쉰(魯迅)의 소설 창작과 기억의 서사"(1997) 등이 있다.

신은영 이화여자대학교 정외과를 졸업했으며, 동대학원에서 "사회주의, 변형된 사회주
의, 혹은 자본주의화: 중국 농촌의 소득격차를 중심으로"(1998)라는 논문으로
정치학 박사학위를 받았다. 전공분야는 동아시아여성, 중국농촌 등이며, 현재 서
강대학교 동아연구소 전임연구원 및 사단법인 동아시아여성정치연구소 소장으
로 재직 중이다. 주요 연구로는 "한국과 중국의 농업정책과 여성의 지위"(2003),
"Ideology and Gender Equality: Women's Policies of North Korea and
China"(2001), "The Effect of Chinese Reform Policy on the Status of Rural
Women"(2001), "중국의 개혁개방정책과 도시여성의 지위"(2001) 등이 있다.

서대원 연세대학교 철학과를 졸업했으며, 중국 북경대학에서 "王弼刑名學與解經論的研究"(2000)라는 논문으로 철학 박사 학위를 취득하였다. 전공분야는 중국 고대철학으로서 주로 도가 및 위진 현학 방면의 연구를 하고 있다. 서울대 포닥 과정을 거쳐 연세대학교 국학연구원 연구교수를 맡은 바 있으며 현재 연세대, 교원대 등에서 강의를 하고 있다. 역서로는『해심밀경』(解深密經)(2002)이 있으며 주요 연구로는 "정주 역학의 같은 점과 다른 점"(2001), "자연과 연기"(2003), "단독자에게도 도덕이 있는가?"(2003) 등이 있다.

강준영 한국외국어대학교 중국어과를 졸업했으며, 대만 국립정치대학 동아연구소에서 "中國社會主義現代化 연구: 發展과 出路"(1995)라는 논문으로 박사학위를 취득했다. 전공분야는 현대 중국 정치경제학이며 중국현대화 발전 전략, 중국 정치체제와 한중 관계, 양안관계를 주로 연구하고 있다. 현재 한국외국어대학교 중국어과 교수 겸 국제지역대학원 중국학과 교수이며 동북아 연계전공 주임교수를 맡고 있다. 주요 저서로『한권으로 이해하는 중국』(공저, 2004),『중국의 정체성』(2004),『중국 진출전략 대특강』(편저, 2003) 등이 있다

황재호 대만문화대학교 동양어학부를 졸업했고, 영국 런던정경대학(LSE)에서 국제관계학 박사학위를 취득했다. 중국외교안보 및 북한을 중심으로 한 동북아 국제관계를 전공으로 하고 있으며, 현재 한국국방연구원 안보전략연구센터의 선임연구원으로 재직 중이다. 주요 연구로는 "Northeast Asian's Pandora's Pox: North Korean Escapees"(2004), "Taiwan's 2004 Presidential Election: Its Impact on Inter-Strait Relations and Regional Security Implications"(2004), "문호개방에서 개혁개방으로: 현대화의 추진과정과 역사적 의미"(2004) 등이 있다.

박정동 연세대학교 경제학과를 졸업했으며, 일본 동경대학교 경제학과에서 "中國의 經濟特區에 관한 研究"(1992)라는 논문으로 경제학 박사학위를 취득했다. 전공분야는 중국경제와 Doing Business in China 등이며, 북경대학교 경제관리학원 연구교수, 미국 하버드대학(Harvard University) 동아시아연구센터 교환교수, KDI 연구위원 등을 역임했고, 현재는 인천대학교 무역학과 교수로 재직 중이다. 주요 연구로는『개발경제론-중국과 북한의 비교』(2003),『세계의 공장 중국』(2003),『화인형 기업경영』(2004),『한중교류의 어제, 오늘, 내일』(2004) 등이 있다.

찾아보기 | 인명, 지명

인명